FRONTIERS IN JAPANESE-CHINESE
Translation Studies

日汉翻译研究前沿

马小兵 ◎主编

图书在版编目（CIP）数据

日汉翻译研究前沿 / 马小兵主编. ——北京：北京大学出版社，2025.9
ISBN 978-7-301-33823-0

Ⅰ.①日… Ⅱ.①马… Ⅲ.①日语－翻译－研究 Ⅳ.①H365.9

中国国家版本馆 CIP 数据核字 (2023) 第 041873 号

书　　　名	日汉翻译研究前沿 RI-HAN FANYI YANJIU QIANYAN
著作责任者	马小兵　主编
责任编辑	兰　婷
标准书号	ISBN 978-7-301-33823-0
出版发行	北京大学出版社
地　　　址	北京市海淀区成府路 205 号　100871
网　　　址	http://www.pup.cn　　新浪微博：@ 北京大学出版社
电子邮箱	编辑部 pupwaiwen@pup.cn　　总编室 zpup@pup.cn
电　　　话	邮购部 010-62752015　发行部 010-62750672　编辑部 010-62759634
印刷者	北京鑫海金澳胶印有限公司
经销者	新华书店
	720 毫米 ×1020 毫米　16 开本　18 印张　340 千字 2025 年 9 月第 1 版　2025 年 9 月第 1 次印刷
定　　　价	90.00 元

未经许可，不得以任何方式复制或抄袭本书之部分或全部内容。
版权所有，侵权必究
举报电话：010-62752024　电子邮箱：fd@pup.cn
图书如有印装质量问题，请与出版部联系，电话：010-62756370

序

承蒙本书各位作者委托,要我写序,倍感荣幸,感谢信任。写序对我来说,是一种学习,我认真阅读了所有论文,加深了对日汉翻译的理解和认识。

中、日两种语言的翻译活动历史久远,翻译在中日两国历史进程中占据着不可或缺的地位,对中日两语和两国文化的发展都具有极大的影响。20世纪初叶以来的日汉翻译活动日益兴旺,出现了许多优秀的翻译家和翻译成果。80年代以来,日汉翻译活动实践进入了新的发展阶段。但是,日汉翻译的研究和日汉翻译理论方法的总结一直相对薄弱,缺乏对以往翻译成果和经验的总结,日汉翻译的价值与意义值得深入挖掘。

进入新世纪,日汉翻译活动更加多样化和多元化,翻译者、翻译题材、翻译成果和翻译技术无不如此。因此,总结日汉翻译的经验和规律,为未来的翻译活动提供借鉴尤显迫切,这不仅对推进我国日汉翻译研究,也对服务"一带一路"倡议,助力中外文化传播具有重要的理论意义和现实意义。

我本科和硕士均在北京大学就读,本科的专业是日语语言文学,硕士是日语语言方向,获得文学学士和文学硕士,博士在筑波大学国语学(日本语学)研究室,获得语言学博士。尽管我也做过许多翻译,编写过翻译教材,但是,从专业的角度严格来说,我没有在翻译专业学习过。

2010年3月,经全国翻译硕士专业学位教育指导委员会全体委员讨论一致通过在北京大学设立日汉口译、笔译硕士专业。北京大学日语系于2011年9月成立日语翻译教研室,同时设立北京大学日语MTI中心,于2012年开始招生,截至2024年9月,北京大学日汉翻译硕士专业共计招收13期硕士生374人。

2016年北京大学日语系增设日汉翻译方向博士课程。2011年9月，我担任北京大学日语系翻译教研室主任，同时担任北京大学日语MTI中心主任，并于2016年开始招收日汉翻译方向博士生。北京大学日语系是目前全国唯一独立招收日汉翻译方向博士生的单位，目前只有我是该方向的博士生导师，该方向2016年开始招生，已招收博士生7人，现5人毕业，2人在读。王雯婷是北京大学日汉翻译硕士专业2期的学生，北京大学日语系培养的第一位日汉翻译方向的博士生，对于她的博士论文《基于语料库的日本小说汉语重译研究》，北京大学博士论文审查委员会给予较高评价："在有关日文小说汉语重译研究方面，该论文成绩显著，起到了开拓性作用"。

　　截至2024年7月，我负责的北京大学日语翻译硕士中心已经送出了11期共计330名毕业生，全部获得硕士学位，上述330名学生堪称中国新一代日汉翻译研究和实践人才的代表，如今他（她）们遍布在国内外各个领域。在他（她）们中间，有30名学生选择继续求学，在日本或者中国攻读博士学位。截至2024年7月，30名学生当中，已有14名完成学业，获得博士学位，分别执教于北京大学、中国人民大学、北京外国语大学、上海外国语大学、北京航空航天大学、首都师范大学、华南理工大学、西华大学、浙江大学宁波理工学院等高等院校，活跃在中国日语研究、日汉翻译研究的第一线。

　　正是在北京大学，我才有机会接触并教授包括上述330位学生在内的无数优秀学子，希望包括上述330位学生在内的所有研究日语、研究日汉翻译的年轻一代能够借助中国得天独厚的条件，立足中国，展图世界。

　　本书是国内迄今为止为数不多的日汉翻译研究专集，对中国日汉翻译研究将是一个有力的促进。本书按照研究主题分为四个部分，即文学翻译、语言与翻译、翻译理论与翻译思想、口译研究与翻译教学。

第一部分　文学翻译

1.《从〈深夜〉到〈深夜的风〉——从水野叶舟作品的汉译重审中日近代小品之联系》

　　解璞的论文考察了水野叶舟的小品文《深夜》在中国的译介状况，探讨了1923年前后中日近代小品文学的密切联系，考证了译者的身份。在1923年中国积极引进外国小品散文的时代背景下，水野叶舟的《深夜》以《深夜的风》这一节译的形式被译介到中国。译作删除了对人类创造的都市空间以及人类内心神秘色彩的描绘；在开篇与结尾都强调了风等自然之力，凸显了自然的神秘与强大。另外，将开篇的比喻改译为拟人手法，将前近代的志怪小说元素融入近代小品文学中，反映了从文言文向白话文转变时期的中国近代小品文的特色。文章指出，1923年前后中国对外国文学，尤其是日本近代小品文学的译介，既符合当时中国报刊等媒体的迅速发展、新文化运动后近代国语教育的迫切需求，也蕴藏着中日近代小品文学的密切联系，以及中日两国艺术家之间的深层互动关系。

2.《中国近现代诗歌日译》

诗歌是艺术性极强的文学形式。诗歌通过有节奏、韵律的语言来反映生活，抒发作者的情感。诗歌的翻译一直被视为翻译中的难点。语言学派的雅各布森（Jakobson）认为，无论是语内或语际，诗歌都是不可译的；美国诗人庞德（Pound）则认为，译者应钻进原诗作者的灵魂深处，与原诗作者达到"神合"，才能超越文化和语言的障碍，译出原诗的精神和效果（方梦之主编，《翻译学辞典》，商务印书馆，2019：434）。吴小璀、滨田亮辅的《中国近现代诗歌日译》将徐志摩、冰心、戴望舒、木心、北岛、海子、莫言、余秋雨、汪国真、李松山等人创作的诗歌译为日语，从某种意义上来说，是对所谓"不可译"说的挑战，亦是一种追求与原作者达到"神合"的实践，展示了其扎实的语言功底和深厚的文学素养。

3.《三次女性主义思潮下日本女性文学在中国的译介——以译作"副文本"为视角》

黄博典的论文以翻译作品的副文本为视角，考察了中国的日本女性文学译介的历史脉络，探索了不同时代日本女性文学译介的特征。文章首先详细梳理了女性文学翻译事件，然后探讨了女性文学翻译事件发生的社会文化背景、译者翻译行为的文学、文化或政治目的，以及翻译后的女性文学在中国社会文化语境中的传播、接受、影响、研究等。"副文本"这一概念最早由法国文论家热拉尔·热奈特（Gérard Genette）提出。热奈特将副文本视为进入文本的

"门槛"。以此类推，译作的副文本好比是进入译本的"门槛"，可以将翻译文学与历史语境、翻译理论与具体实践、译者期待与读者解读、外国文学与本土文学等有机关联。文章指出，在国家民族危难之际，女性文学因其先进性，发挥了反抗父权的作用，激励了当时的新女性。中华人民共和国成立后，女性文学译介虽然取得了一定的成果，但其译介目的主要在于"求同"，且对作者的关注主要集中在其阶级属性上。20世纪80年代起，女性文学自身的发展和译介都呈现出多元化的态势。不仅译介数量大幅增加，而且译介周期也明显缩短。

4.《异的考验——〈阿Q正传〉藤井省三日译本分析》

武琼的论文基于贝尔曼理论，对《阿Q正传》藤井省三的日译本进行了考察。法国翻译理论家安托瓦特·贝尔曼在《翻译与异质的考验》一文中指出，翻译行动恰当的伦理目标是原原本本接受异质性。他总结了译文中通常会出现的阻止异质性通过的12种"文本变形倾向"以及语言叠加的抹杀。贝尔曼指出，这个文本变形系统往往会阻止异质性的通过。译者能否在翻译实践当中限制、减弱甚或抵消这些变形力量，将决定翻译是否能经受住异的考验。文章指出，藤井译本极大程度保存了原作的"异"，具体表现在对"理性化""节奏的破坏""质的弱化""语言结构的破坏"这4种文本变形倾向的有意抵抗。不过，藤井译本也阻止了部分异质性成分的通过，具体表现为译文当中的"澄清"倾向、"扩展"倾向、"雅化"倾向、"量的弱化"倾向，以及"短语及习语的破坏"倾向。究其原因，一方面是由翻译的内生属性所决定，另一方面则与民族中心主义的影响有关。

第二部分　语言与翻译

1.《被修饰语的语义特征与内容节的翻译模式选择——以「事実」和「恐れ」为例》

谷文诗的论文考察了17本日语小说中内容节的汉译方法，深入探讨了被修饰日语名词的结构、语义功能如何对内容节的翻译方法产生影响。以往的研究将日语连体修饰节的翻译方法总结为非拆译和拆译两大类。文章认为，非拆译类的三种翻译方法实质是同一种翻译模式，即模式Ⅰ："日语连体修饰节直接翻译为汉语连体修饰节"；基于"被修饰名词是否省略""被修饰名词词性是否变化"的分类标准，文章将前人研究中提出的拆译类翻译方法进一步细化，提出了三种翻译模式：模式Ⅱ：（内容节+被修饰名词）&主句谓语（日语），内容节&主句谓语／内容节，主句谓语（汉语）；模式Ⅲ：（内容节+被修饰名词）&主句谓语（日语），内容节&被修饰名词（非名词）&主句谓语／内容节&被修饰名词（非名词），主句谓语（汉语）；模式Ⅳ：（内容节+被修饰名词）&主句谓语（日语），内容节，被修饰名词（名词）&主句谓语（汉语）。

2.《日本新闻报道中的汉语动词翻译策略》

刘健的论文以日本新闻报道中汉语动词的翻译策略为研究对象，具体从其自他性、使动态、被动态等具体形式到新闻语体的翻译特点等进行了探讨。新闻报道的语言特点是客观、确切、凝练，同时又朴实、通俗。国内关于日本新闻报道的汉译策略研究主要集中在基于某一理论框架下对一类新闻或一种文体的整体研究，且数量不多。文章首先抽取了2020年3月1日至2020年10月31日共117篇日本新闻报道材料，经过研究后发现：（1）由于汉语动词在外形上自他性质的特点，导致其使用使动态、被动态时无须翻译为汉语的使动句和被动句；（2）保持新闻语体的特点也是进行此类语料翻译时需要格外注意的问题，可以通过选择更为贴切的表达方式和使用"四字词"来解决。

3.《再议文化负载词的翻译——基于自建语料库的历时分析》

王雯婷的论文基于小型自建语料库，考察不同时期译者在翻译文化负载词时的不同倾向，探讨文化负载词的翻译问题。文化负载词汇（culture loaded words）是指标志某种文化中特有事物的词、词组和习语，反映了特定民族在漫长历史进程中逐渐积累的、有别于其他民族的、独特的活动方式。作者从小型自建语料库中选取了二三十年代首次翻译到中国的日本经典文学作品（简称"旧译"）中的典型例句，同时以2010年前后出版的新译本（简称"新译"）作为参照，将两者进行对比分析。文章发现，"旧译"的一些译者，即二三十年代的译者对文言文和古文文化有着高度认同感，所以较多地使用汉语的固有表达来对译日语的文化负载词；同时为了中国读者便于阅读，又往往将其不熟悉的日本文化意象译成中国文化意象。与此相反，"新译"的译者则更关注读者期待，基于读者想要感受异国文化的需求，所以往往会在翻译文化负载词时保留日本文化特色，同时辅以注释或解释性说明。

第三部分　翻译理论与翻译思想

1.《浅析"目的论"在日汉广告语翻译中的运用》

王倩的论文通过对大量日本广告语汉译实例的分析，论述了翻译目的论在日语广告语汉译中的应用。20世纪70年代，德国兴起了功能派翻译理论。代表性学者有凯瑟琳娜·莱斯（Katharina Reiss）、汉斯·弗米尔（Hans Vermeer）和贾斯塔·霍茨·曼塔利（Justa Holz Manttari）。目的论包括三个原则，即目的原则、连贯性原则和忠实性原则。目的原则是目的论的首要原则，翻译目的决定翻译方法和翻译策略的选择等整个翻译过程。广告语作为一种目的性很强的文本，其目的在于推销产品，唤起受众消费心理，在翻译过程中不宜完全采用传统的翻译方法。功能派翻译理论为广告语的翻译提供了非常有效的视角，在进行日语广告语的汉译时，恰当地使用"目的论"，可以使译者摆脱日语原文形式的束缚，在进行语义与意境翻译的基础上，实现广告语引导消费的本来目的。不过，文章同时也指出，在翻译时不能过度再创作，这样会使译文与原文意思产生巨大差异，导致背离基本的翻译原则。

2.《近代日汉翻译思想史研究途径初探》

毛学静的论文探讨了近代日汉翻译思想史的研究途径。当前，国内翻译思想史研究成果斐然，但同时也存在一些问题。众所周知，在中国的近代化的进程中，翻译发挥了非常关键的作用，而其中尤其不能忽视的就是日本因素。然而，关于日汉翻译思想的形成、具体演变的历史却往往在中国翻译史的描述中一笔带过，甚至踪影全无。文章首先阐明了翻译思想的基本概念，然后论述了翻译思想史在翻译研究中的地位，同时结合国内翻译史及日汉翻译史的研究状况，探讨了研究近代日汉翻译思想史的途径。文章指出，基于汉语与日语之间的特殊历史关系，日汉翻译实践和日汉翻译思想中也呈现出独特之处。因此，关于近代日汉翻译思想史的梳理应该进一步细化。在研究近代日汉翻译思想史时，需要注意分期问题、历时与共时的结合、宏观与微观的会同。落实到研究方法上，除了翻译研究中通常所采用的翻译学、语言学、文化、传播学方法等方法之外，宜广泛结合各类历史研究范式等。

3.《西方翻译理论研究状况回顾与展望》

陈多友的论文对西方翻译理论研究进行了详细的梳理，对其发展面向与路径作出有前瞻性的展望。文章指出，借鉴巴斯内特翻译研究的主要思想，可以剖析翻译中意义的分析、不可译性、等值论等中心问题以及诗歌、小说及戏剧的翻译问题；援引奈达的动态对等理论，可以从不同侧面分析语言与文化的密切联系，从语境角度论述怎样处理翻译中的种种关系和问题；借鉴纽马克的翻译理论，可以具体分析翻译标准和操作程序等问题；借鉴哈蒂姆在社会语言学、话语研究、语用学和符号学方面的近期研究成果，可以深入探讨翻译与跨文化交际这一错综复杂的研究领域；借鉴希基的语用学翻译理论及格特的关联理论，探讨翻译策略与程序操控等问题；借鉴图里对描述性翻译理论的研究，通过对一般方法论的探讨和对不同类型的个案的剖析，强调语境因素在翻译中的重要作用；借用勒弗菲尔文化理论，对翻译、改写、编撰选集、批评和编辑等各种加工和调整的过程进行考察，澄清语言层面转换与文化层面改写的现实性；借鉴韦努蒂的隐形学说，深入解析归化翻译。

第四部分　口译研究与翻译教学

1.《论日语翻译硕士专业（MTI）的人才培养——以高等教育内涵式发展理念为依据》

王宇新的论文关注日语MTI的人才培养，指出当前MTI培养普遍存在生源不理想、师资不充分、实践机会稀少、就业与翻译无关等问题。为此，作者以高等教育的"内涵式发展"为纲，提出内涵式发展的基本主张，在此基础上从指导方针、培养目标、具体途径三方面入手，为MTI的人才培养建言献策。对于培养的具体途径，文章特别提出了分层级进行培养的模式，这有利于解决当前培养模式单一、生源质量不一的问题，对今后翻译硕士培养的改进具有非常重要的指导意义。

2.《日语口译MTI学位论文选题研究》

凌蓉以日语口译MTI学位论文为考察对象，对2019、2020年间收集于知网的119篇论文的选题情况做了详细的分析。分析得出，从论文方向来看，口笔译方向各占一半，这与口译专业的专业名称不符，建议口译专业应写口译论文；从论文形式上看，过度集中于实践报告甚至实习报告，论文形式单一，有待进一步拓展；从口译类型来看，因学生经验有限，多为交替传译，但高校设计的模拟会议可在一定程度上克服局限；从论文研究对象来看，缺乏聚焦、论述欠缺深度，导致论文价值有限。最早一批日语MTI在全国范围内开设以来，已有10个年头，该文章专门聚焦于MTI中的口译，客观、深入地分析了当前口译论文存在的问题和不足，提出了切实可行的建议、方法，为今后口译论文的写作和改善提供一定的指导。

3.《同声传译教学探微——基于两个理论、三种模式的"临场教学法"》

丁莉的论文系作者根据自身的同声传译实战经验、结合同传相关理论而得出的同声传译教学模式，对MTI的教学和训练具有较大的参考价值。文章回顾了在同传研究中最具影响力的两个理论：精力分配和释意理论，将同声传译分为三种模式：带稿同传、无稿同传、带幻灯片（PPT）同传，分析了三种模式下精力分配的不同及相应的释意技巧。在此基础上提出了包括"课前准备""课堂训练""课后复习"的"临场教学法"，重点阐述了每个环节的具体流程和细节把控，是目前日汉同声传译教学方面少有的基于一线实践的系统研究。此外，文章聚焦于以往被忽视的幻灯片同传模式，并基于该模式，发展了现有的精力分配公式，对同传研究理论的与时俱进做出了一定的贡献。

4.《释意派理论在汉日口译中的应用效果研究——以北京外国语大学日语MTI在校生为例》

宋刚、田碧雪的论文探讨了如何将"释意派理论"运用于汉日口译实践。自20世纪末法国巴黎学派提出"脱离语言外壳"这一概念后，围绕什么是"脱离语言外壳"，学界展开了热烈的讨论。本文在回顾释意派理论产生、受容的基础上，创新性构建了"口译策略假说模型"，将"脱离语言外壳"的判断标准落实为"词汇转换""句子转换""逻辑转换"三个维度，并以MTI在校生的实际翻译为研究对象，经定量和定性分析，得出结论："词汇转换"主要体现为以名动转换为主的词性改变、词汇更换；"句子转换"体现为改变定语、整合或拆分句子、改变顺序；"逻辑转换"体现为改变逻辑词、转换主动态或被动态。该文是对"释意派理论"的发展和具象化，同时分析了学生对"脱离语言外壳"的实际掌握情况，为今后展开有的放矢的口译教学提供了颇具价值的参考。

5.《学生译员与职业译员交替传译译出率比较研究——以日译中为中心》

董海涛的论文关注在面对难度不同的翻译材料时，专业译员与学生译员的译出质量有何不同。该文首先从文章难度、语速、信息密度三个维度将三段翻译材料的综合难度界定为低、中、高三个等级。然后请专业译员和学生译员分别进行交替传译，对比了两个实验组的译出率。研究得出，翻译难度的加大对两个实验组都造成了负面影响，低难度材料下，学生译员的整体译出率以微弱的差距低于职业译员；中难度材料下，二者差距有所拉大；高难度材料下二者差距进一步增大，但不甚显著。该文对口译的实证研究提供了一定的方法论参考。

6.《日本国会答辩中的非语法性口语表达翻译策略研究》

欧文东、张慧的论文题目新颖，他们着眼于翻译中出现的非语法性口语表达，探讨了该类表达的翻译策略。文章以三篇日本国会答辩议事录为考察对象，首先将非语法性口语表达细化为：（一）重复话语；（二）修正话语；（三）补充说明、插入和前置话语；（四）信息焦点后置的较长语篇；（五）碎片化表达。然后以具体汉译为例，提出：（一）应省略重复或合并翻译；（二）应去旧保新；（三）有待进一步研究；（四）应适应汉语习惯，焦点提前；（五）应理顺逻辑、补足缺省。该文的亮点在于将翻译研究与日汉语言类型学的相关理论有机结合，加强了论述深度，也有助于日汉翻译的实践和教学。

7.《人工智能信息化背景下国内口译研究的现状分析与未来展望——基于近五年核心期刊数据的文献计量研究》

高钰洋对2015—2019年间刊载于国内核心期刊的口译研究论文做了详细的统计分析。作者引入文献计量法，在自建口译论文主题数据库的基础上，从发表时间、研究主题、研究方法、作者、期刊来源五个要素，对数据库内的

198篇论文进行了梳理分析。研究认为，该阶段的口译研究处于稳定发展期，在主题上较为多样，内容上更加深化，且能紧跟信息化的时代背景，探讨口译与机器的关系。同时也指出了研究存在的问题，包括"偏科性"强、理论研究薄弱、跨学科合作乏力、面临机器口译带来的更大挑战等。该文章梳理分析较为全面，为读者了解目前口译研究的现状提供宏观性参考。

  国内日汉翻译界部分学者曾有意给本书赐稿，无奈各种公务繁忙，未能如愿，实乃遗憾。本书17篇论文均从不同视角对日汉翻译研究进行了探讨和论述，其中有的作者为日汉翻译方向的博士研究生，其论文虽为起步之作，但也论之有据，后生可畏。

  最后，感谢所有为本书的出版付出心血的老师、同学，在此也特别感谢北京大学特聘教授五十木正先生的鼎力支持，预祝中国的日汉翻译研究日新月异，日汉翻译事业兴旺发达，后继有人。

  本书的编辑、校对过程中，北京大学日语系博士生、黄冈师范学院的毛学静老师、山西大学的武琼老师做了许多工作，谨表谢意。

马小兵
2025年6月

目 录

第一部分　文学翻译 1

从《深夜》到《深夜的风》... 3
　　——从水野叶舟作品的汉译重审中日近代小品之联系
中国近现代诗歌日译 21
三次女性主义思潮下日本女性文学在中国的译介 43
　　——以译作"副文本"为视角
异的考验 57
　　——《阿Q正传》藤井省三日译本分析

第二部分　语言与翻译 71

被修饰语的语义特征与内容节的翻译模式选择 73
　　——以「事実」和「恐れ」为例
日本新闻报道中的汉语动词翻译策略 90
再议文化负载词的翻译 103
　　——基于自建语料库的历时分析

第三部分　翻译理论与翻译思想 115

浅析"目的论"在日汉广告语翻译中的运用 117
近代日汉翻译思想史研究途径初探 131

西方翻译理论研究状况回顾与展望……………………………………… **143**

第四部分　口译研究与翻译教学……………………………… **157**

论日语翻译硕士专业（MTI）的人才培养…………………………… **159**
　　　——以高等教育内涵式发展理念为依据

日语口译MTI学位论文选题研究……………………………………… **177**

同声传译教学探微……………………………………………………… **192**
　　　——基于两个理论、三种模式的"临场教学法"

释意派理论在汉日口译中的应用效果研究…………………………… **209**
　　　——以北京外国语大学日语MTI在校生为例

学生译员与职业译员交替传译译出率比较研究……………………… **223**
　　　——以日译中为中心

日本国会答辩中的非语法性口语表达翻译策略研究………………… **241**

人工智能信息化背景下国内口译研究的现状分析与未来展望……… **257**
　　　——基于近五年核心期刊数据的文献计量研究

第一部分　文学翻译

从《深夜》到《深夜的风》
——从水野叶舟作品的汉译重审中日近代小品之联系

作 者 姓 名：解璞
单   位：武汉大学
研 究 方 向：日本近代文学、中日比较文学

从《深夜》到《深夜的风》
——从水野叶舟作品的汉译重审中日近代小品之联系

提要：1923年《民国日报》副刊《觉悟》首次设置小品栏，首次刊载的作品是"小品文大家"水野叶舟的《深夜》。本文考察《深夜》被译为《深夜的风》时发生变化，并发掘同时代的报刊等一手资料，探讨其译介背景。在此基础上，考证译者"鸿"为何人。本文从叶舟小品的汉译入手，窥探1923年前后中日近代小品文学的密切联系。

关键词：水野叶舟；《深夜》；《深夜的风》；小品文学

1. 被遗忘的"小品文大家"水野叶舟

1908年（明治四十一年）12月，当时的"小品文大家"水野叶舟从新潮社出版散文集《回音》。该书出版不久，便获得高度评价，被明治文坛誉为"小品文之代表"。松原至文在《小品文范》中，汇编了当时最受瞩目的小品文及其评论。其中，相马御风在《感想的自由表白》里写道："水野叶舟氏的《回音》与《噩梦》，堪称小品文之代表。从这两部作品集里，最能够看出小品文的特色。"近松秋江在《自然描写与官能》里曾写道：在当今文坛，在可作为小品文之范本的作品里，"水野君的《回音》等最为出色"。

约十五年后，《回音》中的一篇被译介到中国，载于《民国日报》副刊《觉悟》。在20世纪20年代，《觉悟》登载了许多与新文化运动相关的报道，与上海的《时事新报》副刊《学灯》、北京的《晨报》新副刊、北京的《京报》副刊一起，并称为五四时期"四大副刊"。1923年9月22日，《觉悟》首次设置"小品"栏，第一次登载的作品便译自《回音》里的《深夜》。

然而，在探讨中日小品文学关系时，中国学界却从未关注过这一具有标志性的作品。这不仅因为小品散文往往篇幅较短，受重视程度远不及小说，更因为水野叶舟的文学活动及社会活动跨越多个领域，很难形成统一的作家形象，不易评价。事实上，他不仅是促成《远野物语》成立的关键人物，而且是"出身于《明星》的歌人、小品文作家、自然主义小说家、罗马字运动的推进者，还是晚年定居乡村，一直坚持开展文化活动的生活者"。在日本，近年开始重新评价这一风格独特的"小品文大家"，通过对其作品的深入探讨，将其重新定位为"明治的新感觉派"。然而，学界尚未关注水野叶舟作品在中国的翻译。

如果回到水野叶舟活跃的明治三四十年代，便会发现他以清新的文风及实验性文体赢得了文坛的瞩目，被誉为明治时期小品文学"第一人"。近年，关于中国文学与水野叶舟理论的关系，鸟谷真由美的一系列研究值得关注，她考证了夏丏尊与刘薰宇编著的《文章作法》的第六章参考了水野叶舟的《小品文练习法》。不仅如此，若将对水野叶舟的译介置于1923年前后的中国文坛背景下，事实上，《深夜》的译文也是窥探中日文坛交流的重要作品之一。

本文具体考察水野叶舟的《深夜》及其译文，探讨《深夜》在转变为汉译的《深夜的风》时，发生了怎样的变化，并最大限度地利用同时代的报纸杂志等一手资料，以此探讨其在中国的译介背景。在此基础上，揭示其如谜一般的译者"鸿"为何人，并考证其创作活动。本文旨在从水野叶舟小品文的汉译入手，窥探1923年前后中日近代小品文学之间的密切联系。

2. 作为"小品文之代表"的《回音》

如前所述，《深夜》是首次刊载于《觉悟》小品栏的译作。《觉悟》为何在如此特别的位置登载水野叶舟作品的译文呢？从当时中国文坛对水野叶舟的评价里，或许可以窥探其中的原因。在同一时期，虽然未见对《回音》的评论，但在单行本《回音》出版约30年后，可以发现中国文坛将其称为日本小品文学代表的评价。例如，谢六逸在《日本之文学（中册）》里，评价水野叶舟作为一位自然主义作家，"以小品的形式"表现了"女性柔弱的情感与感觉"。有趣的是，谢六逸将水野叶舟与田村俊子一同介绍，误将其视为女性作家。此外，傅仲涛在《日本小品及随笔底一斑》里写道："在日本真正以小品文见称于世的，明治四十一年的时候，有真山青果的《梦》及水野叶舟的《響》（即《回音》）。"尽管今天鲜有人提及，但在当时的中国，水野叶舟的《回音》其实已被视为日本小品文学的代表作。

关于《回音》的创作风格及其装帧，中岛国彦进行过详细考察，本文在此进一步确认《回音》在出版之初如何被阅读与评价。

单行本《回音》出版时，水野叶舟不过25岁。前一年，他首次在《早稻田文学》上发表小说《噩梦》。在7月，他接受"国木田独步的倡议，与吉江孤雁一起创立大久保会"，并在独步家开展集会，由此，其不少作品发表于"《中央公论》与《新潮》等一流杂志上"。可见，在此时期，水野叶舟的创作精力十分旺盛。

实际上，《回音》是当时新潮社出版的"小品文集"（全四本）之一。从1908年12月至1909年6月，短短半年时间，《回音》重版五次，备受好评。

在1909年6月20日再版的真山彬（青果）《梦》的广告里，曾赞誉《回音》（第五版）"好评不断"，并汇集了各大文艺杂志的评价。例如，《早稻田文学》称："该书收录了叶舟氏的最新之作，他以创作散文诗式的小品闻名，在该领域堪称当今文坛第一人。该书是近来读起来最令人愉悦的作品。"《中学世界》评论道："水野氏的作品，大多重视感觉、印象鲜明。因此作品生动地反映了新鲜、敏锐而柔软的情感，令人可以直接接触到文中的情致。"杂志《趣味》也评价道："其文笔奔放而平易。文章的妙处在于整体基调是抒情的，在静谧中打动人心。可以说，这是一部绝佳的散文诗。"《新天地》更是将其与德富芦花著名的散文集《自然与人生》比较，称其毫不逊色。《女性文坛》也称赞道："在当今作家里，能够充分表现印象与感觉的，便是水野君等人。无论是喜欢散文的人，还是爱好诗歌的人，都一定会对《回音》爱不释手。"

由此可见，在同时代，水野叶舟被誉为创作"散文诗"式小品"第一人"。《回音》之所以受欢迎，不仅在于其文体平易、装帧小巧，更在于它以诗一般的语言表现了"崭新、敏锐而柔软的情感"。其扉页上写着"此书献于久病之弟的枕上"，其创作倾向由此可见一斑。这样的散文集为当时的读者带来了不少新鲜的感受与慰藉。在序言里，水野叶舟不仅记录了自己从诗歌转向散文的经历，而且也表达了他对小品文学的看法与思考。

> 我当初本想：若是自己靠文学来生活，那就凭写诗谋生。（中略）然而，落笔写下的，却仅仅是流畅的节奏，完全远离了自己的内心。（中略）偶然有一次，我试着写了写简练的散文。把它给好友们看时，他们说：这比你的诗更好。（中略）我自己也觉得，在创作散文时，它可以自由地表达我的所思所想，于是便积极热情地写起散文来。

由此可见，水野叶舟的散文，首先来源于诗，却不限于诗歌流畅的节奏，而是将其转化成凝练的散文。其次，他所追求的是贴近"自己内心"、能够自由表达所思所想的文学表现。水野叶舟还谈到自己对诗与散文的看法："所谓散文，必然容易陷入说明。然而，我心里有时候会闪现出一些无法用语言说明的情绪。（中略）我便试图去把这些闪现出来的感情，用写诗一般的明快节奏、用平易的文辞，并尽量使用凝练的语言写出来。"在水野叶舟看来，小品文的重要方法便是：运用凝练的语言写出"闪电"般无法言语的心情。正因为《回音》的表现形式直接反映着作者的内心，所以才能够打动人心。

3. 被删除的《深夜》之开篇

当《深夜》被译到中国时，事实上，并未译介全文，而是从原作的第六段开始翻译的。本节首先探讨《深夜》的开篇，以此探讨原作与译文的差异。

《深夜》的开头部分如下：

> 深夜，我在门户紧闭的大街上行走。街灯，在茫然的暮霭中发出阴郁的光。这熟悉的街头，却是一片空旷寂寞的景象。
>
> 街上没有任何活动的东西。白天的喧嚣之后，处处散落着白色纸片，在灯光的照耀下显得格外冷清。
>
> 天空也阴沉沉的。沉闷、黑暗、无边无际的天空，像要压到这城市上方。

在水野叶舟的小品里，经常出现傍晚或暗夜时分的黑白两色、黯淡寂寥的空间。正如中岛国彦所指出的，"幽暗"是水野叶舟作品的典型主题之一。在《深夜》的开篇，首先，光影与黑白对照等映衬出都市空间的闭塞感。例如，在茫然的暮霭中，地上街灯所发出的幽光与头顶上"沉闷、黑暗"的天空相互映照；而"黑暗"的天空又与地上处处零落的"白色"纸片形成对比。同时，作品开篇的"门户紧闭"的闭塞感，与街上寂寥空旷的荒凉感彼此对照。尽管语言简短，描写对象也只有街灯、纸片和天空，但视觉上的黑白色调逐渐唤起笼罩在都市上方的压迫感。通过这些意象的交相辉映，作品勾勒出只有黑白色调、暮霭沉沉的空间。

与都市空间的寂寥相呼应，登场人物也被包围在幽暗的暮霭之中。作品不是从正面，而是从侧面逐渐勾勒出登场人物的轮廓。在"我"独步街头时，"他"从一片朦胧中渐渐走向前景。先是"突然"响起的脚步声，随后是从暮霭里"冷不防"闪出的一道黑色身影，最后才终于看清他的脸——"不知为何,觉得那是一张寂寞冷清的、紧张不安的脸。仿佛是被什么追赶着逃过来的"。比起面孔本身,作品更加关注"他"的神情与所带来的气氛。在匆匆地擦肩而过后,我的心情也忽然变得和他一样。仿佛毫无防备地在旷野里行走,又仿佛有可怕的东西逼近着我。一连使用的三个比喻,制造出一种紧迫感。同时,频繁使用的"突然""冷不防""倏然"等表现瞬间之感的词语,都表现出"我"怀有的"闪电般无法言语的心情"。

如上所述,《深夜》通过描绘"暮霭"下朦胧的视觉,刻画出超出五感、转瞬即逝的神秘感觉。黑白两色的静谧空间、闪现的微光、摇曳的黑影,都暗示着人类无法明确认识的世界,唤起"无法解释、闪现而过"的五感之外的情绪。从幽暗里突然闪现的身影,也往往出现在安德鲁·朗格《梦与鬼之书》里。水野叶舟曾经翻译过朗格的作品,夏目漱石也对其十分喜爱。不仅如此,水野叶舟还在基于朗格作品改写的《怪梦》里,描写过类似的故事。例如,在店里做工的孩子在路边偶遇店主,一路闲聊,不经意回头时,却发现幽灵已经不见了。《怪梦》描绘了人类的神秘,与此相对,《深夜》中的神秘色彩从都市空间转向人类,又在第六段之后从人类转向更大的生命——自然。

在《深夜》的开篇,描绘了都市空间的寂寥与忽然闪现的人影,描绘的焦点在于人类世界的神秘。在汉译中删除了这一开头,便忽略了对人类创造的都市空间与人类内心之神秘的细致描绘。

4. 从《深夜》到《深夜的风》

与《深夜》前五段的删除相呼应,汉译的题目也从《深夜》变为《深夜的风》。如前节所述,译文删除了对人类世界之神秘的描绘,作品更集中于描写"太古之时"便存在的自然力量之神秘与强大。本节将对照原作与其译文《深夜的风》,具体考察作品在汉译过程中的变化。

《深夜的风》这样开篇:

【译文】那时,不知从什么地方,有一阵风起来吹过了街道。每经飚地过去,一家家的门尽发出响声来。听了那响声,就觉得市街是在惊惶而战栗了；落在街上的纸片，却像<u>突然活了过来，正在飞舞</u>。

【原文】其時、何處からとも知れず、一陣の風が起こつて、街を吹いて過ぎた。さつと吹き過ぎるに從つて、家毎の戸は音をたてた。其音をきくと、街がおびえ恐れて、戰慄した樣な感じがする。街に落ちて居た紙片が、<u>俄に生きたものゝ樣に舞ひ上る</u>。

作品从第六段开始通过纸片或门户的声音等视觉与听觉等细微的侧面，来暗示"风"等看不见的事物。耐人寻味的是，在原文中，纸片"突然像有生命之物一般飞舞起来"的部分，在汉译中，被改为"突然活了过来，正在飞舞"。原文对纸片的描写运用了比喻手法，而译文则直接运用了拟人手法。另外，在原文中，纸片在第三段已经登场，为此处（第六段）的纸片飞舞埋下伏笔；但在译文中，纸片于此处首次出现，一开篇便被拟人化了，这无疑增添了神秘而恐怖的气氛。

有趣的是，这样的改译，不仅与上句中的市街"在惊惶而战栗"的拟人手法形成呼应，而且还唤起读者对中国志怪小说的记忆。来历不明的白色之物在深夜忽然"活过来"的意象表现，堪称中国怪谈的典型模式之一。这样的主题在20世纪初，仍然屡次出现在以文言体创作的小品中。例如，《中国实业杂志》从1914年至1916年曾连载专栏"短锋小品"，刊登了11篇文言小品。其中，有一篇名为《胆》的作品，以志怪小说的笔法描绘了秋夜士兵的奇闻。两个士兵在黑暗中偶遇双眸放光的怪物们，连忙用枪去袭击，最后吓得不敢再动。直到天明，他们才发现被打死的是黑狗与黑马。作品结尾反转了前半段的志怪情节，将怪谈变为滑稽小品。这从一定程度上反映了当时中国文坛在转型期的特点：将前近代的要素融入近代小品的创作之中。这也集中反映了从文言文转向白话文的变革时期的小品之特色。

除了开篇的区别，在作品的结尾处，原文与译文也有较大差异。

【译文】人们当用了自己的手营成巧物时，总感到无限的自矜，以为巧夺天工了的。可怜的那矜心呵！我们现在还不是连祖先住在荒野里，懼悍风雨，对于自然的力，深致恐怖的心情，也还忘却不得。试走在深夜的街道看呵。看我们人类筑就的文明究有何等的威严！！

【原文】人間が自分の手で、巧みにものを築き上げた時に、無限の矜りを感じて、自然をも征服し得たりとした。憐れなる其安心よ。吾等は今尚ほ、祖先が、野に住で闇を恐れ、風雨を恐れ、自然の力に向つて、恐怖した心を忘れる事すら出来ないのである。深夜街を歩いて見たまへ。吾等人間の築いた文明に、幾何の威厳がある！！

与此前以纸片或云的移动等微小侧面来暗示自然之力不同，在原文的结尾，首次以断定（「である」）的语气，从正面感叹巨大可畏的自然之力。"我"面临大雨将至，匆匆赶路，眼前浮现出太古时期压迫而来的"自然的力"。人类骄傲得似乎觉得自己已经征服了大自然，而"我"则深深感慨这是"可怜的"安全感。

此外，原文以「深夜街を歩いて見たまへ」这样第二人称命令的句式，让"我"直接向读者倾诉自己的感叹。并且，以「吾等人間の築いた文明に、幾何の威厳がある！！」的反问句结尾，直接表达了对自然之力的感叹。

与此相对，汉语译文改变了语气的强度。首先，译文将「忘れる事すら出来ないのである」，译为"还不是……也还忘却不得"的双重否定，比原文的语气更加强烈。其次，"对于自然的力，深致恐怖的心情，也还忘却不得"的语序，遵循了日语里宾语在前、谓语在后的顺序，使汉语译文变得更加拗口。这促使中国读者去反复阅读与思考。这样的译文也许让正值白话文运动等语言转型期的中国读者感到困惑，但同时也带来了阅读日本文学的新鲜感受。汉译《深夜的风》结尾与开篇对风的描写形成呼应，强调了旷野中令人类文明战栗的自然之力，集中凸显了作品的主旨。

如上所述，从水野叶舟的《深夜》变为汉译的《深夜的风》时，主要发生了两处变化。第一，汉译《深夜的风》删除了原作前五段里对人类的都市空间及内部世界之神秘的描绘，叙述焦点从都市空间转变为人心之神秘的过程也被删除。与《深夜的风》这一标题相呼应，汉译在一开篇便暗示了风等自然界的神秘之力，结尾也以直抒胸臆的方式加深了这一主题。不同于原作较为均衡地对比人类与自然，《深夜的风》通过节译，凸显了自然之力的巨大与神秘。第二，汉译的开篇将原作里关于纸片的比喻改为拟人手法，在近代以后现代汉语里融入了前近代的古典文学元素。这一改译也直接反映出语言变革时期的中国小品文之特色。

5. 1923年前后的中日小品文学

事实上，在《深夜》被翻译的20世纪20年代初期，正是中国引进外国小品文学、"小品"作为近代的新式文体开始流行的时期。尤其在1923年，以白话文创作的小品，从上一年的3篇，骤增至28篇。不仅如此，倡议小品创作的征稿启事也不断增加。

有关这一年前后的文坛状况，在1923年刊载的《五十年来中国之文学》里，胡适总结了新文化运动，尤其是以白话文进行文学创作的成果。他指出："这几年来，散文方面最可注意的发展，乃是周作人等提倡的小品散文。这一类的小品，用平淡的谈话，包藏着深刻的意味；有时很像笨拙，其实却是滑稽。这一类作品的成功，就可彻底打破那'美文不能用白话'的迷信了。"胡适认为，"小品"变得重要的原因主要有两方面：一方面以往的长篇小说已经过时，无法满足读者的需求。另一方面，小品文"用平淡的谈话，包藏着深刻的意味"，解放并发展了白话散文。可以说，小品文的成功打破了"无法以白话创作美文"的迷信。朱自清在1926年引用了胡适的观点，并称这三四年小品散文盛极一时。

以下将通过考察当时的报纸与杂志，探讨1923年前后中日近代小品文学的密切联系。

首先，回顾一下当时中国文坛对小品文的定义与定位。例如，冯三昧在《小品文研究》中评介了20世纪20年代有关小品文的主要书籍与评论，包括夏丏尊、刘薰宇的《文章作法》（1919—1922年执笔）、胡适《五十年来中国之文学》（1922年3月执笔）、朱自清《论现代中国的小品散文》（1928年7月）、钟敬文《试谈小品文》（1928年10月）等。冯三昧认为其中"能将小品文的内容外形兼顾并收，而又说得较为圆满的，要推钟敬文君的说明"。钟敬文指出，"我以为做小品文，有两个主要的原素，便是情绪与智慧。……它需要醇厚的情绪，它需要超越的智慧……只要是真纯的性格的表露，而非过分的人工的矜饰矫造，便能引人入胜，撩人情思。"可见，兼具情绪与智慧的纯真表达成为小品文的重要特色。

此外，胡愈之还将"小品"定义为最适宜报纸刊登的"轻妙"文体。当时最大的文学结社文学研究会创办的《文学旬刊》与《文学》上，刊载了不少有关小品文学的文章。例如，在1922年7月21日至8月11日的《文学旬刊》（第44—47期）上，登载了胡愈之的《中国的报纸文学》（署名"化鲁"）。其中，在第46期（8月11日）《中国的报纸文学 续》里，他这样写道：

> 报纸文学的内容大概可分为作品和文艺批评的两类。作品又包有：诗歌、小品、短篇小说、长篇小说（Serial）、戏剧的几种。而小品文学往往占报纸文学的重要部分。所谓小品，是指Sketch一类的轻松而又流动的作品，如杂感，见闻录，流行记，讽刺文等都是。这一类的文学，往往是普通阅报的人所最喜欢的，而且也只有在逐日刊行的报纸上，总有刊载的价值，所以这一类的材料，在报纸文艺栏里是最为相宜的。
>
> 中国的报纸最缺乏的就是这一类的小品文学，占中国报纸的文艺栏的地位的，最早就是一种"谐文"。（中略）如晨报、民国日报、时事新报的副刊，都成为新文艺运动的大本营，所缺的就是太认真了些。所登的大半是关于哲学科学社会学的长篇论文，在一般读者却不生兴趣。轻妙、简短有讽刺性的小品文字，往往觉得太缺少。这是希望编辑者的注意了。

胡愈之指出，小品文学的特色在于"轻松而又流动""轻妙、简短有讽刺性"，因此，这样的文体最适合报纸刊载。而此时"中国的报纸最缺乏的就是这一类的小品文学……轻妙、简短有讽刺性的小品文字，往往觉得太缺少"，并试图唤起编辑的注意。似乎在回应此倡议一般，同时期的报刊也登载了征集小品文的启事。例如，在1922年综合杂志《礼拜六》上写道："欧美杂志间有小品趣文，着墨不多，而神味隽永，的属可喜。偶理旧箧。得斯译稿，略为改窜，投之礼拜六。"在1923年2月的《新闻报》上也连载了《征求旧历新年小品文字》的启事。此外，在《小说旬报》《红霞》《玲珑》《时报》等报刊上也多见征集小品的启事。可见，在中国文体变革的过程中，"轻妙、简短有讽刺性"同时引起了读者与编者的极大关注。

翌年1923年，胡愈之实践了自己的观点。在《文学旬刊》第75、76期（1923年6月2日、6月12日）与《学生杂志》上，他连续发表了爱罗先珂《春日小品》的译文。在6月12日该译文的后记里，可以窥探中日小品文学的联系：

> 这是盲诗人离北京以前所作的世界语短文。原文寄日友福冈诚一君（即S·M君），在《我等》发表。我们读了这些短文，也和读爱罗先珂君其余的著作，一样的感得盲诗人的天真的悲哀。
>
> 和这一篇同时写下的更有一篇日文的童话《红的花》，也已由鲁迅君译出，在《小说月报》七号发表。这两篇也竟可以说是爱罗先珂君给中国青年留下的一点最后的纪念。

爱罗先珂先将《春日小品》赠予日本友人，在日文杂志《我们》上发表之后，又被译为汉语。他在同时期创作的日文童话也被鲁迅译介到中国。耐人寻味的是，就在同年6月，鲁迅翻译了夏目漱石的《永日小品》（收录于1910年5月春阳堂出版的《漱石近什四篇》）中的《挂轴》以及《克莱喀先生》。汉语译文收录于1923年6月上海商务印书馆出版的《现代日本小说集》里。尽管书名为"小说集"，但除了短篇小说之外，书里还收录了铃木三重吉的《黄昏》《照相》等，毋宁说是"小品"的佳作。由此，不仅可以看出爱罗先珂与中日文坛的关系，也可以发现中日文坛在小品文学方面的深层交流。

就在三个月后的1923年9月，水野叶舟的《深夜》的汉译发表于《民国日报》副刊上。这篇作品在报纸上刊载的位置，十分耐人寻味。首先，本期的"小品"栏位于诗歌、小说栏目之前，似乎可以窥见编辑推陈出新的意图。其次，在"小品"栏前的"谈话"栏里，刊登了题为《半个月的白马湖讲习会生活》（张春浩）的文章，篇幅很长。春晖中学是浙江上虞白马湖畔近代文学家及文艺教育家聚集的地方，丰子恺、夏丏尊、朱自清等都曾在此执教。

有关春晖中学的文学家们，朱惠民与鸟谷真由美有过详细的考察。鸟谷真由美考证了夏丏尊、刘薰宇在理论方面对水野叶舟著作的借鉴。当时正值夏丏尊讲授"文章作法"课程的时期,其有关散文的理论便大多源于水野叶舟的《小品文练习法》。朱惠民在《白马湖文派短长书》之"白马湖演讲论考"中指出,春晖中学校长经亨颐大力推进白马湖演讲,这项事业是"五四"新文化运动的延长,而在"1923年,春晖中学的课外演讲盛况空前"。同年夏季"白马湖讲习会"邀请了黄炎培、陈望道、舒新城、丰子恺、黎锦晖、赵蔼吴、郭任远等文化名人,进行了十五天的演讲会。其中,讲授中国文学的陈望道曾在1915年留学日本,在中央大学学习法学。毕业归国后,1923年时,他在上海大学讲授修辞学与文学概论等。他还曾协助编辑登载水野叶舟文章的副刊《觉悟》。此外,陈望道还曾为自己在浙江第一师范学校的学生叶天底的绘画《磕篓与蟹》题词。有趣的是,这一题词便取自水野叶舟的《小品作法》。可见,至少陈望道等教育家对"小品文大家"水野叶舟的作品十分熟悉。

事实上,在《深夜的风》刊载约两个月后,夏丏尊发表了《教学小品文的一个尝试》,原题为"教学作文的一个尝试",在编入《国文研究法》特辑时,将题目改为"小品文",由此可见当时小品文的流行程度。在这篇文章中,夏丏尊介绍了一年间在春晖中学教授作文的经验,强调作文要取材于实际生活,篇幅简洁(一二百字左右),题材自由。后面还附上学生的作文例子。其中列举的第一篇作文题为《箫声》,开篇与水野叶舟的《深夜》笔致颇为相似。

> 黄昏笼罩了世界,一切都很沉静,像已入了睡乡,做休息的梦了。忽然间,不知从哪里,曲曲折折地传来了幽遏的箫声。隐约听去,身子仿佛轻松了许多。心也渐渐地沉下去了。

《箫声》与《深夜的风》都在开篇描绘了在寂寥世界中忽然传来的声音,叙述的焦点从"沉静"的世界转变为随之"沉下去"的人的身心状态,对比了自然与人的心境。这样的写法令人不禁联想到汉译《深夜的风》的结构。这样清新的表现手法,与夏丏尊等白马湖派文学家、教育家所提倡的日本小品文学关系密切。

综上所述,中国近代小品文学是在报刊媒体迅速发展与新文化运动后的国语教育兴起的时代背景下的产物。在《深夜的风》前登载的《半个月的白马湖讲习会生活》的报道正是致力于推进小品文创作之实践。这一期的《觉悟》版面，堪称当时中国文坛汲取明治小品文学的一个缩影。其中，无论是理论借鉴，还是名篇示范，水野叶舟的影响都绝不容忽视。在汉译《深夜的风》的背后，蕴藏着日本明治散文与中国近代小品文学的密切联系。

6. 译者之谜——"鸿"及其译作

上节考察《深夜的风》的汉译背景，然而，具体到其译者，却仍有不少未解之谜。有趣的是，在汉译《深夜的风》刊载的同年同月，《艺术评论》（1923年9月17日第22期）上刊载了有关"鸿"及"双鸿"的介绍。在该期的开篇便是川路柳虹著、署名"双鸿"节译的文章《近代美术之诸倾向》，并附有"译者志"。

川路柳虹是个著名的诗家。我俩因为特别爱诗人，所以就从现代之美术中特别译了诗人底这一篇。"鸿"是我俩相约此后在艺术上稍稍共同研究努力的共名。

请读者恕我俩匿名，直到必须宣布我俩是谁的时候。

由此可见，"鸿"或"双鸿"是两位作者共有的笔名。他们都对文学与美术等感兴趣，至少有一位精通日语，并了解日本的文学艺术。除了川路柳虹的译文，1923年署名"鸿"的文章还有约14篇，另有约9篇有关经济的文章；有关文学的6篇文章如下：

鸿译：《凤凰不至》（诗歌），《文学旬刊》1923年第65期。

水野叶舟作、鸿译：《深夜的风》（小品），《民国日报·觉悟》1923年第9卷第21期。

鸿译：《艺术：美学与生趣：上：生之哲理（续）》（评论），《民国日报·妇女评论》1923年第74期。

鸿译：《艺术：美学与生趣：上：生之哲理（未完）》（评论），《民国日报·妇女评论》1923年第75期。

鸿译：《艺术：美学与生趣：下：生之发展与美》（评论），《民国日报·妇女评论》1923年第76期。

鸿译：《艺术：描写》（文艺杂谈），《民国日报·妇女评论》1923年第78期。

其中，《美学与生趣》的三篇承接1922年12月27日第73期《艺术：美学与生趣（评论）（未完）》的评论，该文署名"岛村抱月著、鸿译"。在1922年，"鸿"也创作并翻译了不少有关美学与艺术的文章。例如，1922年，他翻译了美术评论家黑田鹏心的《艺术：儿童与色彩（讲演）：黑田鹏心在儿童研究所夏期讲习会》（《民国日报·妇女评论》1922年第62、63期）。同年，还发表了美学家大冢保治的《美学所研究的问题及其研究法》（《东方杂志》1922年第19卷第23期），这篇译文此后被收录于单行本《美与人生》中。《美与人生》此后被收入《中国现代文学基础理论与批评著译辑要：1912～1949》（贺昌盛主编，厦门大学出版社，2009年），但该书仍未考证译者"鸿"的真实身份。

纵观以上文献，可以推测《深夜的风》的译者具有如下特征：①从他对川路柳虹、岛村抱月、黑田鹏心、大冢保治等作品的翻译可知，"鸿"不仅对日本文学，而且对美术与美学很感兴趣。②"鸿"应该不是一人，而是两位作家或艺术家。

1923年前后，有两位以"鸿"为笔名的作者：其一是作家茅盾（1896—1981），其二是画家诗人孙雪泥（1888—1965）。

首先，茅盾即沈德鸿，曾用过"鸿""沈鸿"的笔名。不过，茅盾赴日的时间为1928年7月，此后才开始学习日语，1923年时，尚无法进行翻译。然而，其弟沈泽民在1920年7月与友人张闻天一同赴日留学。其间，他不仅与田汉、郁达夫、郑伯奇、康白情等人有过交往，还积极在《小说月报》上译介外国文学。1921年沈泽民回国，1923年夏在南京建邺大学执教，成为"文学研究会"的重要成员。可见，沈泽民有可能与兄长茅盾共用"鸿"这一笔名发表文章。只是，在1922年11月8日的《妇女评论》目录上，一同出现了"鸿""沈泽民""沈雁冰"等署名，"鸿"并非茅盾兄弟的可能性似乎更大。

其次，画家、诗人、商人孙雪泥也曾用过"鸿"的笔名。有关孙雪泥的研究近年才出现，目前仍有待发掘。若回顾民国时期的文献，可以发现在《东方日报》（1944年9月3—5日）上连载了晚苹所写的《业余诗画家孙雪泥》（上、中、下）。孙雪泥名为孙鸿，雪泥是号，取自苏轼诗里的"雪泥鸿爪"，另有别号"枕流居士"。他出生于江苏省松江（现属上海），1917年创办生生美术公司，兼任经理。他自幼爱好书画，画风飘逸，他"根本为了自己要画而画，而不是为谋生而画，更不是迎合世人的购买眼光而画"。在1944年，约56岁时，周围的友人争相索要他的画作，终于举办了个人书画展。

至于孙雪泥是否通晓日语，目前尚未确定。然而，他却有两位友人与日本关系密切。

其一，是当时一流的书画家、篆刻家钱瘦铁。例如，在1923年，他受到日本画家桥本关雪的赏识与邀请，赴日为日本画家进行篆刻。从翌年起，他"几乎每年赴东京与大阪开办个展，并获得桥本关雪、谷崎润一郎、会津八一等人的支持"，成为日本与上海书画界交流的重要桥梁。

其二，是孙雪泥在创办生生美术公司之初，聘请的编辑主任徐卓呆。徐卓呆年轻时曾留学日本，学习体育与舞蹈，精通日语。他不仅致力于戏剧改良与小说创作，还曾将日译版的托尔斯泰小说翻译为汉语。他兴趣广泛，还是著名的"文坛笑匠"。孙雪泥很有可能通过徐卓呆接触到日本的美术与文艺作品。

如上所述，《深夜的风》的译者对美术戏剧等很感兴趣，还写过经济类的文章。可见，"鸿"为画家诗人、商人孙雪泥的可能性较大。从1923年双鸿"译者志"里"此后在艺术上稍稍共同研究努力的共名"的声明可以推测，"鸿""双鸿"很可能是孙雪泥与钱瘦铁或徐卓呆共用的笔名。

7. 结论

本文考察了明治"小品文大家"水野叶舟的《深夜》在中国的汉译，并探讨了1923年前后中国近代小品文学与日本文学的密切联系。当《深夜》被译为《深夜的风》时，主要发生了两点变化：第一，《深夜》原作的前五段被删除，汉译《深夜的风》删除了对人类创造的都市空间以及人类内心神秘色彩的描绘。在汉译的开篇与结尾都强调了风等自然之力，在结尾进一步将其与人类的脆弱进行对比，凸显了自然的神秘与强大。第二，汉译的开篇通过将比喻改译为拟人手法，将前近代的志怪小说元素融入近代小品文学中。这样的改译反映了从文言向白话文转变时期的中国近代小品文的特色。

以白话文创作的中国近代文艺小品，始于20世纪20年代。同一时期，也多见外国小品的翻译。最初刊载于报刊的是1922年2月10日周作人的《西山小品》（《小说月报》1922年第13卷第2期）。此后不久，接连刊载了爱罗先珂、纪伯伦、夏目漱石、水野叶舟等名家的作品。而刊载《深夜》译文的《民国日报》副刊《觉悟》，不仅译介了水野叶舟作品，而且还刊载了有关大力推进小品文教育的白马湖派文学家的报道。该期报纸，堪称中国近代小品文发展与中日文坛交流的一个缩影。

本文在探讨《深夜》汉译的基础上，还考察了迄今尚未明确的汉译作者。这位笔名为"鸿"的译者，不仅翻译过水野叶舟与川路柳虹等诗人、作家的文章，还翻译过黑田鹏心、岛村抱月、大冢保治等美术家与美学家的作品。可以推测，他很可能是当时正值35岁的青年诗人、书画家及商人孙雪泥。从"双鸿"的声明来看，这一笔名可能是孙雪泥与钱瘦铁或徐卓呆共用的笔名。

综上所述，在1923年中国积极引进外国小品散文的时代背景下，水野叶舟的《深夜》以《深夜的风》这一节译的形式被译介到中国。对外国文学，尤其是日本近代小品文学的译介，正符合当时中国报刊等媒体的迅速发展、新文化运动后近代国语教育的迫切需求。在水野叶舟《深夜》的译介周边，蕴藏着中日近代小品文学的密切联系，以及中日两国艺术家之间的深层互动关系。

参考文献
爱罗先珂，《春日小品：一/二》，愈之译，《文学旬刊》1923年第75期。
陈凌虹，《徐卓呆留日经历及早期创作活动考》，《中国现代文学研究丛刊》2016年第11期。
陈颖，《南社画家孙雪泥轶事》，《书与画》2020年第1期。
陈振濂，《近代中日绘画交流史比较研究》，合肥：安徽美术出版社，2000。
邓明以，《陈望道传（第二版）》，上海：复旦大学出版社，2005。

冯三昧，《小品文研究》，上海：世界书局，1933。

傅仲涛，《日本小品及随笔底一斑》，《宇宙风》1937年第38期。

胡适，《五十年来中国之文学》，申报馆编，《最近之五十年》，上海：申报馆，1923。

化鲁，《中国的报纸文学 续》，《文学旬刊》1922年第46期。

鲁迅，《鲁迅全集 第15卷》，北京：人民文学出版社，2005。

鲁迅，《鲁迅全集 第17卷》，北京：人民文学出版社，2005。

匿名，《征求旧历新年小品文字》，《新闻报》1923年第143、144、145、147、148期。

鸟谷真由美，《越境的小品文：以中日小品文的互动为中心》，《汉语言文学研究》2016年第4期。

弃觚，《胆》，《中国实业杂志》1914年第5卷第12期。

唐金海、刘长鼎主编，《茅盾年谱》，太原：山西高校联合出版社，1996。

夏健秋，《外国轩渠录》，《礼拜六》1922年第143期。

夏丏尊，《教学小品文的一个尝试》，《学生杂志》1923年第10卷第11期。

谢六逸，《日本之文学（中）》，北京：商务印书馆，1940。

员怒华，《五四时期"四大副刊"研究》，武汉：华中师范大学出版社，2018。

郑逸梅，《郑逸梅美文类编 人物编》，哈尔滨：北方文艺出版社，2009。

周川主编，《中国近现代高等教育人物辞典（增订本）》，福州：福建教育出版社，2018。

朱惠民，《白马湖文派短长书》，宁波：宁波出版社，2014。

朱自清，《论现代中国的小品散文》，《文学周报》1929年第7卷。

佐藤浩美，『忘れえぬ赤城——水野葉舟、そして光太郎その後』，東京：三恵社，2011。

白水紀子，「沈澤民研究——五四時代」，『横浜国立大学人文紀要 第二類 語学・文学』1993，40（10）。

木股知史編著，『明治大正小品選』，東京：おうふう，2006。

鳥谷まゆみ，「白馬湖派小品文と春暉中学の作文教育——夏丏尊主編『文章作法』にみる一九二〇年代初頭の小品文を中心に」，『野草』2011（88）。

中島国彦，「「闇」への眼、「闇」の造型——水野葉舟からみた近代の「風景表象」」，『国文学研究』2006（149）。

松原至文編，『小品文範』，東京：新潮社，1909。

真山青果，『夢』，東京：新潮社，1909。

水野葉舟，『響』，東京：新潮社，1908。

水野葉舟，『小品文練習法』，東京：新潮社，1916。

横山茂雄，「解題 怪談の位相」，水野葉舟著、横山茂雄編，『遠野物語の周辺』，東京：国書刊行会，2001。

中国近现代诗歌日译

作者姓名： 吴小璀
单　　位： 北京语言大学
研究方向： 日汉翻译

作者姓名： 滨田亮辅
单　　位： 北京大学
研究方向： 日本语教育学、比较语言学

中国近现代诗歌日译

《再别康桥》
『ケンブリッジに再び別れを告げる』

作者：徐志摩

翻译：吴小璀　滨田亮辅

轻轻的我走了,
ひそやかに僕はここを去り行く
正如我轻轻的来；
ひそやかにここに来たときのように
我轻轻的招手,
ひそやかに僕は手を振り
作别西天的云彩。
夕暮れの雲に別れを告げる

那河畔的金柳,
金色（こんじき）の川辺の柳は
是夕阳中的新娘；
夕日に染まる花嫁のようだ
波光里的艳影,
川面にたゆたうたおやかな姿は
在我的心头荡漾。

僕の心に揺れている

软泥上的青荇，
しっとりとした川底の
油油的在水底招摇；
青々とした水草が揺らいでいる
在康河的柔波里，
僕もこのケム川で優しく揺らめく
我甘心做一条水草！
水草になりたかったんだ

那榆荫下的一潭，
木陰の水は
不是清泉，是天上虹，
清らかな湧き水じゃなく
揉碎在浮藻间，
粉々に砕け散った空の虹が浮き藻を漂い
沉淀着彩虹似的梦。
七色の夢となって沈んでいるのだ

寻梦？撑一支长篙，
また夢を追う？いっそ深く深く棹差し
向青草更青处漫溯；
茂みのその奥へまで
满载一船星辉，
星の輝きをボートいっぱいに乗せて
在星辉斑斓里放歌。
その中で思いっきり歌いながら進むとするか
但我不能放歌，

いや、僕にはそんな声などあげられない
悄悄是别离的笙箫；
僕にはひそやかな别れが似合う
夏虫也为我沉默，
虫の音さえ僕のために声をひそめ
沉默是今晚的康桥！
静寂に覆われている今宵のケンブリッジ

悄悄的我走了，
ひそやかに僕はここを去り行く
正如我悄悄的来；
ひそやかにここに来たときのように
我挥一挥衣袖，
ひそやかに僕は袖を振り
不带走一片云彩。
雲ひとつ持ち去りもしない

《雪花的快乐》
『ひとひらの雪の喜び』

作者：徐志摩

翻译：吴小璀　滨田亮辅

假如我是一朵雪花，
僕がひとひらの雪だったら
翩翩的在半空里潇洒，
行き先をしっかり見定め
我一定认清我的方向——
粋に空中を舞うだろう

飞扬，飞扬，飞扬，——
ひらひらと ひらひらと ひらひらと
这地面上有我的方向。
僕が向かうのはこの地上なのだから

不去那冷寞的幽谷，
冷え冷えとした山間（やまあい）にも向かわず
不去那凄清的山麓，
寒々とした山麓（さんろく）にも向かわず
也不去上荒街去惆怅——
すさんだ町で打ちひしがれることもせず舞い続ける
飞扬，飞扬，飞扬，——
ひらひらと ひらひらと ひらひらと…
你看，我有我的方向！
ごらん 僕が向かうのはあそこなのだから

在半空里娟娟的飞舞，
空中を優雅に舞いながら
认明了那清幽的住处，
ひっそりたたずむあの子の住まいを見つけ
等着她来花园里探望——
その花園に姿を見せるのを待ちわびる
飞扬，飞扬，飞扬，——
ひらひらと ひらひらと ひらひらと…
啊，她身上有朱砂梅的清香！
ああ、紅梅の清しき香りをまとうあの子

那时我凭借我的身轻；
ようやく僕は軽やかに

盈盈地，沾住了她的衣襟，
ふわりとあの子の胸元に
贴近她柔波似的心胸——
たおやかに波打つその心に舞い降りる
消溶，消溶，消溶——
ひっそりと ひっそりと ひっそりと…
溶入了她柔波似的心胸！
その心の奥へと溶け入っていく

《纸船》
『紙の舟』

——寄母亲
——お母さんへ

作者：冰心

翻译：吴小璀

我从不肯妄弃了一张纸，
たった一枚の紙でも捨てるのが惜しい
总是留着——留着，
いつも大事に大事に取っておき
叠成一只一只很小的船儿，
小さな紙の舟を一つ一つ折りあげては
从舟上抛下在海里。
船から海に流している
有的被天风吹卷到舟中的窗里，
風に吹かれて船に舞い戻ってしまうことも
有的被海浪打湿，沾在船头上。
波に打たれて舳先（へさき）に張り付いてしまうこともある

我仍是不灰心地每天地叠着，
でも私はあきらめずに毎日毎日折り続けた
总希望有一只能流到我要它到的地方去。
いつか私が望む所にたどり着くことを願いながら……
母亲，倘若你梦中看见一只很小的白船儿，
おかあさん、もし夢で小さな白い舟を見たら
不要惊讶它无端入梦。
前触れもなくお母さんの夢に出てきたことに驚かないでね
这是你至爱的女儿含着泪叠的，
あなたの大切な娘が涙ぐみながら折ったのよ
万水千山，求它载着她的爱和悲哀归去。
遠い遠い道のりを愛と悲しみを載せてやっと帰ってきたの

《雨巷》
『雨の路地裏』

作者：戴望舒

翻译：吴小璀　滨田亮辅

撑着油纸伞，独自
番傘を差し、独り
彷徨在悠长、悠长
長い、長い、
又寂寥的雨巷
侘しい雨の路地裏を彷徨いながら
我希望逢着
僕は願っている
一个丁香一样地
ライラックのような
结着愁怨的姑娘。

哀愁を帯びた女の子と出会えることを
她是有
なぞらえるなら
丁香一样的颜色，
ライラックのように気高く
丁香一样的芬芳，
ライラックのように芳しく
丁香一样的忧愁，
ライラックのように健気でいじらしく
在雨中哀怨，
ため息をつきながら雨の中を
哀怨又彷徨；
彷徨うそんな女の子に出会いたい
她彷徨在这寂寥的雨巷，
この侘しい雨の路地裏を
撑着油纸伞
僕と同じように番傘を差し
像我一样，
僕と同じように独り黙々と
像我一样地
心寂しく、儚げに、
默默彳亍着
そして哀愁を漂わせながら彷徨っている
冷漠，凄清，又惆怅。
そんな彼女に出会いたい
她默默地走近，
静かに、静かに近づいてきて
走近，又投出
ため息のような眼差しを

太息一般的眼光，
向けてくるなり
她飘过
彼女は通り過ぎてゆく
像梦一般地，
夢のように
像梦一般地凄婉迷茫。
切なくてもの悲しい夢のように

像梦中飘过
夢の中でライラックの花が
一枝丁香的，
通り過ぎて行ったのと同じように
我身旁飘过这女郎；
彼女は僕とすれ違う
她静默地远了、远了，
静かに遠のいてゆき
到了颓圮的篱墙，
崩れかけた塀に出る
走尽这雨巷。
雨の路地裏の向こうに消えてゆくのだ

在雨的哀曲里，
雨が奏でる悲しげなメロディーに
消了她的颜色，
彼女はどんどん色褪せてゆき
散了她的芬芳，
芳しさも空気に溶け
消散了，甚至她的

ため息のような眼差しも
太息般的眼光,
ライラックのような哀愁も
丁香般的惆怅。
消え去っていく
撑着油纸伞,独自
番傘を差し、独り
彷徨在悠长、悠长
長い、長い、
又寂寥的雨巷,
侘しい雨の路地裏を彷徨いながら
我希望飘过
僕は願っている
一个丁香一样的
ライラックのような
结着愁怨的姑娘。
哀愁を帯びた女の子が通り過ぎることを

《从前慢》
『昔は何もかもゆったりだった』

作者:木心

翻译:吴小璀　滨田亮辅

记得早先少年时
僕が少年のころは
大家诚诚恳恳
誰しも真心がこもっていた
说一句是一句
言葉には表も裏もなかった

清早上火车站

駅へ向かう早朝の大通り

长街黑暗无行人

道行く人もない暗闇に

卖豆浆的小店冒着热气

豆乳店の蒸気が立ち昇っていた

从前的日色变得慢

昔は日暮れもゆったりしていた

车，马，邮件都慢

車も馬も郵便ものんびりしていた

一生只够爱一个人

愛する人は生涯一人で十分だった

从前的锁也好看

昔の錠前もしゃれていた

钥匙精美有样子

鍵もどことなく精妙だった

你锁了 人家就懂了

鍵さえかければ分かってもらえた

《波兰来客》
『友、ポーランドより戻る』

作者：北岛

翻译：吴小璀　滨田亮辅

那时候我们有梦，
あのころ、僕らには夢があったな。
关于文学，关于爱情，关于穿越世界的旅行。
文学も恋も、大陸横断だって。
如今我们深夜饮酒，

今では、遅くまで飲んでも
杯子碰到一起,
グラスをぶつけあっても、
都是梦破碎的声音。
夢が打ち砕かれる音しかしないね

《面朝大海,春暖花开》
『海を眺めながら 花咲く春の暖かさに酔いしれていこう』

作者:海子

翻译:吴小璀 滨田亮辅

从明天起,做一个幸福的人
明日から 僕は幸せな人間になろう
喂马,劈柴,周游世界
馬にエサを与え 薪を割り 世界を周遊しよう

从明天起,关心粮食和蔬菜
明日から 僕は畑と田んぼに目を向けよう
我有一所房子,
海を眺められる家を持ち
面朝大海,春暖花开
花咲く春の暖かさに酔いしれていこう

从明天起,和每一个亲人通信
明日から 家族の一人ひとりに手紙を出そう
告诉他们我的幸福
僕の幸せを教えてあげよう

那幸福的闪电告诉我的
幸福の稲妻が教えてくれたことを
我将告诉每一个人
みんなに教えてあげよう
给每一条河每一座山
そして山にも川にもひとつひとつに
取一个温暖的名字
心温まる名前をつけてあげよう

陌生人，我也为你祝福
見知らぬあなたをも祝福してあげよう
愿你有一个灿烂的前程
きらめく未来があるように
愿你有情人终成眷属
好きな人と一緒になれるように
愿你在尘世获得幸福
この世で幸せが見つかるように

我只愿面朝大海，
僕はただこうして海を眺めながら
春暖花开
花咲く春の暖かさに酔いしれていこう

《你若懂我，该有多好》
『君がわかってくれたらどんなによかったか』

作者：莫言

翻译：吴小璀　滨田亮辅

每个人都有一个死角，

誰しも秘めたる心の奥底がある
自己走不出来，別人也闯不进去。
自分もそこからは踏み出せず、他人もそこには踏み入れない
我把最深沉的秘密放在那里。
僕は何より根深い秘密をそこにしまいこむ
你不懂我，我不怪你。
わかってもらえなくても君に落ち度なんかない

每个人都有一道伤口，
誰しも一筋の傷がある
或深或浅，盖上布，以为不存在。
深かろうが浅かろうが布をまとわせれば気づかれもしない
我把最殷红的鲜血涂在那里。
僕は流れ出た真紅の血をそこに塗りつける
你不懂我，我不怪你。
わかってもらえなくても君に落ち度なんかない

每个人都有一场爱恋，
誰しも一度は恋をする
用心、用情、用力，感动也感伤。
身も心も注ぎ込む、心震わす切ない恋
我把最炙热的心情藏在那里。
僕は燃えたぎる思いをそこに忍ばせる
你不懂我，我不怪你。
わかってもらえなくても君に落ち度なんかない

每个人都有一行眼泪，
誰しも一筋の涙を流す
喝下的冰冷的水，酝酿成的热泪。

その熱い涙は飲み込んだ冷や水から醸し出されたものだ
我把最心酸的委屈汇在那里。
僕はこの上ない辛酸をそこに流す
你不懂我，我不怪你。
わかってもらえなくても君に落ち度なんかない

每个人都有一段告白，
誰しも一度は告白する
忐忑、不安，却饱含真心和勇气。
不安で気をもみながらも真心と勇気を込めている
我把最抒情的语言用在那里。
僕は誰より抒情的な言葉で打ち明ける
你不懂我，我不怪你。
わかってもらえなくても君に落ち度なんかない

你永远也看不见我最爱你的时候，
君を誰より愛する僕に、君はいつまでも会えないだろう
因为我只有在看不见你的时候，才最爱你。
そばにいない君こそ、僕の最愛の君なのだから
同样，你永远也看不见我最寂寞的时候，
誰より寂しがる僕にも、君はいつまでも会えないだろう
因为我只有在你看不见我的时候，我才最寂寞。
君が僕のそばにいないときこそ、僕は至上の寂しさを味わっているのだから

也许，我太会隐藏自己的悲伤。
僕が悲しみを隠しすぎているのかもしれないし、
也许，我太会安慰自己的伤痕。
僕が自分を慰めすぎているのかもしれない
从阴雨走到艳阳，我路过泥泞、路过风。

長雨続きが晴れ渡るまで僕は泥道も風も通り抜けてきた
一路走来，你若懂我，该有多好。
長い長いこの道のりを君がわかってくれたらどんなによかったか

《我藏不住秘密》
『僕は秘密を隠すことができない』

作者：余秋雨

翻译：吴小璀　滨田亮辅

我藏不住秘密，
僕は秘密を隠すことができない
也藏不住忧伤，
悲しみを隠すこともできない
正如我藏不住爱你的喜悦，
君を愛する喜びが隠せないのと同じように
藏不住分离时的彷徨。
別れるときの戸惑いも隠せない
我就是这样坦然，
僕はそのままの人間だ
你舍得伤，就伤。
傷つけたいなら傷つけてよい

如果有一天，你要离开我，
いつか僕から去っていく日が来ても
我不会留你，
あえて引きとめはしない
我知道你有你的理由；
君には君なりの理由があるだろうから

如果有一天，你说还爱我，
いつかまだ僕のことが好きだと言う日があったら
我会告诉你，其实我一直在等你；
ずっと待っていたよと教えてあげよう
如果有一天，我们擦肩而过，
いつかすれ違う日があったら
我会停住脚步，凝视你远去的背影，
立ち止まって遠のいていく君の後姿を見送ろう
告诉自己那个人我曾经爱过。
僕がかつて愛した女（ひと）だと自分につぶやきながら

或许人一生
人はその一生涯に
可以爱很多次，
恋に落ちることが何度もあるかもしれない
然而总有一个人可以让我们笑得最灿烂，
たとえそうでも、最高に輝かせてくれ、
哭得最透彻，
かつてないほどに泣かせてくれ、
想得最深切。
心の奥のその底で止（とど）まる愛は生涯一度きりだろう

炊烟起了，我在门口等你。
炊煙が立ちのぼったら、表に出て君を待とう
夕阳下了，我在山边等你。
夕日が沈んだら、山の麓へ行って君を待とう
叶子黄了，我在树下等你。
木の葉が黄色く染まったら、その木にもたれて君を待とう

月儿弯了，我在十五等你。
月が欠けてきたら、満月を待ちながら君を待とう
细雨来了，我在伞下等你。
小雨が降り始めたら、傘を差して君を待とう
流水冻了，我在河畔等你。
流れる水が凍り始めたら、川辺にたたずんで君を待とう
生命累了，我在天堂等你。
疲れ果ててしまったら、天国でまた君を待とう
我们老了，我在来生等你。
年老いてしまったら、生まれかわってまた君を待とう

能厮守到老的，
最後まで添い遂げられるのは
不只是爱情，
愛が続くからだけではない
还有责任和习惯。
責任感もあれば慣れもある

永远也不要记恨一个男人，
そいつを恨まないでくれ
毕竟当初，他曾爱过你，疼过你，给过你幸福。
君を愛して、大切にして、幸せにしたことがあるやつだ
永远不要说这个世界上再也没有好男人了，
いい男はどこにもいないなんて言わないでくれ
或许明天，你就会遇到爱你的那个男人，
明日にでも愛してくれる男に出会うかもしれない
在你眼里，他再坏也是好。
どんなに良くないやつでも、君の目にはよい人間に映るだろう

你可以沉默不语，
話したくなければ話さなくても構わない
不管我的着急；
どんなに僕が心配しようとも
你可以不回信息，
返事をくれなくても構わない
不顾我的焦虑；
どんなに僕が待ち焦がれようとも
你可以将我的关心，说成让你烦躁的原因；
いらつくのは僕のせいだと言ってくれても構わない
你可以把我的思念，丢在角落不屑一顾；
僕の思いを片隅に放り捨ててもいい
你可以对着其他人微笑，
他の人に微笑みかけてもいい
你可以给别人拥抱，
ほかの人と抱き合ってもいい
你可以对全世界好，却忘了我一直的伤心。
僕の痛みだけを忘れて世界中に優しくしても構いやしない

——你不过是仗着我喜欢你，
君がそんなことができるのも、僕が惚れた弱みにつけこんでるんだろう
而那，却是唯一让我变得卑微的原因。
そう、僕がこうもプライドを捨てられるのは君を愛しているからにほかならない

有些事，明知是错的，也要去坚持，因为不甘心；
失敗に気づいているのに、引き下がれないときもある。悔しいからだ
有些人，明知是爱的，也要去放弃，因为没结局；
愛しているのに、諦めざるを得ないときもある。未来がないからだ

有时候，明知没路了，却还在前行，因为习惯了。
道がないとわかっているのに、歩き続けているときもある。ずっとそうしてきたからだ

如果有一天我不再烦你，
いつかもう僕が二度と君の邪魔をしなくなる日が来たら
如果有一天，你的生活中没有了我，
いつか君の生活から僕が完全に消えたら
没有了每天的电话，每天的留言，每天的关心，每天的小小脾气。
僕からの毎日の電話も伝言も気遣いも愚痴もすべてがなくなったら

我把一切一切都表现了出来，
これで僕はありったけをさらけだせた
你知道了，清楚了，了解了，
これでやっと気づいただろう。はっきりしただろう。わかっただろう。
最终感动了，可是我却离开了。
これでようやく心が動かせたかもしれない。でも、僕はもう会わないことに決めた。
今天陌生的，是昨天熟悉的……
昨日あんなに親しかった人が今日から赤の他人になってしまうんだ…

《思念》
『君を想う』

作者：汪国真

翻译：吴小璀　滨田亮辅

我叮咛你的
僕の口癖を
你说不会遗忘

君は忘れたりなんかしないと言ったね
你告诉我的
君が教えてくれたことも
我也全都珍藏
僕は大切にしまってあるよ
对于我们来说
僕らにとって
记忆是飘不落的日子
思い出の日々は散り行くことがない
——永远不会发黄
永遠に色あせることはないのだから
相聚的时候总是很短
寄り添う時間はいつも短く
期待的时候总是很长
待ち焦がれる時間はいつも長い
岁月的溪水边
月日が流れる小川のほとりで
捡拾起多少闪亮的诗行
光り輝く詩（うた）を数えきれないほど拾ったよ
如果你要想念我
僕のことを思い出したら
就望一望天上那
夜空を見上げてごらん
闪烁的繁星
きらめく星たちのなかに
有我寻觅你的
君を捜す僕の目があるから
目——光
その光があるから

《畅想曲》
『ファンタジア』

作者：李松山

翻译：吴小璀　滨田亮辅

炭火已熄灭。
炭火が消えた
月光在窗棂上勾勒出旁白。
月明かりが窓の格子にそっと筆を走らせている
铅笔在酣睡，
鉛筆がぐっすり眠り
记忆里残留的雪，和几粒闪耀的星辰
記憶にある雪と輝く星が何粒か
在稿纸折叠的皱褶里，无法邮寄。
原稿用紙の襞に入っていて、郵送しようがない

瓦房里深居的人，
瓦ぶきの小屋に隠居している男が
他推开门，
玄関のドアを押し開いたら
露珠驮着阳光，
露が太陽の光を乗せて
在晃动的枝条间奔跑。
揺れる枝々を走っている

三次女性主义思潮下日本女性文学在中国的译介
——以译作"副文本"为视角

作者姓名：黄博典
单　　位：首都师范大学
研究方向：日汉翻译

三次女性主义思潮下日本女性文学在中国的译介
——以译作"副文本"为视角

提要： 近年来，日本文学译介史研究取得了一定的成果，但译介史中的女性文学、女性作家始终没有得到充分发掘。日本女性文学的译介在中日两国社会文化的变迁中呈现出其独特的历史脉络，而译作"副文本"正是历史的载体。以"副文本"为视角，对女性文学译介史进行研究有其特殊的时代意义。

关键词： 女性；日本；译介；副文本

在日本文学译介史研究取得了一定成果的今天，译介史中的女性文学、女性作家始终没有得到充分发掘。与其说译介史不关注女性文学、女性作家和女性译者，不如说译介史的研究缺乏性别视角，在性别领域作出的是模糊的处理，男性作家、男性译者始终被设定为默认值。性别视角的介入能够使埋藏地底的女性文学译介浮出地表，建构出一张更加完整而丰富的日本文学译介全景图。

译介学认为，翻译文学史与以往的文学翻译史不同，文学翻译史以翻译事件为核心，关注的是翻译事件和历史过程历时性的线索。而翻译文学史，不仅关注历时性的翻译活动，更应具备所有文学史应具备的三个基本要素，即：作家（翻译家和原作家）、作品（译作）和事件（不仅是文学翻译事件，还有翻译文学作品在译入国的传播、接受和影响）。因此，本文将在梳理女性文学翻译事件的基础之上，进一步探讨女性文学翻译事件发生的社会文化背景、译者翻译行为的文学文化或政治目的，以及翻译后的女性文学在中国社会文化语境中的传播、接受、影响、研究等。此时，翻译作品的副文本就显示出其独特的史料价值。

"副文本"（paratext）这一概念最早由法国文论家热拉尔·热奈特（Gérard Genette）提出，1997年他的论著《门槛》以《副文本：阐释的门槛》为名在英国翻译出版。热奈特在书中将副文本比作进入文本的"门槛"。如果说作品的副文本是进入文本的"门槛"，那么译作的副文本便是进入译本的"门槛"。译作的副文本，尤其是"译前言""小引""译后记"等译作序跋，犹如一座桥梁，将翻译文学与历史语境、翻译理论与具体实践、译者期待与读者解读、外国文学与本土文学等有机关联，并使其在此实现互动。

加拿大文学翻译家和翻译理论家路易斯·冯·弗罗托（Luise von Flotow）将女性主义翻译者的翻译策略总结为补充（supplementing）、前言与脚注（prefacing and footnoting）、劫持（hijacking）等三种。女性主义译者利用"前言""脚注"等副文本对文本进行干预，阐述其对原作的理解和翻译的目的及策略。通过在副文本中的"发声"，那个谦虚、自我消隐的译者形象浮出纸面，转变为极具能动性的意义创造者。副文本在女性文学译介研究中的意义也因此显现出来。

本文将以翻译作品的副文本为视角，将中国的日本女性文学译介史置于社会文化背景之中，考察其历史脉络，探索不同时代日本女性文学译介的不同特征。

1. 狭窄天空下的微光（1868—1949）

西方第一次女性主义思潮发生于19世纪中叶至20世纪20年代，其核心内容是为女性争取相应的公民权，即投票权、选举权、受教育权和工作的权利，以使女性获得和男性平等的公民身份认同和人格认同。在此期间，世界各国的女性主义运动因其社会文化背景的差异而有着不尽相同的形式和特点。在亚洲这片广袤的土地上，最先觉醒的是日本妇女。1868年，由萨摩、长洲、土佐诸藩藩士组成的新政权推翻德川幕府，建立起以天皇为中心的明治政府。新政府推行"版籍奉还""废藩置县"等政策，加强中央集权。而新政权成立后不久，批判政府专制、要求设立国会、争取民主自由权利的自由民权运动兴起。自由民权思想家们在西方天赋人权、自由平等思想的影响下，宣传人人生而平等，主张国民的政治权利，而事实上多数人谈及的平等与权利仅局限于男性国民内部，活跃于运动一线的植木枝盛是少数论及"男女平权"、强调"女性参政权"的自由民权思想家。同一时期，福泽谕吉、森有礼、中村正直等明六社成员也开始提倡"男女平等""婚姻自由"和"一夫一妻制"等，强调女子教育与国家利益的重要关系。1872年，在参考西方学制的基础上，明治政府颁布了日本近代第一个全国性教育法令《学制》，强调学制是在四民平等的立场上，以包括农工商和女子在内的全体人民为教育对象的学校制度。于是，在启蒙思想与自由民权思想的影响下，与明治维新同步成长起来的岸田俊子（中岛湘烟）、福田英子（景山英子）、清水丰子（清水紫琴）等一众女性开始觉醒，日本女性解放运动由此不断高涨。1884年，岸田俊子发表于报纸《自由灯》的《告同胞姐妹》开创了日本由女性自己书写女权论的先河。除进行演讲、撰写评论之外，岸田俊子也进行文学创作。她于1887年发表的翻案小说《善恶之歧》为日本女性文学的创作开启了全新的道路。翌年，就读于东京高等女子学校的三宅花圃发表了原创小说《薮之莺》，《薮之莺》的发表给了樋口一叶等其他有志于成为作家的年轻女性极大的鼓励。樋口一叶在1894年12月至1896年1月这"奇迹"的14个月中相继创作了《大年夜》（1894）、《青梅竹马》（1895）、《十三夜》（1895）、《浊流》（1895）、《行云》（1895）、《岔路》（1896）、《自焚》（1896）等众多经典作品。

也正是在1894年至1895年间，甲午中日战争爆发，中国惨败。中国的有识之士因此更为痛切地意识到自身之落后与效仿日本变法之必要，于是译介日本书籍也成为时代发展的必然。据香港学者谭汝谦在《中国译日本书综合目录统计》中的统计，自中国开始大规模翻译日本书的1896年起，到民国成立的1911年，日文著作的中译本共达958种。但由于当时译介日本书籍的主要目的在于变法图强，所译书目大都属于社会科学类，文学类书目也基本集中于政治小说类。岸田俊子、清水丰子、三宅花圃、樋口一叶等女性作家的小说自然不在其中。

在日本天皇和专制政权的镇压之下，自由民权运动逐渐衰弱，自由党开始转向，进步的中产阶级妇女逐渐脱离了政治和社会的斗争，也正是在这种形势下，一种新的倾向——女性自我的探索出现了，这种倾向游离于主流意识形态划分左、右的标准之外，而正是这种"游离"，使隐藏在主流意识形态之中的封建残余受到女性进一步清除。与谢野晶子是进行这种探索的突出代表。1901年，她发表了诗歌集《乱发》，诗中出现的「やは肌のあつき血汐にふれも見で」「乳房おさへ」「御口を吸はむ」等前所未有的新鲜热切的表达，以女性之口吟唱女性之美，在传统道学家们的非难之下以真实的自身体验寻求女性身体欲望的解放。1908年，晶子的丈夫与谢野宽创刊的《明星》杂志停刊，晶子失去了文学发表的阵地，开始转向社会评论。1916年，晶子发表评论集《作为人及女人》（『人及び女トシテ』），其中收录的《贞操贵于道德》（『貞操ハ道徳以上ニ尊貴デアル』）一文以犀利的语言，批判了旧道德下虚伪的贞操观。与此同时，中国的妇女问题也在新文化运动提倡民主科学、个性解放的背景之下引起了先进人士的高度重视。1918年5月15日，周作人将与谢野晶子的《贞操贵于道德》一文译作《贞操论》发表于《新青年》杂志第4卷第5号上。在"译前言"中,周作人提到贞操问题在中国尚未正式形成,"我译这篇文章……不过是希望中国人看看日本先觉的言论,略见男女问题的情形",他高度赞扬与谢野晶子为"极自由真实、极平正的大妇人",并肯定此文"纯是健全的思想",是"治病的药"。读过此文的胡适于同年7月15日在《新青年》第5卷第1号上发表《贞操问题》一文做出积极响应,他感慨:"如今家庭制度最利害的日本居然也有这样大胆的议论!这是东方文明史一件极可贺的事。"同年8月15日,鲁迅以笔名"唐俟"在《新青年》第5卷第2号发表《我之节烈观》一文,再论"贞操与道德",揭露出虚伪节烈观下守节妇女身不由己的悲惨事实。可以说,周作人对与谢野晶子的译介,引发了"新文化战线上一次非常漂亮的联合作战,在'提倡新道德,反对旧道德'的五四文化革命中,产生了深远的影响"。

进入1920年代后,与谢野晶子的《女子是道德的》《恋爱与性欲》《给聪明的男子们》《女子的自修自学》《女子与高等教育》等十余篇文章由张娴翻译刊载于《妇女杂志》《妇女周报》《真善美》《新女性》等刊物上。1926年,张娴将这些文章连同周作人译《贞操论》和黄幼雄译《女子的经济独立与家庭》一起汇编成《与谢野晶子论文集》,由上海开明书店出版,并附有译者序和原作者序(原作者序为给译者的回信)。译者在序中写道:

> 我所以要译与谢野晶子夫人的文章,也正如夫人所说,并不是出于我是女性,她也是女性的性的差别观念;是为了她的极进步,极自由的思想,极真挚,极诚恳的态度,极正大,极公平的议论,已经感化了她的国中的青年男女,觉得对于我国多年受了束缚囚拘而热烈地希求解放的青年男女,实在有一度介绍的必要……

由此可见,女性译者张娴译介与谢野晶子的目的,在于解放被囚困的青年男女,与"弑父的一代"男性大师们颠覆父权的目的相合。在19世纪一二十年代的中国,当女性作为"父系社会以来一切专制秩序的解构人"出现之时,女性与要挣脱旧秩序的民族群体,在利益和目的上都是合一的。她们离经叛道和追求自由的勇气,是整个新文化运动风气的一部分。妇女解放的反叛之声汇入、融化于子一辈反对父一辈的斗争之中。与谢野晶子便是在这样的社会背景之下,以反礼教、反压迫、反父权的"女性问题评论家"形象进入了中国。直到百年后的今天,她的文学家身份才逐渐进入中国研究者和读者的视野。

20世纪20年代也是日本左翼女性文学的辉煌时期。经历过甲午战争和日俄战争的日本跻身于帝国主义列强,国内工商业迅速发展,工人队伍不断壮大。1919年日本工人数量达到170多万,其中女工人数从1913年的54万人增至1919年的91万人。在俄国十月革命的影响下,面对资产阶级的残酷剥削和压迫,日本工人运动高涨,许多劳动妇女参与其中,将日本的女性解放运动推向了更广阔的层面。在此背景之下发展起来的日本左翼女性文学作为无产阶级文学的一部分,受到中国左翼作家的密切关注。1929年至1940年间,沈端先(夏衍)前后翻译了《在施疗室》(水沫书店,1929)、《平林泰子集》(现代书局,1933)、《新婚》(文光书局,1940)等平林泰子的作品集,并在《平林泰子集》中附有介绍作者的小序,序中称平林泰子为"社会民主主义文学团体的女性作家……从小就知道了地狱般的女工生活……此后即投身于劳动者解放运动。"文学理论家钱杏邨曾根据沈端先所译的《在施疗室》写过一篇名为《女性姿态的一面——平林泰子的创作的考察》的评论文,文章就平林泰子小说中的女性人物究竟是属于"新妇人",还是所谓"倦怠退缩的性格"这一问题进行了探讨,最终认为这些女性人物一方面"诅咒旧社会的一切……蔑视着那些被男子所豢养的女性,她们都能很坚决地和不幸的环境奋斗,她们能承受一切的患难和甘苦。她们毫不动摇地认清了她们的以及被压迫的无产者的前提……都是在不断地为着光明而抗争",而另一方面,"却依然的脱不了忧郁的多愁多病的性格,不能完全地克服着封建的、农民的意识,以及小资产阶级的病态。"平林泰子对女性生理、心理的真实书写被批判为"忧郁的多愁多病的性格",女性觉醒之后的无路可走的沉默与无奈被解释为"残余的病态"。在宏大的时代背景之下,与统治者和资产阶级肉搏的"新妇人"被推上了革命的神坛,"新妇人"应当蔑视那些"旧女性",蔑视那些"多愁多病"的,沉溺于自己小世界、小伤痛的"病态"的女性。"新妇人"站在神坛中心,"旧女性"和"病态"的女性游离于神坛的边缘,价值微薄,地位渺小。在当时中国评论家眼中,平林泰子的作品因为没有摆脱这些"无价值"的"病态"而带有浓厚的妥协性和不彻底性。可见在那个时代,无论是译者译介的目的还是评论家对外来作品的解读都不可避免地笼罩在社会主流意识形态之中。

在这层层包裹之中，对女作家林芙美子的译介或许称得上是一次小小的突破。林芙美子与当时的中国文坛有着丝丝缕缕的联系，她的作品《女流氓：放浪记》《林芙美子的自传》《八山旅馆》《红的拖鞋》《卖淫妇与饭店》《达凯爱尔路》《一堆垃圾》《幻灭》《夕餐》《河在静静地流》《故都杂写：北平之秋》《市立女学校》《夫妇》《初雷》《勿忘草》《肥皂》《就职》等在1931年至1945年间由崔万秋、曹彦、何风、陶志诚、罗雅子等译者译于各类文学刊物和妇女杂志上。1932年新时代书局出版了崔万秋所译的林芙美子小说集《放浪记》，在书前"小引"中，译者介绍了被称作"东方女吉普西（Gypsy）"的林芙美子漂泊流浪的童年，以及她做婢女、做商店女职员、做工厂女工、做咖啡店女招待、做小摊贩的坎坷经历，也提及她在高等女学校期间对古典文学的研究以及对俄国作家柴霍夫的喜爱。译者认为《放浪记》"暴露了日本封建与资本主义时代的社会的黑暗面，几百万妇女每天受着这种辛苦而说不出，现在她替她们呼喊出来了"，并认为"现在的日本女流文坛，毫无疑问地她成了最高峰"，译者爱这部作品，如同爱那呼喊出"所谓女性美，乃由认识自己的身体开始"的舞蹈家伊萨多拉·邓肯的自传一般。1930年代的中国，当整个社会处于反抗资产阶级压迫、牺牲小我投身革命的主流意识形态之中时，劳动妇女这一全新的形象被写入文学作品。在男性作家的笔下，她们是乐于牺牲的，是伟大崇高的，仿佛天生具有革命倾向。女性就这样被置于一种两难的境地，她们要么选择保留女性自我而落后于时代，要么汇入主流意识形态的洪流，成为无性别的革命者。崔万秋对林芙美子的译介不仅鼓舞了反抗中的无产阶级，更为陷入无意识状态的女性群体带来了一束光。1928年，中国的女性文学界也燃起了这样一束光，第一个具有性别自觉的人物——莎菲女士诞生于中国女作家丁玲的笔下。

中日两国的妇女解放运动都肇始于接受了西方近代文明的男性思想家，觉醒的女性们与他们一路同行，直到有一天她们有了只属于她们自己的问题，她们失去了同道而陷入孤独，才终于成长为女人。中日两国的女性作家同是在这样一片狭窄而闪着微光的天空下探寻着自己前进的道路。

1937年，日本发动全面侵华战争，日本的左翼作家或转向或沉默。中国的日本文学翻译家大多投身于抗日战争之中，日本文学翻译数量骤减。女性文学作品的译介以左翼进步文学和来华女作家的作品为主。洼川稻子、平林泰子、绿川英子等反战作家的文章被翻译刊载于《战旗》《战地》《创进》《文萃》《胜利》《联合周报》《现实（上海1939）》《七月》《抗战文艺》等抗日刊物和《现代妇女》《妇女生活（上海1935）》等兼具抗战精神与妇女解放意识的女性杂志之上。在抗日战争时期，除去主动译介外，在日本帝国主义扶持的傀儡政权"满洲国"内，出现了《青年文化（吉林新京）》等为日本侵华战争涂脂抹粉，鼓吹建立"东亚新秩序"，并奴化东北青年的刊物，被迫"转向"的牛岛春子、望月百合子等女作家的文章被刊载于这些杂志之上。在军国主义和殖民主义的驱使之下，牛岛春子塑造了一系列"军人之妻""军国母亲"的日本女性形象，望月百合子则为受到在日日本人和在满日本人非难的日本妇女"正名"，呼吁他们看到日本妇女"温顺""贞淑"的"妇德"之美，她们对女性自我的认知非但没有进步，还产生了明显的倒退。她们在非正义的战争中充当着统治者的帮凶，却因生活在异乡而被排斥到两种文化的边缘，作为女人，她们又游离于战争和男性政治的边缘，在夹缝中生存的她们是女性文学翻译史中复杂纠结的特例，值得我们从女性主义的角度重新审视。

2. 被模糊的"女性"（1949—1980）

第二次女性主义思潮兴起于1960—1970年代，但由于冷战，东西方文化交流受到严重阻碍，这次思潮也没有传播到中国。然而，这一时期中国的妇女解放运动和翻译活动都呈现出一个共同的特征——自上而下。

1949年中华人民共和国成立以后，文学翻译逐渐进入了一个有计划、有秩序的新时期。1951年国家出版总署召开的第一届翻译工作会议和1954年中国作家协会召开的全国文学翻译工作者会议对我国的文学翻译工作进行了方向上的指导。

1951年，宫本百合子的自传性小说《播州平野》由沈起予翻译，在文化工作社出版。是年1月，宫本百合子病逝于东京，译者在卷首附有悼文《悼宫本百合子》和前言"写在前面"。译者在前言中讲述了译介此书的社会背景，揭露了美帝奴役日本人民，将其作为"发动世界性的侵略战争时的前线炮灰"的阴谋，在"美帝侵朝战争节节失败而又积极武装日本"之时，"我们更应对日本有一个清楚而正确的认识"。译者在悼文中写道：

> 作者在此为我们写出来由波茨坦会议决定了日本无条件投降后整个日本的全貌；其中我们可以看到整个日本的大小都市及全部产业被破坏得精光及由此而来的一般复员军人及广大群众的反战情绪的蓬勃高涨。……宫本百合子把这充满炸药的日本人民的愤怒情绪向我们揭示出来了。……我们感谢这位伟大的革命女作家向我们所作的指示。现在全中国的眼睛都正视着日本的三岛，我想在大家想彻底理解日本究竟是怎样的日本时，《播州平野》这本在国内不可多得的书不是没有帮助的。

1957年，另一位反战女作家大田洋子的作品《广岛的一家》由周作人长子周丰一翻译，由新文艺出版社出版，其中还收录了壶井荣《静静的雨》、松田解子《蓝印明信片》以及七位男性作家的作品。据"译后记"记载，该译作的目的也是为展现战争期间"日本劳动人民向反动势力斗争"的情况。

1958—1959年间萧萧、储元熹、冯淑兰、石坚白、叔昌、张梦麟等翻译的《宫本百合子选集》（第1—4卷）由人民文学出版社出版。每卷卷首都附有作者不同时期的肖像和手迹。在第1卷"前记"中，女译者萧萧详细介绍了宫本百合子的生平及作品，提及《播州平野》和《知风草》两部作品时，译者评价道："作者以妇女特有的亲切情感，描写了侵略战争中付出最惨重代价的妇女们的痛苦和呼吁，猛烈地抨击了专制政治和侵略战争"，作品《伸子》"表现一个渴求解放的妇女，反抗束缚着她的种种封建枷锁和家庭压迫"，而在后来的《两个院子》中，作者"'把自己的命运和工人阶级为首的一切被压迫人民的解放的历史任务相结合'，因此《两个院子》所描写的已不仅是一个女人的自传或者一个家庭的生活，而是一个时代与一个社会的生活面貌。"

从1951年《播州平野》单行本的译介到1958年《宫本百合子选集》的译介，日本女作家宫本百合子"杰出的文学工作者"和"活跃的和平战士"的双重形象已经较为全面地展现在中国读者面前。"反战、反抗阶级压迫"思想的宣传是译介宫本百合子不变的主题，而1958年选集的翻译在此基础之上，加入了对其作品文学意义和妇女解放意义的评价。译者萧萧，原名伊藤克，是一位漂泊至中国的日本女性，她与宫本百合子一样，经历过中日战争，接受过无产阶级思想的洗礼，有着强烈的反战意识，在生活上也同样经历过婚姻与离异。或许是出于相同的性别身份与相似的人生经历，译者自然而然地对作者与作品进行了性别角度的解读。当然，在1950年代的中国，阶级话语作为主流的文学评价机制，其主导地位是性别话语所无法挑战的。

1962年，同样由萧萧翻译的《樋口一叶选集》由人民文学出版社出版。其中收录了《埋没》等8篇小说，以及20余篇日记，由刘振瀛先生撰写"前言"。"前言"介绍了"生活在资本主义社会里的作家"樋口一叶"艰难的创作道路和坎坷的一生"，在肯定其作品文学价值的同时，更强调其作为"资产阶级残害人民的罪恶的见证人"，作为"被压迫的人们对那不合理的社会的控诉者"的身份。作者自身及小说主人公的女性身份被溶解于"资本主义社会里的少女""下层人民"等阶级话语之中。

可见，在宏大叙事占据主流地位的这一特殊时期，"小说"被上升至民族国家层面的"大说"，女性文学中的"个人"往往被模糊化，"个人"所在的"历史"与本国"历史"的相似度则成为是否译介该作品关键的判断标准。

3. 走上舞台中央的"女主角"（1980年至今）

1960—1970年代的第二次女性主义思潮在以"私人的就是政治的"为口号对传统政治学发起挑战的同时，也首次渗入到文化和文学领域，女性学与女性主义文学批评应运而生。在西方女性主义文学批评的影响下，日本的女性主义文学批评以驹尺喜美的《魔女的理论》（1978）为嚆矢，展现出不同类型的文学批评动向。第一种以重读男性作家、批评家为手段，揭露父权制下文学作品内部的女性厌恶与男性优越，如上野千鹤子、小仓千加子、富冈多惠子等的《男流文学论》（1992）等；第二种以流行于1970年代后期至1980年代初的伊莱恩·肖瓦尔特的"女性中心批评（gynocritics）"为理论依据，重读女性作家及其作品，同时引入西方"社会性别（gender）"概念，有关樋口一叶、与谢野晶子、宫本百合子等单个或多个女作家的专门研究不断涌现，岸田俊子、清水紫琴等较边缘化女作家的全集或选集得以出版；第三种则是在后现代主义的影响下产生于1980年代后期的后现代主义女性主义批评，这一时期，酷儿理论等性别研究、性商品化研究、性暴力、战争与性别等复杂而多样的问题一一浮出水面。有的理论家将后现代女性主义流派这一新流派的出现称为女性主义运动的"第三次浪潮"。

在第三次女性主义思潮的影响下，日本女性作家群开始走向文坛前沿，独领风骚。1980—2020年的40年间，共72位女作家获得直木奖或芥川奖。其中获得直木奖的女作家占获奖总人数的近33%（35/107），获得芥川奖的女作家占获奖总人数的近43%（37/87）。到2020年为止，这72位女作家的近200部作品已经译介到中国。如以家庭为主题的吉本芭娜娜的《厨房》、主张开放性爱的山田咏美的《床上的眼睛》、挑战异性恋霸权的唯川惠的《间接恋人》、讲述身体改造的金原瞳的《裂舌》等多元主题的选择，使得新世纪日本女性文学的译介呈现出前所未有的丰富样态。

除此之外，进入21世纪后，樋口一叶、与谢野晶子、宫本百合子等早期女作家作品的重译本及旧译本的重新出版也成为一种潮流。2005年至2020年间，就有10家出版社翻译出版了篇目各不相同的樋口一叶作品集。与一个世纪前的旧版本相比，在这些新版本的"副文本"中，我们能够看到译者对作者与作品截然不同的解读。以樋口一叶为例，2010年吉林大学出版社出版的《青梅竹马》，译者在"序言"中谈到，"（在《十三夜》中）一叶借助梦境隐喻现实，暗示明治时代——日本社会从封建主义转向资本主义的重要过渡中，日本女性渴望身心自由却又不得不受社会及家庭甚至自身的三重压抑。……尽管樋口一叶在撰写这些作品时，多少顾忌到当时的文坛环境，某些作品刻意迎合男人的嗜好，但今日我们重读，仍可从中感受到女主角的悲愁、抑郁、曲忍和顺服。"2014年华东师范大学出版社出版的《青梅竹马》中，"译者序"有言："逆境中的苦苦挣扎令她的目光更加冷静深邃，能将'女性在当代社会中的悲哀、无奈和愤怒'的主题冷凝在自己作品中，揭示出女性悲剧命运的深层社会原因。"2019年江苏凤凰文艺出版社出版的《吉原哀歌》，卷首有两篇作家任知所作的序言，其中评价道："（《雪日》）这部小说宣扬了超越世俗的恋爱，为女性求得个性解放和自身价值发出了可贵的一声。"同年由现代出版社出版的《十三夜》则以"我是为了抚慰世间女性的疾苦和失望而降生到这个世上的——樋口一叶"作为卷首语。从这些副文本中可以看出，阶级话语已不再是文学评论的主流话语，曾经被模糊甚至隐藏的女性角色终于走到舞台中央，获得了"女主角"的称号。作品的文学性以及性别身份能够引发的共鸣成为译者翻译并向读者推介此书的最主要目的。这与女性主义文学批评在中国的发展不无关系。

与日本相似，女性主义文学批评也是在改革开放后的20世纪80年代进入中国的。随着西方女性主义文学批评经典论著的译入，中国的女性主义文学批评从90年代开始走向成熟，进入新世纪以来更是呈现出多元化的发展态势。女性主义文学批评在中日两国的发展不仅为两国的女性写作带来了深远影响，也使得两国间女性文学的译介发生了质的转变。

4. 结语

通过对译作"副文本"的解读，可以看到，在1868年至今的一个半世纪里，中国的日本女性文学译介在中日两国社会文化的变迁中，在西方女性主义思潮和世界妇女运动的浪潮中，在两国女性文学发展的影响下，呈现出其独特的历史脉络。在民族国家危难之际，女性文学因其先进性而备受男性知识分子的推崇，成为男性大师们反抗父权的"工具"，也成为觉醒的新女性狭窄天空中的一丝微光，鼓励她们去探寻属于自己的道路。中华人民共和国成立后，女性文学译介取得了一定的成果，但其目的较为纯粹而单一，对作者阶级属性的关注远超于对其性别身份的关注，"求同"成为译介的主要目的。进入20世纪80年代，中日两国皆以开放的姿态迎接西方女性主义思想和文学批评理论，在后现代女性主义的影响下，女性文学自身的发展和译介都呈现出多元化的态势。新作品的译介数量大幅增加，译介周期明显缩短。旧作品的重译和重新出版基本褪去了时代的颜色，绽放新生。作家的女性身份和作品中的女性角色重新被发掘。中国的女性文学研究甚至女性学研究也因此获得了更为丰富的素材和对象。

当然，除历史脉络的梳理之外，本研究中还有许多值得进一步思考的问题：如，女性主义翻译理论所提出的前言与脚注策略在中国译者的副文本中是否确有体现，又是如何体现的？当副文本作者与译者不为同一人时，翻译实践与副文本内容是否会产生错位？在消费时代中，女性主义和女性文学是否被过度消费，出版商在女性文学译介中占据了何种地位？时代的激变使得译介研究的问题不断更新，但永远不会淹没译介研究中缺乏女性视角的事实。在时代风浪中，女性文学译介的研究也一定会如璞玉一般，渐磨渐新。

参考文献

李炜，《论与谢野晶子的中国缘与中国观》，《东疆学刊》2020年第1期。
孟悦、戴锦华，《浮出历史地表：现代妇女文学研究》，北京：北京大学出版社，2018。
闵冬潮，《国际妇女运动（1789—1989）》，郑州：河南人民出版社，1991。
钱理群，《周作人传》，北京：华文出版社，2013。
钱杏邨，《文艺批评集》，上海：神州国光社，1930。
谭汝谦主编，《中国译日本书综合目录》，香港：香港中文大学出版社，1980。
谢天振，《译介学导论（第2版）》，北京：北京大学出版社，2018。
朱灵慧，《译作序跋：历史与叙述的多重镜像》，武汉：武汉大学出版社，2018。
岩淵宏子，「フェミニズム」，『日本近代文学』2014（91）。

异的考验
——《阿Q正传》藤井省三日译本分析

作者姓名：武琼
单　　位：山西大学
研究方向：日汉翻译

异的考验
——《阿Q正传》藤井省三日译本分析

提要：本文在贝尔曼理论框架下对《阿Q正传》藤井省三日译本展开分析，考察宣称使用"异化"翻译策略的译者主体意识是否与其翻译实践保持一致，译文多大程度以及如何保存了原文的异质性。考察结果表明，藤井译本在很大程度做到了对原作"异"的保存，但也阻止了部分异质性成分的通过。究其原因，既因译者主体意识较之鲁迅身处的中国的"异"更关注作家鲁迅的"异"，也因受到作为对"异的考验"的翻译活动内在属性的制约。

关键词：藤井省三；《阿Q正传》；贝尔曼；异质性

1. 引言

　　日本著名的中国文学研究者、翻译家藤井省三曾指出，鲁迅的作品当中，《阿Q正传》是中国鲁迅学者心目中最重要的作品，《阿Q正传》和《故乡》则是在日本影响力最大的作品（吕周聚、藤井省三，2017：152）。这部在中日两国都备受关注的《阿Q正传》，自1921年发表以来出现多种日译本，进入21世纪以后，《阿Q正传》于2009年再次被藤井省三翻译，引起中日广泛关注。藤井省三在译者后记中旗帜鲜明地称，自己采取的是翻译理论家韦努蒂所说的两类翻译策略即"归化"与"异化"中的后者，力图对抗以竹内好为代表的鲁迅日译的主流归化倾向，保留鲁迅作品当中的异质性。

　　法国翻译理论家安托瓦纳·贝尔曼在《翻译与异质的考验》一文中，曾援引海德格尔"翻译是对异的考验"的观点，提出翻译行动恰当的伦理目标是原原本本接受异质性，这也对韦努蒂的"异化"翻译策略产生了影响，同时，他还分析了译文中通常会出现的阻止异质性通过的12种"文本变形倾向"，指出只有对其做出抵抗翻译才能经受住异的考验（Berman/Lawrence Venuti，1985/2000）。贝尔曼在另一部著作中还指出，译者的翻译立场和翻译方案虽然有时会在译序、译后记，或相关谈话中有所陈述，但翻译批评最根本的途径仍在译文文本当中（许钧等，2001：287）。因此，藤井省三保存原作异质性的译者主体意识是否与其翻译实践保持一致，还有待对译文文本做出考察之后才能下结论。

　　本文将结合藤井省三关于自身翻译立场与策略的陈述，对《阿Q正传》译本进行分析，通过观察译文是否存在贝尔曼提出的"文本变形倾向"，考察藤井省三的翻译在多大程度以及如何保留了原文的异质性。为使考察尽可能清晰全面，本文同时还将藤井省三认为具有典型归化倾向的竹内好译本作为参照系展开分析。

2. 贝尔曼的"文本变形倾向"

　　安托瓦纳·贝尔曼是法国当代著名的语言学家、德语文学和拉美文学翻译家。20世纪80年代,他的代表作《异的考验》以及《翻译批评论》一经发表便在法国译坛引起轰动,被书评界公推为当代翻译理论研究的经典之作。

贝尔曼对译文中的异质性成分极为关注,主张翻译应努力保留原文的异质性。贝尔曼基于自身的翻译实践总结出了译文中常见的12种"文本变形倾向",并指出这个文本变形系统往往会阻止异质性的通过。译者能否在翻译实践当中限制、减弱甚或抵消这些变形力量,将决定翻译是否能经受住异的考验。

这12种"变形倾向"分别是:理性化(rationalization),澄清(clarification),扩展(expansion),雅化(ennoblement),质的弱化(Qualitative impoverishment),量的弱化(Quantitative impoverishment),节奏的破坏(destruction of rhythms),内在意指网络的破坏(destruction of underlying networks of signification),语言结构的破坏(destruction of linguistic patternings),方言网络的破坏或奇异化(destruction of vernacular networks or their exoticization),短语及习语的破坏(destruction of expressions and idioms),以及语言叠加的抹杀(effacement of the superimposition of language)。

当前,贝尔曼"文本变形倾向"框架下的翻译个案研究多见于英汉语对,日汉语对相对较少。而且,针对鲁迅日译本的研究也多以基于主观感受的分析为主,因此,使用贝尔曼系统的文本变形倾向分析译文,既是对翻译理论具体个案研究的补充,也是对鲁迅日译本研究的有益尝试。

3. 藤井译本对"异"的保存

3.1 对"理性化"与"节奏的破坏"倾向的抵抗

贝尔曼发现,译文通常存在大量的"理性化"文本变形倾向,即对源语文本句法结构的合理化重新排序,首先表现为在文章中最具意义和可变性的标点符号上做文章。

但藤井译本对"理性化"文本变形倾向做了有意识的系统性抵抗,主要体现在两个方面:一是翻译过程基本保留了原文的标点符号使用方式,二是尽量忠于原文句法结构，有意抵制贝尔曼所说的诸如将"动词"译作"名词"等句法上的变形倾向。值得注意的是，上述两种处理方式一举两得地实现了对两种文本变形倾向的抵抗，除避免"理性化"之外，还使得译文避开了"节奏的破坏"变形倾向。因为贝尔曼指出，成篇推进的小说具有其自身节奏，而对标点符号的任意修改则会极大地破坏原文的韵律与节奏。

　　首先来看藤井译本对原文标点符号的保持。这点在与竹内译本的比较之下更为明显，因为后者便出现了贝尔曼所指出的在翻译过程中的理性化倾向，即按照译者的本土文化的指引对原文的句子以及句子结构进行了重新排序，用藤井省三的话则是句子的"分节化"现象。比如下列例句（下画线为笔者添加，下同）：

　　（1）原文：我要给阿Q做正传，已经不止一两年了。但一面要做，一面又往回想，这足见我不是一个"立言"的人，因为从来不朽之笔，须传不朽之人，于是人以文传，文以人传——究竟谁靠谁传，渐渐的不甚了然起来，而终于归结到传阿Q，仿佛思想里有鬼似的。

　　藤井译文：僕が阿Qのために正伝を書こうと思ったのは、二年以上も前のことである。しかし書きたいいっぽうで、後ろ向きに考えてしまい、このことからも僕が「不朽の言」を立てるような人ではないことがよくわかろうというもの、なぜなら古来不朽の筆は不朽の人を伝えるべきで、かくして人は文により伝わり、文は人により伝わる——となると、いったい誰が誰によって伝わるのか、しだいにわけがわからなくなり、結局は阿Qを伝えようということにたどり着くのだから、頭の中にお化けでもいるかのようである。

　　竹内译文：私が阿Qの正伝を書こうと思い立ってから、もう一年や二年ではない。しかし書きたい一面、尻込みもする。どうやら私など「言論で後世に不朽の名を残す」柄ではないらしい。というのは、昔から不朽の筆は不朽の人の伝記を書くもの、と相場が決まっている。こうして人は文によって伝わり、文は人によって伝わる——となると一体、誰が誰によって伝わるのか、だんだんわからなくなる。それでも結局、阿Qの伝記を書くわけだから、なにか物の怪にでもつかれているのかもしれない。

原文只有两个句号，藤井译文保持原状，竹内译本则出于目的语的表达习惯，将其分割为6个短句。藤井省三本人在译者后记中亦以此为例说明自己的翻译策略，他认为曲折的复杂长句是鲁迅文体的一大特征，是作者有如身在迷宫的纷繁内心思考的体现，以竹内译本为代表的鲁迅文学的许多日译本都将一个长句拆分为几个短句，这种译文虽然读起来流畅明快，但却是对鲁迅文学的过度归化翻译。究其原因，可能是因为未能留心中国制定标点符号的经历以及鲁迅等近代知识分子为改造中文所做出的努力。

再来看藤井译本对句法结构的有意保持。比如以下例句：

（2）原文："<u>革命</u>革命，<u>革</u>过一<u>革</u>的，……你们要<u>革</u>得我们怎么样呢？"老尼姑两眼通红的说。

藤井译文：「<u>革命</u>革命って、もうお<u>革</u>めになったよ……あんた達はわたしらをどう<u>革</u>めようというんだい？」尼様は両目を真っ赤にして言った。(p127)

竹内译文：「<u>カクメイ</u>？<u>カクメイ</u>はすんだよ……おまえたち、私たちをどう<u>カクメイする</u>気？」尼さんの眼は真っ赤にはれている。
(p140)

原文当中出现的三次革命，第一次使用的是名词形式，第二次与第三次则使用动宾结构，可以看到藤井译本依次使用「革命」「革める」，与原文句法结构一致；而竹内译本则将原文第二处以动词形式出现的"革命"改译为名词形式，发生了贝尔曼所说的句法结构上的调整，产生了"理性化"与"节奏的破坏"文本变形倾向。

3.2 对"质的弱化"倾向的抵抗

藤井译本对"质的弱化"这一文本变形倾向也做了有效的抵抗。

贝尔曼所谓的"质的弱化"，是指译本语词往往会使原文丰富的语形及语音效果损失。而这点也是小说叙事理论非常关注的方面，因为语音和语形都是叙事媒介的能指成分，语音形式不仅构成叙事作品的重要审美对象，还能渗透到文本的深层结构，塑造出作品整体的基调；至于语形，由于汉语在发生学上的象形体系，更使其具有"视觉"效果（徐岱，2010：176—177）。翻译导致原文"质的弱化"有时是不可避免的，但通过对译文的考察，我们发现藤井译本在这点上非常谨慎，比如以下例句：

（3）原文：<u>油煎大头鱼</u>，未庄都加上半寸长的葱叶……

藤井译文：<u>大頭魚の油焼き</u>に、未荘ではみな長さ一、二センチのネギを載せるが……

竹内译文：<u>鯛のから揚げ</u>に、未荘では長さ五分ほどの葱を添えるが……

藤井译本通过保存原文"大头鱼"的语形，并且加以「タートウユイ」的假名注音，使得原文能指符号的听觉与视觉效果几乎未受损失；相较之下，竹内译本将其译作「鯛」的做法便使得原文的语音与语形效果尽失，出现了"质的弱化"。可见，由于中日两种语言共同使用汉字表记，并且日语译文可以在汉字上标注假名注音，日汉语对的翻译较之贝尔曼所说的欧洲语言之间的翻译或许更容易避免"质的损失"。

3.3 对"语言结构的破坏"倾向的抵抗

贝尔曼指出，原文在超越能指、隐喻等层级的句子构建和结构方面很可能是有系统的，但译文却倾向于"非系统"，导致其文本"不连贯"。我们发现，藤井译本留心到了语言结构的系统性，极力避免译文"破坏语言结构"的变形倾向。比如以下例句：

（4）原文：他擎起右手，用力的在自己脸上连打了两个嘴巴，<u>热剌剌的有些痛</u>；打完之后，便心平气和起来，似乎打的是自己，被打的是别一个自己，不久也就仿佛是自己打了别个一般，——<u>虽然还有些热剌剌</u>，——心满意足的得胜的躺下了。

藤井译文：彼が右手を振り上げ、力いっぱい自分の顔を二、三発殴ると、カッと熱い痛みが走り、その後には、気持ちも落ち着いてきたのは、殴ったのは自分で、殴られたのはもう一人の自分のようだが、やがて自分が他人を殴ったかのような気持ちになったからで——まだカッと熱い痛みが残ってたのだが——阿Qは満足して勝利の凱歌とともに横になった。

竹内译文：かれは右手をふりあげて、自分の横っつらを力いっぱいつづけざまに殴った。飛び上がるように痛かった。だが殴ったあとは気がはれて、殴ったのは自分だが、殴られたのは別の自分のような気がした。そのうちに自分が他人を殴ったような気がして——痛いことはまだ痛かったが——かれは満足し、意気揚々と横になった。

原文语篇前后都以"热剌剌"的表达方式表达痛感，结构方面具有一定系统性，可以看到，藤井译本保留了这种语篇上的呼应结构，竹内译本则使其遭到破坏。

4. 藤井译本对"异"的削弱

4.1 "澄清"倾向

对很多译者和作者来说，使文章清楚明白是翻译和写作时的一大准则。因此，澄清或许是翻译的内生属性，从这点来说，任何翻译都存在一定程度的明晰化现象。明晰化意味着两点：其一，翻译通过其自身活动，使原文不明确或隐蔽的或被压抑的意思变得明晰，这展示了翻译行为的非凡力量，即可能有助于揭示异域作品最原始的内核；其二，它的负面作用在于翻译可能使原文不希望明确表达出来的意义变得明晰。比如以下例句：

（5）原文："阿Q，听说你在外面发财，"赵太爷踱开去，眼睛打量着他的全身，一面说。"那很好，那很好的。这个，……听说你有些旧东西，……可以都拿来看一看，……这也并不是别的，因为我倒要……"

藤井译文：「阿Q、おまえは外で大儲けしてきたとか」趙大旦那は彼に近づき、その全身を舐めるように見ながら、声をかけた。「結構、結構、おおいに結構。ところで……おまえは古着をいくらか持っているとか……ちょっと持ってきて見せてくれんか……というのもほかでもない、わしにも欲しいものが……」

竹内译文：「阿Q、かせぎに行って、だいぶためたそうだな」大旦那は、自分から歩みよって、相手の全身をなめるように見ながら言った。「結構、結構。ところで……その、古着など持っとるとか……持ってきて見せるんだな……いや、ほかでもない、わしはちょっと、その……」（p132）

由于赵太爷既看不起阿Q，又贪婪地想从阿Q那里买他偷来的东西，因此，此处人物直接引语的含糊，旨在表现他绝不肯轻易放低姿态露出有求于人的神情，原文中大量的省略号以及"这也并不是别的，因为我倒要"等不完整的表述，都使得这一人物形象刻画得很生动。可见，此处人物直接引语的"不明与模糊"正是关系到人物刻画的源语文本的重要特征，但藤井译本中的「欲しい」这一明确表述却使这点遭到破坏，相较之下，竹内译本留心到了这点，在译文中使原文不希望明确表达的意义得以保持模糊。

4.2 "扩展"倾向

译文通常比原文长，但从文本角度来看，这种扩展往往是扰乱节奏的"空洞化"扩展，因为它只是增加了文本里文字的数量，却未增加表述内容，看似使文本更加清晰，实则使文本自身清晰的声音遭到压制，变得拖沓松散，这也就是所谓的过度翻译。

通过对藤井译本的考察，可以发现其中存在多处上述的扩展倾向。典型例子如下：

（6）原文："我们先前——比你阔的多啦！你算是什么东西！"

藤井译文：「俺んちは昔は……おまえなんかよりずっと金持ちだったんだ。それに引き替えおまえなんぞ何者だい！」

竹内译文：「おいら、むかしは——おめえなんかより、ずっと偉かったんだぞ。おまえなんか、なんだってんだ！」

藤井译本添加了「それに引き替え」的表述，可能是想强调阿Q认为他人与自己相比不值一提的心理，但原文以及竹内译本未加此种表述亦足以表达这点，这就说明，此处的处理可谓只增文字数量未增表述内容的空洞扩展。

4.3 "雅化"倾向

这种倾向在诗歌中表现为"诗化"，在散文中表现为"修辞化"。

修辞化包括译者改进原文，甚至不惜以牺牲原文为代价使用优美的语言加以重写。在这点上，藤井译本呈现出摇摆不定的不一致性，既有拒斥雅化倾向的处理，也有非常明显的修辞改写。以下三组例句即可说明这点。

（7）原文：外面又被地保训斥了一番，谢了地保二百文酒钱。

藤井译文：外でも御用役にこっぴどく叱られ、お詫びに二〇〇文の心付けを支払うはめとなった。

竹内译文：外でまた地保から油をしぼられ、心付けに銅銭二百ふんだくられた。

（8）原文：他终于只好挤出堆外，站在后面看，替别人着急，一直到散场，然后恋恋的回到土谷祠，第二天，肿着眼睛去工作。

藤井译文：彼はついに群衆の外へと押し出され、後ろに立って見物し、他人の賭けにヤキモキし、お開きになると、後ろ髪を引かれる思いで祠に帰り、翌日は腫れた目で仕事に出かけるのだ。

竹内译文：しまいにかれは否応なく人垣から押し出されてしまう。そして人垣のうしろで他人の勝負を気にしながら、しまいまで見る。それから未練たらたら土地廟へもどる。翌日は、眼をまっ赤にして仕事に出かけることになる。

（9）原文：小尼姑之流是阿Q本来视若草芥的……。

藤井译文：若い尼の類など阿Qはもとより無視していたが……。

竹内译文：若い尼など阿Qの眼には塵か芥のようなものだ。

例（7）当中，竹内译本刻意添加原文没有的修辞表达，对照之下，可以看到藤本选择以平直的语言叙事，没有出现"雅化"倾向。然而，例（8）的情况却恰恰相反，藤井译本采用「後ろ髪を引かれる思い」这种极具目的语本土特色的修辞方式表达"恋恋不舍"之意，出现明显的"雅化"倾向，竹内译本则采用直译。再看例（9），藤井译本将原文做了"去修辞化"处理，竹内译本基本保持原文修辞。

综上所述，我们可以从藤井译本当中观察到译者对于"雅化"变形倾向的三种不同态度：有时对原文不加改变进行直译，有时在原文基础上添加目的语当中才有的修辞加以雅化，有时甚至去除原文当中的修辞，而后两种做法在贝尔曼看来是典型的民族中心主义力量的体现。据此可以推测，藤井译本对于译本容易出现的"雅化"倾向至少是警惕不足的，并未将其提高至翻译策略层面加以注意。

4.4 "量的弱化"倾向

翻译中通常会出现词汇变化的损失，贝尔曼将其命名为"量的弱化"。每一部作品都呈现为大量的能指和所指链条。伟大的小说常常拥有丰富的词汇。这些能指的语义不定，尤其是某个所指拥有大量能指表述的情况。译文如若没有尊重其多样性，势必会造成量的损失。比如下列例句：

（10）原文：他讳说"<u>癞</u>"以及一切近于"<u>赖</u>"的音，后来推而广之，"光"也讳，"亮"也讳，再后来，连"灯""烛"都讳了。

藤井译文：それが証拠に彼は「<u>ハゲ</u>」という言葉とそれに近い発音をすべて忌み嫌ったので、しまいには禁句の範囲を押し広げて、「光る」もダメ、「明るい」もダメ、さらには「灯り」や「ロウソク」までもが禁句となった。

竹内译文：その証拠に「<u>禿げ</u>」ということば、および一切の発音がそれに近いことばをきらった。その範囲がだんだんひろがって、のちに「光る」も禁句、「明るい」も禁句になった。もっと後になると「ランプ」や「蠟燭」まで禁句になった。

（11）原文：这"假洋鬼子"近来了。"秃儿。驴……"

藤井译文：その「にせ毛唐」が近づいてくるのだ。「<u>ハゲ頭</u>。阿呆……」

竹内译文：その「にせ毛唐」が近づいてきた。「<u>坊主あたま、驢馬の</u>……」

例句（10）和例句（11）虽然都是表述"秃头"，但例（10）使用"癞"字描述阿Q，例（11）使用"秃"字写假洋鬼子，限于篇幅此处虽未列出，但文章别处另有一处使用"癞"字描写王胡，另有一处使用"秃"字描写尼姑。作者虽未明言在特定句子选择特定词语的原因，但可以推测，王胡和阿Q使用"癞"字既可指其秃，还可因其与"赖"相同的语音效果，指其无赖、赖皮；而写尼姑和假洋鬼子则主要指其头秃的特征。

抛开前文已经分析过的"癞"的语音效果损失即"质的损失"不谈，这里可以观察到藤井译本中词汇的多样性明显受损，出现"量的弱化"倾向，而竹内译本则避开了这点。

4.5 "短语及习语的破坏"倾向

文学作品通常包含大量意象、固定表达、人物形象、谚语等，它们所传达的意思或许能在另一种语言中轻松找到"对等词"，但贝尔曼认为，翻译并不是寻找对等，即便所指完全相同，以"对等词"代替原作固定表达或习语的做法无疑是一种民族中心主义。藤井译本当中存在不少"短语及习语的破坏"倾向，下文便是其中一例：

（12）原文："你怎么<u>动手动脚</u>……"尼姑满脸通红的说，一面赶快走。

藤井译文：「<u>痴漢</u>みたいなことしないでよ……」尼さんは顔を真っ赤にして言いながら、大急ぎで逃げていく。

竹内译文：「なにさ、<u>手出し</u>なんか……」尼さんは顔をまっ赤にして、足をはやめた。

原文"动手动脚"是汉语当中的一种固定表达，指挑逗调戏异性之意，藤井译本以日语词汇中「痴漢」这一"对等词"翻译，很容易勾连起日本社会频繁使用的诸如「電車痴漢行為」的目的语特有意象，相较之下，竹内译本的「手出し」更尊重原文的表述方式。

5. 结语

1998年，日本大型文学月刊《文艺春秋》针对日本文化界、政界、财界名人做了一项题为"20世纪图书馆"的问卷调查，《阿Q正传》位列20世纪"最具影响的海外经典日译本"第二名，足见这部作品在日本的影响力之大。因此，进入21世纪之后，有意打破多年来鲁迅"归化"翻译主流的藤井省三的重译是极具研究价值的。

在贝尔曼翻译理论的观照下，通过辅以藤井省三指出的归化倾向最为严重的竹内好译本作为参照，我们对藤井译本进行了文本分析。考察发现，藤井译本在很大程度上实现了译者主张的对原作"异"的保存，具体表现在对"理性化""节奏的破坏""质的弱化""语言结构的破坏"这4种译文常见的文本变形倾向的有意抵抗。但是，我们也看到藤井译本不可避免地对原文的"异"有所削弱，具体表现为译文当中的"澄清"倾向、"扩展"倾向、"雅化"倾向、"量的弱化"倾向以及"短语及习语的破坏"倾向，而之所以发生这些文本变形倾向，一部分是由翻译的内生属性所决定的，具有一定的必然性，但也有贝尔曼多次强调需要警惕的民族中心主义的影响。或许可以说，藤井省三的重译更多是为了实现日语译文的鲁迅化，他所力图保存的异质性成分是鲁迅的"异"，对于鲁迅身处的中国的"异"并未足够重视，这才导致"雅化""短语及习语的破坏"等译者通过发挥主体性可以在一定程度上避免的文本变形倾向。但我们也看到，"澄清""扩展"等由翻译内在属性导致的变形倾向是很难避免的，而这也正是作为对"异的考验"的翻译的挑战所在。

参考文献

廖莉平,《莫言日译者藤井省三翻译中的直译和意译——以〈白狗秋千架〉日译本为例》,《日语学习与研究》2018年第3期。

鲁迅,《鲁迅全集 第1卷》,北京:人民文学出版社,2005。

吕周聚、藤井省三,《日本鲁迅研究的历史与现状——藤井省三教授访谈》,《社会科学辑刊》2017年第3期。

王家平,《鲁迅域外百年传播史:1909—2008》,北京:北京大学出版社,2009。

徐岱,《小说叙事学》,北京:商务印书馆,2010。

许钧等编著,《当代法国翻译理论》,武汉:湖北教育出版社,2001。

鲁迅,『阿Q正伝・狂人日記』,竹内好訳,東京:岩波書店,2006。

鲁迅,『故郷/阿Q正伝』,藤井省三訳,東京:光文社,2009。

Berman/Lawrence Venuti, 1985/2000, *Translation and the trials of the foreign, The Translation Studies Reader*. London; New York: Routledge.

第二部分　语言与翻译

被修饰语的语义特征与内容节的翻译模式选择
——以「事実」和「恐れ」为例

作者姓名：谷文诗
单　　位：北京航空航天大学
研究方向：现代日语语法、日汉翻译

被修饰语的语义特征与内容节的翻译模式选择[①]
——以「事実」和「恐れ」为例

提要： 在很多关于日语连体修饰节翻译方法的研究中，都将连体修饰节看作一个整体去讨论，没有对其进行分类，也很少说明适用于某种翻译方法的日语连体修饰节具有怎样的特征。本文通过分析日语小说及其中文译本中内容节的翻译方法，提出三种"拆译类"翻译模式，并从日语被修饰名词的结构及语义特征角度，分析各个翻译模式的使用条件。

关键词： 中日翻译；日语内容节型连体修饰节；翻译模式

[①] 本文系北京市社会科学基金项目"面向神经网络机器翻译的日语连体修饰结构汉译模式研究"（项目编号：20YYC016）的阶段性研究成果。

引言

在汉语和日语中都存在用从句修饰名词的语法现象（以下称之为"连体修饰节"）。关于汉日连体修饰节的对比研究有很多，如孙海英（2009）、下地早智子（2014）等。孙海英（2009）从认知语言学背景化理论的角度对比了汉日动词谓语类非限制性连体修饰节，分析了这类日语连体修饰节无法直译为汉语连体修饰节（即汉语定语从句）的原因。下地早智子（2014）从结构、语义方面对比了汉日内容节型连体修饰节（「内容補充の連体修飾節」，以下简称内容节），分析了这类日语连体修饰节无法直译为汉语的原因。这些对比研究的着眼点在于分析汉日连体修饰节在结构、语义方面的区别，很少提出具体的翻译方法。

另一方面，在孔繁明（2004）、远藤绍德、武吉次郎（1990）等关于日汉翻译方法的研究中，则将日语连体修饰节看作一个整体，讨论它的翻译方法，没有对日语连体修饰节进行分类，也很少说明适用于某种翻译方法的日语连体修饰节具有怎样的结构及语义特征。但在实际翻译实践中可以发现，前人研究中提出的翻译方法并不适用于所有的日语连体修饰节，每种翻译方法都有其使用条件。这就需要我们对这些翻译方法进行进一步分析，探讨具备何种结构及语义特征的日语连体修饰节可以使用哪种方法翻译为汉语。

本文尝试探讨日语被修饰名词的结构、语义功能对内容节翻译方法选择有怎样的影响。通过分析17本日语小说及其中文译本中内容节的翻译方法，提出三种"拆译类"翻译模式，探讨日语被修饰名词具有何种结构及语义特征时，内容节可以按照何种具体的翻译模式进行翻译。希望能够为日汉机器翻译模型的进一步完善提供一种解决问题的思路。

1. 日语连体修饰节分类与翻译方法的相关研究

1.1 日语连体修饰节的分类

日语中的"连体修饰节「連体修飾節」"即修饰名词的从句，相当于汉语中的定语从句。关于日语连体修饰节，有很多相关研究从不同的角度对其进行了分类，如奥津敬一郎（1974）、寺村秀夫（1992）、加藤重广（2003）等，本文将以寺村秀夫（1992）的分类为基础进行讨论。

寺村秀夫（1992）中将日语连体修饰节分为"内关系「内の関係」"和"外关系「外の関係」"两大类。又将"外关系"分为"普通内容补充「ふつうの内容補充」"和"相对性补充「相対的補充」"。本文将外关系中的"普通内容补充"关系连体修饰节称为"内容节"。

（1a）英語を教える男（内关系：男が英語を教える）
【教英语的男人】
（1b）英語を教える（という）仕事（外关系：内容节）
【教英语的工作】
（1c）英語を教える後（外关系：相对性补充）
【教英语之后】
（1d）英語を教える（という）後（×）

在内关系连体修饰节结构中，被修饰名词受连体修饰节内动词的支配，是从属于该动词的格成分。如（1a）中，被修饰名词「男」（男人）是连体修饰节内动词「教える」（教）的主格成分（施事）。在外关系连体修饰节结构中，被修饰名词不受连体修饰节内动词的支配，不是从属于该动词的格成分，连体修饰节是对被修饰名词的内容补充。如（1b）、（1c）中，被修饰名词「仕事」（工作）、「後」（之后）并不是连体修饰节内动词「教える」（教）的任何格成分。外关系连体修饰节结构中，被修饰名词与连体修饰节之间可以插入「という」的为内容节，无法插入「という」的为相对性补充关系。

1.2 日语"连体修饰节+被修饰名词"的翻译方法

孔繁明（2004）中针对日语连体修饰节结构提出两种翻译方法。

（2）短的定语可以直接照译。

（3）较长的递加定语多数要后移。

（孔繁明，2004：86—87）

关于（3）中所指的较长的日语连体修饰节结构，孔繁明（2004）又进一步提出四种具体的翻译方法。

（4）不变语序，直接连译；

（5）定语提位，代指下连；

（6）先抓主干，后理分枝（定语）；

（7）部分定语不变，部分定语后置。

（孔繁明，2004：133—139）

远藤绍德、武吉次郎（1990）中针对较长的日语连体修饰节结构提出三种翻译方法。

（8）長い連体修飾語をそのまま訳して中国語でも長い連体修飾語とする。

（9）長い連体修飾語を述語とし、その中心語を主語として、独立したセンテンスにする。そして、そのあとに適当なことばでそれを受けて話をつづける。

（10）中心語（またはプラス短い連体修飾語）をさきに出し、長い連体修飾語は適当な言葉（使わない場合もある）で中心語を受けてそれを補足説明する形として処理する。

（远藤绍德、武吉次郎，1990：65—69）

孔繁明（2004）与远藤绍德、武吉次郎（1990）虽然提出了日语连体修饰节的翻译方法，但对于各个方法所适用的日语"连体修饰节+被修饰名词"结构的特征并未进一步说明，也未谈到日语连体修饰节的"内""外"之分对于翻译方法的选择是否有影响。

2. 日语内容节结构的翻译模式

2.1 研究对象及语料

本文中作为研究对象进行讨论的日语内容节结构需满足以下条件。

（11a）外关系连体修饰节结构；

（11b）连体修饰节与被修饰名词之间可以插入「という」；

（11c）连体修饰节中的谓语成分为动词或动词词组；

（11d）主句中的谓语成分为动词或动词词组。

（12a）太郎が壊したテレビ（→太郎がテレビを壊した）

【直译：太郎弄坏的电视机→太郎弄坏了电视机】

（12b）太郎がテレビを壊した（という）可能性

【直译：太郎弄坏电视机的可能性】

（12c）太郎がテレビを壊した後（母に叱られた）

【直译：太郎弄坏电视机之后（被母亲责骂了）】

（12c'）太郎がテレビを壊したという後（母に叱られた）（×）

（12d）太郎が容疑者である可能性

【直译：太郎是嫌疑人的可能性】

（12e）太郎がテレビを壊した可能性が高い。

【直译：太郎弄坏电视机的可能性很高】

（12a）为"内关系"的连体修饰节，不满足条件（11a）；（12c）虽为"外关系"的连体修饰节，但是属于"相对性补充"关系，连体修饰节与被修饰名词之间很难插入「という」，不满足条件（11b）；（12d）中，连体修饰节中的谓语成分为名词，不满足条件（11c）；（12e）中，主句中的谓语成分为形容词，不满足条件（11d）。因此（12a）（12c）（12d）（12e）这四类不属于本文讨论的对象。

本文中使用的语料均出自『半落ち』等17本日语小说及其中文译本。

2.2 日语内容节结构的翻译模式

孔繁明（2004）与远藤绍德、武吉次郎（1990）中提出的日语连体修饰节的翻译方法，可以归纳为非拆译和拆译两大类。

（13）非拆译类：日语连体修饰节结构译为汉语后，原修饰关系不变，依然为"连体修饰节修饰被修饰名词"。

（14）拆译类：日语连体修饰节结构译为汉语后，原修饰关系改变，"连体修饰节修饰被修饰名词"这种结构被拆分破坏。

方法（2）（4）（8）属于非拆译类，方法（5）（6）（7）（9）（10）属于拆译类。日语内容节结构的翻译方法，同样可以分为这两大类。

属于非拆译类的三种翻译方法其实是同一种翻译模式，即"日语连体修饰节直接翻译为汉语连体修饰节"，本文中称之为模式I。

（15）模式I：（内容节+被修饰名词）&主句谓语（日语）

（内容节+被修饰名词）&主句谓语（汉语）

五种拆译类翻译方法无法归纳为一个模式，需要进一步划分。本文对『半落ち』等17本日语小说中的内容节结构及其中文版中对应的译文进行分析，发现以下两点影响日语内容节结构翻译方法选择的因素。

（16）A. 日语原文中的被修饰名词在汉语译文中是否被保留；

B. 日语原文中的被修饰名词在汉语译文中的对译语是否仍为名词词性。

其中，译文保留原文中的被修饰名词，记为A+；译文中省略原文中的被修饰名词，记为A-；原文被修饰名词在译文中的对译语仍为名词词性，记为B+；原文中的被修饰名词在译文中的对译语为非名词词性，记为B-。

A+、A-、B+、B-四项中，A-与B+、A-与B-、A+与A-、B+与B-不能同时成立，因此A+、A-、B+、B-四项组合后共可得到以下三种结果。

（17）A-：译文中省略原文中的被修饰名词；

（18）A+ B-：译文中保留原文中的被修饰名词，且被修饰名词的对译语为非名词词性；

（19）A+ B+：译文中保留原文中的被修饰名词，且被修饰名词的对译语为名词词性。

（17）—（19）三种结果分别对应（20）—（22）三种翻译模式。

（20）模式Ⅱ：（内容节+被修饰名词）&主句谓语（日语）

内容节&主句谓语/内容节，主句谓语（汉语）

（21）模式Ⅲ：（内容节+被修饰名词）&主句谓语（日语）

内容节&被修饰名词（非名词）&主句谓语/

内容节&被修饰名词（非名词），主句谓语（汉语）

（22）模式Ⅳ：（内容节+被修饰名词）&主句谓语（日语）

内容节，被修饰名词（名词）&主句谓语（汉语）

在本文讨论的翻译模式中，"+"号表示语序，"内容节+被修饰名词"表示内容节在前，被修饰名词在后；"&"号表示前后两个成分之间名词性成分受谓词性成分支配，"（内容节+被修饰名词）&主句谓语"表示"内容节+被修饰名词"作为一个整体，受主句谓语的支配；","号表示前后两个成分之间不存在支配关系，均是独立的小句。

按照模式Ⅱ进行翻译时，原文中的内容节结构的修饰关系发生了变化，被修饰名词在译文中省略，无对译语。内容节代替被修饰名词，充当主句谓语的从属成分，受主句谓语支配。或内容节被译为独立的句子，放在主句前。例如，在（23a）中，「情況を楽しんでいる」为内容节部分，「様子」为被修饰名词。"内容节+被修饰名词"整体充当主句谓语「感じ取れる」的对象格（受事）。在译文（23b）中，原文内容节的对译部分为"他乐在其中"，不存在被修饰名词的对译语。内容节部分充当主句谓语"感觉（「感じ取れる」）"的宾语（受事），即主谓短语做宾语成分。

（23a）情況を楽しんでいる　様子が　　感じ取れる。
　　　　内容节　　　　　　被修饰名词　主句谓语

（『翼ある闇』）

（23b）我感觉得出来，他乐在其中。
　　　　 主句谓语　　　内容节

（《有翼之暗》）

　　按照模式Ⅲ进行翻译时，原文中的内容节结构被拆分，修饰关系不复存在。且原文中的被修饰名词在译文中的对译语词性发生变化，转变为动词或副词等。若对译语为动词，则内容节部分译为此动词的宾语成分，置于主句前。若对译语为副词，则内容节译为独立成分，置于主句前，此副词修饰内容节内容。例如，在（24a）中，「少し先にモーテルの看板を見た」为内容节部分，「記憶」为被修饰名词。在译文（24b）中，原文内容节的对译部分为"前边不远看到过汽车旅馆的招牌"，被修饰名词的对译语为动词"记得"。原内容节的对译部分充当"记得"的宾语。

（24a）ベンツを街道に向けた。少し先にモーテルの看板を見た記憶があった。

（『動機』）

（24b）奔驰车驶向大路，记得 前边不远看到过汽车旅馆的招牌。
　　　原被修饰名词：非名词词性　原内容节：宾语从句

（《动机》）

　　按照模式Ⅳ进行翻译时，原文中的内容节结构被拆分，修饰关系不复存在。原文中的被修饰名词在译文中的对译语词性未发生变化，仍为名词词性。内容节译为独立成分，位于主句之前；被修饰名词在主句中充当主句谓语的从属成分，受主句谓语支配。被修饰名词前添加指示代词"这""那"等将内容节译成的独立成分与主句连接起来。例如，在（25a）中，「夏ならばさぞかし緑葉が美しく映えただろう櫟林も、冬の入りともなると色汚く枯れ、灰と焦茶色をぶち散けた」为内容节部分，「殺風景な眺め」为被修饰名词。"内容节+被修饰名词"整体充当主句谓语「強調している」的主格成分（施事）。在译文（25b）中，原文内容节的对译部分为"夏日里想必绿意盎然、美不胜收的栎树，一入冬便叶枯色败，满眼尽是一片暗灰与深棕"，作为独立

成分位于主句"这煞风景的画面越发凸显出景致的单调来"之前。被修饰名词的对译语为"煞风景的画面",在主句中充当主句谓语"凸显(「強調している」)"的主语(施事)。"煞风景的画面"前添加指示代词"这",将内容节部分与主句部分连接起来。

(25a) 夏ならばさぞかし緑葉が美しく映えただろう櫟林も、冬の入りともなると色汚く枯れ、灰と焦茶色をぶち散けた殺風景な眺めが、単調さをより強調している。

(『翼ある闇』)

(25b) 夏日里想必绿意盎然、美不胜收的栎树,一入冬便叶枯色败,满眼尽是一片暗灰与深棕,这煞风景的画面越发凸显出景致的单调来。

(《有翼之暗》)

3. 翻译模式Ⅱ、Ⅲ的使用条件——以「事实」和「恐れ」为例

前一章中,笔者以"被修饰名词是否省略""被修饰名词词性是否变化"两个因素为分类标准,将拆译类翻译方法细分为三种翻译模式(翻译模式Ⅱ、Ⅲ、Ⅳ)。本章主要针对模式Ⅱ、Ⅲ的使用条件进行分析。

在选择拆译类翻译模式时,要经过两次判断:(1)判断被修饰名词在译文中是否被保留;(2)判断被修饰名词在译文中的对译语词性是否仍为名词词性。下面将以「事実」和「恐れ」为例,具体分析如何进行这两次判断。

3.1 影响"原文中的被修饰名词在译文中是否被保留"的因素

原文中被修饰名词在译文中可以被省略,意味着被修饰名词在语义上可以被内容节代替,即被修饰名词与内容节所具有的语义信息相等。

大岛资生(2010)将寺村秀夫(1992)中的内容节型连体修饰节称为"命题补充型连体修饰节「命題補充の連体修飾節」"。他提出,在日语内容节结构中,被修饰名词会对内容节产生语义方面的制约,这种语义制约包含在

被修饰名词的词汇信息中,称为"命题形式「命題形式」"。被修饰名词的命题形式中存在"语义插槽「スロット」",内容节所表示的内容可以嵌入这个插槽中。"内容节+被修饰名词"整体则可以构成一个更大的命题——"派生命题「派生命題」"。

例句(26a)至(26c)以名词"事实"为例解释了内容节、命题形式与派生命题之间的关系(下画线为笔者添加,译文为笔者译)。

(26a)<u>太郎が麻薬密売人と接触した</u>事実が確認された。

(大岛资生,2010:112)

【直译:<u>太郎和毒贩接触过</u>的事实被确认了。】

(26b)事実〈ある<u>中立命題</u>が真である〉

(大岛资生,2010:115)

【事实〈某个<u>中立命题</u>为真〉】

(语义插槽)

(26c)〈ある<u>中立命題</u>が真である〉(命题形式)

↑

<u>太郎が麻薬密売人と接触した</u>(内容节)

↓

<u>太郎が麻薬密売人と接触した</u>(こと)が真である(派生命题)

(大岛资生,2010:116)

【〈某个<u>中立命题</u>为真〉】(命题形式)

↑

【<u>太郎和毒贩接触过</u>】(内容节)

↓

【<u>太郎和毒贩接触过</u>(这个事情)为真】(派生命题)

大岛资生(2010)还指出,在日语内容节结构中,被修饰名词的语义功能是为内容节描述的事项提供附加信息。这种附加信息包含在被修饰名词的命题形式中,可以分为两种类型。一类以"事实"为代表,附加信息仅为对内容节描述事项的客观的真伪判断。一类以"恐れ"为代表,附加的并不是单纯的真伪判断,而是对内容节描述事项的评价或感受等新信息。

（27a）事実　〈ある中立命題が真である〉（=（26b））
　　　　【事实　〈某个中立命题为真〉】
（27b）恐れ　〈ある悪い事柄が起こるか否かを心配する〉
　　　　【恐怕　〈担心某个不好的事情是否发生〉】

当日语表示「断定」（断定）这一情态时,情态要素是无标的,即动词的「ル・タ」型就可以表示"断定",不需要其他情态要素的辅助。因此,虽然「事実」的命题形式要求修饰其内容节（中立命题）中不能包含「だろう」（可能）等情态要素（modality）,但可以认为内容节对自身所描述的事项具有"断定"的语义功能,即,当我们说出「太郎が麻薬密売人と接触した」（太郎和毒贩接触过）时,即使没有「事実」的命题形式提供附加信息,我们也可以依据"断定"情态判断它为"真"。这表明,被修饰名词「事実」和修饰它的内容节所具有的语义信息可以看作是相等的。因此可以得出一条推论:

（28）当被修饰名词的命题形式是判断内容节表述事项为真时,翻译为汉语时可以省略被修饰名词,即可以使用翻译模式Ⅱ进行翻译。当被修饰名词的命题形式中包含对内容节描述事项的评价或感受等新信息时,翻译为汉语时如省略被修饰名词则会丢失一部分原文传达的语义信息,即不适宜使用翻译模式Ⅱ进行翻译。

3.2 影响"原文被修饰名词在译文中的对译语是否仍为名词词性"的因素
日语的名词所对应的汉语词汇并不一定都是名词。以日语名词「恐れ」为例。

（29）恐れ:担心、挂念、牵挂、忧虑。为现在的状态和将来等担心、忧虑。

「この有様では将来は心配だ/就现在这个样子，其将来真让人担心」

（北原保雄，2012：750）

（30a）のらりくらりやられているうちに、出入簿に記入された時間だって改竄される恐れがある。

（《半落ち》）

（30b）在被拖住的这段时间里，恐怕连记在出入簿上的时间都有可能被篡改。

（《半落》）

在例句（30a）中，「恐れ」表示"恐怕、担心、忧虑"之意。这里的「恐れ」是名词，而它对应的汉语"担心""忧虑"等均为动词。虽然动词在做主语或宾语时，也可以受定语（即本文中所说的连体修饰）修饰，但具体是否可以受内容节型连体修饰节的修饰还有待讨论。下面以"担心"为例，利用"中国国家语言文字工作委员会现代汉语语料库"，分析这个词的"定中结构"和"动宾结构"的使用分布情况。此处"定中结构"中的定语仅限于描述所担心内容的内容节型的连体修饰节，"谓宾结构"中的宾语也仅限于描述所担心内容的宾语从句。

表1 "定中结构"和"动宾结构"的使用分布情况——"担心"

	例句总数	定中结构例句数	动宾结构例句数
担心	462	1	282
百分比	100%	0.22%	61.04%

由上表可知，当我们想要表述担心的具体内容时，使用动宾结构的次数要远远多于定中结构。我们可以认为，这种情况下使用动宾结构会使汉语母语者感觉更为自然。据此可以提出这样一条推论：

（31）当被修饰名词所对应的汉语词汇为动词时，在翻译为汉语时，被修饰名词译为动词，内容节表述的内容则译为该动词的宾语，"内容节+被修饰名词"结构转变为"动词谓语+宾语从句"结构，即可以使用翻译模式Ⅲ进行翻译。当被修饰名词所对应的汉语词汇为名词，在翻译为汉语时，被修饰名词依然保持名词词性，即无法使用翻译模式Ⅲ进行翻译。

3.3 验证推论

下面利用小说中的语料对（28）和（31）两条推论进行验证。在『半落ち』等17部日语小说中，被修饰名词为「事実」的内容节（以下简称为：「事実」内容节）共42例，被修饰名词为「恐れ」的内容节（以下简称为：「恐れ」内容节）共23例。在已出版的中文译本中，这些内容节的具体翻译模式分布情况如表2所示。

表2　「事実」内容节与「恐れ」内容节的翻译模式分布情况表

内容节	翻译模式Ⅰ	翻译模式Ⅱ	翻译模式Ⅲ	翻译模式Ⅳ	误译、未译、意译	总计
「事実」内容节	20	11	0	7	4	42
	47.62%	26.19%	0%	16.67%	9.52%	100%
「恐れ」内容节	4	1	15	0	3	23
	17.39%	4.35%	65.22%	0%	13.04%	100%

表2中，有超过五分之一（26.19%）的「事実」内容节使用了翻译模式Ⅱ，而只有不到二十分之一（4.35%）的「恐れ」内容节使用了翻译模式Ⅱ。有近三分之二（65.22%）的「恐れ」内容节使用了翻译模式Ⅲ，但没有1例「事実」内容节使用了翻译模式Ⅲ。已出版的中文译本中关于「事実」内容节和「恐れ」内容节的翻译模式分布情况与（28）和（31）两条推论一致。为了进一步验证模式Ⅱ、模式Ⅲ在「事実」内容节与「恐れ」内容节的适用性情况，笔者将42例「事実」内容节与23例「恐れ」内容节分别按照模式Ⅱ与模式Ⅲ进行翻译，观察译文的语义信息完整情况和表达通顺情况。详细数据如表3、表4所示。

表3 「事実」内容节与「恐れ」内容节按照模式Ⅱ翻译后所得译文情况

内容节	语义信息没有明显增减，且表达较为通顺	语义信息有明显增减，但表达较为通顺	语义信息没有明显增减，但表达不通顺	语义信息有明显增减，且表达不通顺	总计
「事实」内容节	36	0	6	0	42
	85.71%	0%	14.29%	0%	100%
「恐れ」内容节	0	23	0	0	23
	0%	100%	0%	0%	100%

表4 「事実」内容节与「恐れ」内容节按照模式Ⅲ翻译后所得译文情况

内容节	语义信息没有明显增减，且表达较为通顺	语义信息有明显增减，但表达较为通顺	语义信息没有明显增减，但表达不通顺	语义信息有明显增减，且表达不通顺	总计
「事实」内容节	*	*	*	*	42
	*	*	*	*	100%
「恐れ」内容节	23	0	0	0	23
	100%	0%	0%	0%	100%

表3中，超过五分之四的「事実」内容节按照模式Ⅱ翻译后，译文语义信息没有明显增减，且表达较为通顺。而所有的「恐れ」内容节按照模式Ⅱ翻译后，译文虽然较为通顺，但丢失了「事柄が起きるか否かを心配する」（担心事情是否会发生）的语义信息。因此可以得出结论：「事実」内容节可以使用模式Ⅱ翻译；「恐れ」内容节不适宜使用模式Ⅱ翻译，会造成语义缺失。

表4中，23例「恐れ」内容节按照模式Ⅲ翻译后，译文语义信息没有明显增减，且表达较为通顺。因此可以得出结论：「恐れ」内容节可以使用模式Ⅲ翻译。由于笔者在汉语中暂未发现与日语「事実」相对应的动词，因此此处暂时认为「事実」内容节无法使用模式Ⅲ进行翻译。

4. 结语

本文以日语连体修饰结构中的内容节为研究对象，将前人研究中提出的拆译类翻译方法进行进一步细分，提出三种适用于日语内容节型连体修饰结构的翻译模式。之后以日语「事実」内容节与「恐れ」内容节为例，具体分析了翻译模式Ⅱ与翻译模式Ⅲ的使用条件。

（32）翻译模式Ⅱ使用条件：被修饰名词的命题形式为判断内容节表述事项为真，如「事実」。

（33）翻译模式Ⅲ使用条件：被修饰名词所对应的汉语词汇为动词，且该汉语动词后可以接宾语从句，如「恐れ」。

但以上使用条件还需要进一步讨论完善，如表3中显示有14.29%的「事実」内容节不适宜使用模式Ⅱ进行翻译，其原因又是什么？与「事実」「恐れ」同属一类的名词又有哪些？关于这些问题笔者将会在今后的研究中继续探讨。

参考文献

北原保雄编，《明镜日汉词典》，北京：高等教育出版社，2012。
孔繁明，《日汉翻译要义》，北京：中国对外翻译出版公司，2004。
刘月华等，《实用现代汉语语法（增订本）》，北京：商务印书馆，2001。
商务印书馆辞书研究中心编，《现代汉语学习词典》，北京：商务印书馆，2010。
孙海英，《汉日动词谓语类非限制性定语从句对比研究》，哈尔滨：黑龙江人民出版社，
　　2009。
奥津敬一郎，『生成日本文法論』，東京：大修館書店，1974。
大島資生，『日本語連体修飾節構造の研究』，東京：ひつじ書房，2010。
下地早智子，「中国語の連体修飾節の構造と意味」，益岡隆志等，『日本語複文構文の研
　　究』，東京：ひつじ書房，2014。
加藤重広，『日本語修飾構造の語用論的研究』，東京：ひつじ書房，2003。
寺村秀夫，『寺村秀夫論文集I』，東京：くろしお出版，1992。
遠藤紹徳、武吉次朗編著，『新編・東方中国語講座　第四巻（翻訳編）』，東京：東方書
　　店，1990。

附录：语料来源（含例句出处）

川口俊和，《咖啡未冷前》，弭铁娟译，北京：中信出版社，2017。
村上春树，《挪威的森林》，林少华译，上海：上海译文出版社，2001。
大冈升平，《野火》，王杞元、金强译，北京：昆仑出版社，1987。
岛崎藤村，《破戒》，柯毅文、陈德文译，北京：人民文学出版社，1982。
岛田庄司，《占星术杀人魔法》，王鹏帆译，北京：新星出版社，2012。
歌野晶午，《樱树抽芽时，想你》，赵建勋译，南京：江苏凤凰文艺出版社，2017。
谷崎润一郎，《痴人之爱》，郭来舜、戴璨之译，西安：陕西人民出版社，1988。
横山秀夫，《半落》，王维幸译，海口：南海出版公司，2013。
横山秀夫，《动机》，林青华译，南京：译林出版社，2015。
井伏鳟二，《黑雨》，柯毅文、颜景镐译，长沙：湖南人民出版社，1982。
麻耶雄嵩，《有翼之暗》，张舟译，北京：新星出版社，2014。
麻耶雄嵩，《独眼少女》，张舟译，北京：新星出版社，2014。
三浦紫苑，《编舟记》，蒋葳译，上海：上海文艺出版社，2015。
石川达三，《青春的蹉跌》，金中译，昆明：云南人民出版社，1981。
夏目漱石，《心》，董学昌译，长沙：湖南人民出版社，1982。
小川洋子，《博士的爱情算式》，李建云译，杭州：浙江文艺出版社，2018。
柚木麻子，《终点的少女》，胡静译，北京：中国友谊出版公司，2018。
川口俊和，『コーヒーか　冷めないうちに』，東京：サンマーク出版，2015。
村上春樹，『ノルウェイの森』，東京：講談社，2004年版。
大岡昇平，『野火』，東京：新潮社，1954。
島崎藤村，『破戒』，東京：新潮社，1954。
島田荘司，『占星術殺人事件』，東京：講談社，2013年。
歌野晶午，『葉桜の季節に君を思うということ』，東京：文藝春秋，2007。
谷崎潤一郎，『痴人の愛』，東京：新潮社，1947。
横山秀夫，『動機』，東京：文藝春秋，2000。
横山秀夫，『半落ち』，東京：講談社，2005。
井伏鱒二，『黒い雨』，東京：新潮社，1966。
麻耶雄嵩，『翼ある闇』，東京：講談社，1996。
麻耶雄嵩，『隻眼の少女』，東京：文藝春秋，2013。
三浦しをん，『舟を編む』，東京：光文社，2015。
石川達三，『青春の蹉跌』，東京：新潮社，1971。
夏目漱石，『こころ』，東京：角川文庫，1951。
小川洋子，『博士の愛した数式』，東京：新潮社，2005。
柚木麻子，『終点のあの子』，東京：文藝春秋，2012。

日本新闻报道中的汉语动词翻译策略

作 者 姓 名：刘健
单　　　位：首都师范大学
研 究 方 向：日语语言学、汉日翻译

日本新闻报道中的汉语动词翻译策略[①]

提要：迄今为止，关于日译汉翻译策略问题的研究经过几代研究者的努力，无论从教材上还是从研究论文、著作上都取得了诸多进展，但是关于新闻报道语料日译汉的翻译策略研究成果还有待充实。本文重点关注日本新闻报道中汉语动词的翻译策略，从其自他性、使动态、被动态等具体形式到新闻语体的翻译特点等进行了初步探讨。

关键词：日本新闻报道；汉语动词；翻译策略；语体

---

① 本文系教育部2020年度人文社科青年项目"现代日语汉语动词的语法功能研究"（项目号20YJC740030，主持人：刘健）的阶段性研究成果。

1. 引言

众所周知，新闻报道的语言特点是客观、确切、凝练，同时又要求朴实、通俗。单从语言的凝练度上看，同一个事件，朋友、同事之间传达和新闻报纸报道是截然不同的两种风格，而具体到日本新闻报道的语言特点，大量使用汉语词[1]是其主要特点。较之和语词，汉语词表达凝练，一目了然，文体正式、严肃，言简意赅，同时又包含了非常丰富和深刻的含义。日本的媒体工作者十分喜爱且善用汉语词，著名的「五輪」（奥运会）便出自1936年的日本媒体人之手。对于日汉翻译的工作者和学习者来说，新闻报道的翻译的确是考察翻译能力高低的非常重要的一环。本文将从日本媒体新闻报道中的汉语动词入手，探讨如何将其更准确、更传神地译为汉语。

2. 文献综述

2.1 何为"汉语动词"？

现代日语中的汉语动词归属于「サ変動詞」，其下分类有汉语サ変动词、和语サ変动词、外来语サ変动词等。张志刚（2014）谈到汉语动词的特征时做了如下解释：

漢語動詞は漢語サ変動詞とも称され、基本形として「漢語＋する」という形を取る。

（汉语动词也被称为汉语サ変动词，动词基本形式为「漢語＋する」。）[2]

这一观点继承了野村雅昭（1977）、小林英树（2004）等前辈的观点，中国国内邱根成（2012）等也采用上述界定方法。本文也沿承上述定义，将现代日语中「漢語＋する」形式的动词称为"汉语动词"。

近年来，关于汉语动词语法功能的研究越来越受到中日两国研究者的关

---

[1] 此处的汉语词不追究其是否源自汉语，统指日语中使用汉字且读音为音读的词汇。
[2] 笔者译。

注。究其原因，笔者认为主要有以下两点。一是汉语动词由于本身结构特点「語構成」而导致其与和语动词在语法功能上产生差异。例如前者的自他模糊性、词干与「する」之间助词的可插入性、已包含名词性成分的汉语动词能否继续前接宾语等诸多问题，其根源都可追溯至汉语动词的构词特点上。二是由于在二语习得过程中母语正负迁移的双重影响，中国的日语学习者无论在汉语动词的意义习得还是用法学习上，都容易发生误用，因此，中国学者[①]近年来对该领域也开始关注。

2.2 关于新闻报道中汉语动词的翻译策略研究

2.2.1 关于现代日语中汉语动词的研究现状

目前为止，中日学界对于汉语动词的研究处于从对其构词特征的研究转变为对其语法功能展开分析的转型阶段。关于现代日语中汉语动词的构词特征，野村雅昭（1977）将汉语动词的词干部分按照构成语素的意义关系分成了修饰关系「競泳」、并列关系「増加」、补足关系「敵視」、对立关系「左右」、重复关系「悠々」等。野村的这项研究，为今后该领域从多角度展开分析提供了重要思路。从语法性质对汉语动词进行分析，也必须首先从构成语素的意义关系分析开始着手。自20世纪80年代以来，有关汉语动词语法性质的研究渐渐引起研究者的关注。小林英树（2004）以二字汉语动词和四字汉语动词为研究对象，在分析其构成语素意义关系的基础之上，对「ＶＮする」型汉语动词能否前接名词，做了如下分类。[②]

  ① 項を取れないタイプ（不可接名词[③]）：飲酒する、挙式する、処刑する、……

  ② 項を取れるタイプ（可接名词）：投票する、登山する、入院する、……

---

① 这里的中国学者既包括在中国国内工作学习的研究者，也包括在日本工作学习的研究者。
② 参见小林英树（2004：94）。
③ 括号内为笔者添加。

③ 項を取れなければならないタイプ（必须接名词）：開封する、観戦する、除名する、……

通过上述研究资料可以看出「ＶＮする」型汉语动词语法功能已经引起研究者们的关注，并形成了一定的研究成果，但需要注意的是，动词的语法功能研究涵盖面广泛，还有许多尚未解决的问题，这也是笔者决定开展本项研究的出发点。本文将通过词汇整理、语料库搜集具体例句语料的方法，以现代日语「ＶＮする」型汉语动词为主要研究对象，对其词干与词尾的紧密度进行分析。

2.2.2 关于日本新闻报道中汉语动词的翻译策略研究

据笔者调查，除硕士研究生的日本新闻翻译实践报告，国内关于日本新闻报道的汉译策略研究数量不多，主要是基于某一理论框架对一类新闻或一种文体的整体研究。例如蒋芳婧（2016）基于德国功能主义学派的翻译理论，以2013年至2015年三年间政府工作报告日译本为例，结合受众调查中发现的典型译例，从文本类型、目的三法则角度探讨政府工作报告的对外翻译策略。熊琴（2017）简述了隐喻认知的视角下，对日语新闻报道进行翻译时需要注意的问题和必须遵守的原则。孙英彩（2013）将日语定语分为三类，并对每一类举例进行具体分析，从接受理论来看，需考虑到汉语的特点、中国短评的特点、汉语的习惯表达法及语感、中日语法的不同、汉语多项定语语序的特征等因素，适当选用分译、变译、减译或倒译等翻译技巧。也有专门针对新闻标题的翻译策略展开的分析，如吕吉林（2019）。

通过上述研究资料可以看出，目前国内在该领域的理论研究比较丰富，新闻报道的翻译问题已经引起众多学者的高度关注，形成了一批有价值的研究成果。同时也应注意到，目前学界尚未对研究对象进行更为详细的分类，一篇新闻报道或者一类新闻报道中，词汇和语言的运用是综合的，不同的表达也对应有不同的翻译策略。如果笼而统之，很容易导致有意寻找例句证明某种理论的情况产生。

本文拟从现代日语二字汉语动词入手，从新闻报道的日汉翻译策略角度，剖析汉语动词的语法功能特点，并探讨其与中文表达的异同之处，希望为汉语动词的研究以及日汉翻译研究与教学贡献微薄之力。

3. 日本新闻报道中的汉语动词及其翻译策略

3.1 日本新闻报道中的汉语动词使用情况调查

如前所述，受新闻报道文体的特点和要求，日本新闻报道中会大量使用汉语动词。笔者抽取了2020年3月1日至2020年10月31日日本《每日新闻》《读卖新闻》《产业经济新闻》等报纸（电子版）共117篇报道进行了调查，现以2020年8月11日及2020年10月29日两篇报道为例进行介绍。

（1）フランス国防省は１０日、商船三井が<u>運航</u>する貨物船が<u>座礁した</u>インド洋の島国モーリシャス沖へ向け、サンゴ礁に<u>流出した</u>重油の除去作業を<u>支援</u>するための人員や装置を<u>派遣</u>すると<u>発表した</u>。モーリシャスの近くには仏海外県レユニオン島がある。モーリシャスは６日、仏政府に支援を<u>要請した</u>。マクロン仏大統領は８日、ツイッターで「生物多様性が危機にひんしており、迅速な行動が求められる。フランスが付いている」と支援を<u>表明した</u>。（2020年8月11日本时事通讯社）

（2）米IT大手アップル（Apple）がグーグル（Google）に代わる独自の検索エンジンの開発に向けて活動を<u>活発化させている</u>ことが分かった。英紙フィナンシャル・タイムズ（FT）が28日、報じた。FTは匿名の情報筋の話として、携帯端末向け基本ソフト（OS）「iOS 7」で、アップル独自の検索エンジンの形跡が見られ始めていると報じた。AFPはアップルに取材を申し込んだが、現時点で回答は得られていない。アップルはこれまでに、検索エンジン開発について社内調査を<u>開始した</u>と報じられていた。FTによると、アップルは2年前、人工知能（AI）とデジタルアシスタント「シリ（Siri）」の開発を<u>支援</u>するため、グーグルで検索部門トップを務めたジョン・ジャナンドレア（John Giannandrea）氏を<u>雇用していた</u>。（2020年10月29日AFPBB News）

例（1）共包含12个动词，其中汉语动词8个，占比75%，汉语动词在日本新闻报道类文章中的使用频率和使用范围，由此可见一斑。另一方面，例（2）共包含13个动词，其中汉语动词4个，占比30%。在本篇报道中，汉语动词的使用占比不是很高，说明多用汉语动词并不是日本新闻报道必须坚持的原则。但可以明确的是，汉语动词在文体上较和语动词更为严肃，在视觉上更为醒目，同时可以节约新闻版面。本文接下来将对日本新闻报道中汉语动词的用法特点、汉译策略展开分析。

3.2. 汉语动词的自他性用法特点及其汉译策略

3.2.1 使动态用法及其汉译策略

众所周知，汉语动词由于其「漢語＋する」的外形特点，导致学习者在习得过程中对其自他性的把握上存在一定困难。在现代日语中，有的汉语动词只有自动词或他动词属性，而有的则为自他两用动词，这种情况导致在其使动态、被动态等形式时意义丰富，翻译时容易出现误译。

（3）2人はそれぞれ乗用車を運転し、車線変更を巡ってトラブルになった。増田容疑者は男性の車の後部を蹴って破損させた上、男性が運転席のドアをつかんで引き留めようとしているにもかかわらず車を発進させたという。（2020年9月13日日本《读卖新闻》）

译文1：上述2人当天均驾驶汽车，因为汽车变道发生争执。嫌疑人增田踹坏受害人汽车尾部后，在受害人抓住其汽车驾驶室门的情况下发动了汽车。①

译文2：上述2人当天均驾驶汽车，因为汽车变道发生争执。嫌疑人增田踹受害人汽车尾部使其损毁后，在受害人抓住其汽车驾驶室门的情况下使汽车发动。

调查例（3）中的两个汉语动词「破損する」「発進する」我们会发现，「破損する」为自他两用动词，而「発進する」为自动词，无他动词属性。不

---

① 本文中日本新闻报道的中译文均为笔者译。

过，观察译文的处理我们会发现，显然直接翻译为中文的动宾短语，而不处理为使动句是合理的。「車の後部を蹴って破損させた」结构中，「蹴って」为动作方式，「破損させた」为动作结果，虽然「破損する」是自他两用动词，但原文并没有使用他动词用法，而是使用使动态。但是需要注意的是，其宾语并不是表示人的名词，而是物品名词「車の後部」，且车主不是增田，也就是派出了反身动词（「再帰動詞」）用法。因此可以判断，该使动句态为他动词的使动用法，即影山太郎、由本阳子（1997：15）中所谈到的前项事态（LCS1）表示后项事态（LCS2）发生原因的复合事态（LCS）。即：

（4）LCS1 + LCS2 => LCS2 BY LCS1

（5）[x KICK] + [x CAUSE [BECOME [y BE [AT BAD]]]] => [[x CAUSE [BECOME [y BE [AT BAD]]]] BY [x KICK]]

张楠（2019）认为，汉语结果复合动词①中的后项动词包含完结义，也就是说述补短语中的"述语–结果/可能补语""踹坏"正好可以完成「車の後部を蹴って破損させた」这一使动态表达形式，据此，我们就能够理解为什么例（3）译文1的处理方法是合理的。

后面将「車を発進させた」翻译为"发动了汽车"就比较好理解了，一是因为这是「発進する」的反身动词用法，二是因为其为自动词，没有他动词属性，在日语中可以用其使动态充当他动用法，翻译为"发动了汽车"是正确的处理方式。下面的例（6）（7）也是同样道理。

（6）米IT大手アップル（Apple）がグーグル（Google）に代わる独自の検索エンジンの開発に向けて活動を活発化させていることが分かった。英紙フィナンシャル・タイムズ（FT）が28日、報じた。（2020年10月29日AFPBB News）

译文：英国《金融时报》（FT）28日报道，美国IT巨头苹果公司正在加速开发一款独家搜索引擎，以代替谷歌搜索引擎。

---

① 本文认为，汉语的"结果复合动词"与传统述补结构中的"述语–可能补语"基本同义。

（7）高松市内の駐車場に止めた乗用車内に、6歳と3歳の姉妹を半日以上置き去りにして死亡させたとして、香川県警は4日、母親で無職の竹内麻理亜（まりあ）容疑者（26）=同市川島東町=を保護責任者遺棄致死の疑いで逮捕し、発表した。（2020年9月5日日本《朝日新闻》）

译文：……停在高松市内某停车场的汽车里，两名年龄分别为6岁和3岁的小姐妹因为被弃置长达12小时以上，不幸身亡。

3.2.2 被动态用法特点及其汉译策略

与日语的和语动词一样，汉语动词的被动态用法，有时候也无法直译为汉语的被动句。

（8）13の特定警戒都道府県では、石川が数値基準を満たさずに解除された一方、千葉や兵庫は基準を満たしても解除が見送られ、明暗が分かれた。（2020年5月14日日本《产经新闻》）

译文：早前规定的13个特定警戒都道府县中，石川县并未达到数值标准但已宣布解除紧急事态宣言，但千叶、兵库两个县则满足数值标准后依然推迟解除，各县处理方法截然不同。

（9）当初は供給量が限られるため、医療従事者や重症化リスクの高い高齢者、持病のある人の接種が優先される見通しだが、費用は優先対象であるかないかにかかわらず、公費で負担することを検討する。（2020年9月2日日本共同通讯社）

译文：最初由于疫苗供给量有限，计划优先提供给医疗工作者、易导致重症的老年人以及有慢性病的患者，现在政府将考虑无论是否属于优先接种人群，注射费用都由政府承担。

马小兵、翁家慧（2011）曾指出，当日语被动句中被动主体不言自明或不被听者关注时，该被动句可以译为主动句。例（8）中紧急事态宣言的解除者自然是石川县政府（不言自明），例（9）中由谁决定「医療従事者や重症化リスクの高い高齢者、持病のある人」是否被划归为优先接种人群并不被读者关心，所以两段的译文都处理为主动式是合理的。

3.3 保持译文的新闻语体特点

我们在进行日本新闻报道的汉译实践时，必须意识到一个问题，就是我们所进行的不仅仅是翻译，更是新闻报道的翻译，所以能否保持译文的"新闻味道"十分考验译者的翻译水平和中文功底。潘玉香（2016）曾指出"与其他行业不同，新闻编辑人员属于杂家……必须要做到字斟句酌，杜绝常识性问题，使用书面语言，减少地方语言的使用……保持高度的敏感与严谨。"这些对于新闻写作人员的要求，同样适用于新闻报道的汉译人员。

（10）首相交代は2012年12月以来、7年8カ月ぶり。菅氏は直ちに組閣に着手。皇居での首相任命式と閣僚認証式を経て、自民、公明両党連立による菅内閣が16日中に発足する。（2020年9月16日日本共同通讯社）

译文：日本自2012年12月以来时隔7年零8个月更换首相。菅义伟将立即进行内阁组阁，在皇居举行首相任命仪式、阁僚认证仪式以后由日本自民、公明两党共同组成的新内阁于16日开始履职。

（11）モーリシャスは6日、仏政府に支援を要請した。マクロン仏大統領は8日、ツイッターで「生物多様性が危機にひんしており、迅速な行動が求められる。フランスが付いている」と支援を表明した。（2020年8月11日本时事通讯社）

译文：毛里求斯已于6日向法国政府寻求支援。法国总统马克龙8号在推特上明确指出，"生物多样性正面临巨大危机，需要迅速采取行动。法国不会袖手旁观。"

翻译新闻报道类语料时，保持译文的新闻语体也是一个需要关注的问题。例（10）的「発足する」意义为：①組織や機構などが設けられ、活動を始めること。②出発すること[①]。可以看出，「発足する」一词能够跟各种

[①] 据日本 goo 国语辞典。

事件名词共现，因此在翻译时就要仔细斟酌。例（10）中与之共现的是「菅内阁」，中文的"开始履职"能够更贴切表达出"政府机构开始运行"这一意义，可谓达到了既完成意义翻译，又保持新闻语体特点的双重效果。

例（11）的这则报道描述了毛里求斯和法国两国政府间关于去除海面原油的求助与施助行为，其中使用了两个汉语动词「要請する」（必要だとして、強く願い求めること）[①]和「表明する」（自分の考え・決意などを、はっきりあらわし示すこと）[②]，前者包含了请求支援的迫切性，后者表达了坚决给予帮助的承诺，因此在翻译时，译文选择使用"寻求支援""明确指出"来翻译这两个汉语动词，而不是直译为"要求""表明"。

3.4 "四字词"的使用

在这里还需要强调的是，在进行新闻报道类材料的汉译时，熟练、准确地使用"四字词"是一项重要技能。这里的"四字词"既包括中国古代成语、典故，也包括现当代经常使用的惯用表达。中文的新闻报道中，使用"四字词"可以使文章显得更为严肃庄重，更有气势。因此在例（11）对上述"二字汉语动词"进行汉译时，均采取译为"四字词"的方式。

（12）米国のトランプ大統領は8日、メキシコのロペスオブラドール大統領とホワイトハウスで初めて会談し、1日に発効した新貿易協定「USMCA（米国・メキシコ・カナダ協定）」を軸に経済面で連携を強化する考えで一致した。（2020年7月9日日本《读卖新闻》）

译文：8日，美国总统特朗普与墨西哥总统洛佩斯在白宫首次进行会谈，双方围绕本月1日开始生效的美墨加协定（USMCA），就在经济层面强化合作达成共识。

例（12）中的「会談する」「一致する」译文采取"形式动词[③]+动名

---

① 据日本 goo 国语辞典。
② 同上。
③ 形式动词指本身不具有实在意义而只能用动名词或以动名词为中心语的偏正短语作宾语的动词。如"进行""加以"等。

词"的方式进行处理，这也是日本新闻报道汉译时经常使用的翻译策略。如何在翻译日本新闻报道时正确、精准地使用"四字词"，是一项非常值得继续深入探讨的问题，限于篇幅所限，本文暂不展开讨论。

4. 结论

本文通过抽取2020年3月1日至2020年10月31日共117篇日本新闻报道材料，对其中的汉语动词的翻译策略进行了初步分析，得出如下结论：（1）由于汉语动词在外形上自他性质的特点，导致其使用使动态、被动态时无需翻译为汉语的使动句和被动句；（2）保持新闻语体的特点也是进行此类语料翻译时需要格外注意的问题，可以通过选择更为贴切的表达和使用"四字词"来解决。日本新闻报道的汉译策略研究包含的范围庞大，需要注意的问题也很多，本文进行了初步探讨，希望起到抛砖引玉的作用，恳请各位同行批评指正。

参考文献

蒋芳婧，《功能翻译理论视阈下的政府工作报告日译策略研究》，《日语学习与研究》2016年第3期。

刘健，《日本媒体对中国特色词语的报道——兼与中国特色词语外宣用语比较》，《青年记者》2019年第15期。

刘健，《中国共产党文献日译本中的汉日同形词研究——以〈习近平谈治国理政〉日译本中的"四字格"词为例》，《日语学习与研究》2019年第6期。

吕吉林，《日语新闻标题特点及翻译策略研究》，《新闻研究导刊》2019年第10卷第23期。

马小兵、翁家慧，《日语笔译》，北京：北京大学出版社，2011。

潘玉香，《论新闻稿件的写作规范和基本要求》，《新闻传播》2016年第11期。

邱根成，《论汉语动词的词汇性与句法性：以一字与二字为中心》，《日语学习与研究》2012年第6期。

孙英彩，《从接受理论看日语定语的翻译——以日本新闻短评的汉译为中心》，《考试周刊》2013年第16期。

熊琴，《浅析基于隐喻认知视角的日语新闻报道翻译》，《明日风尚》2017年第24期。

张楠，《汉日结果复合动词事态类型的对比考察与分析》，《外语教学与研究》2019年第4期。

野村雅昭，「造語法」，『岩波講座日本語 9 語彙と意味』，東京：岩波書店，1977。
影山太郎、由本陽子，『語形成と概念構造』，東京：研究社出版，1997。
小林英樹，『現代日本語の漢語動名詞の研究』，東京：ひつじ書房，2004。
張志剛，「和語複合動詞と対応する漢語動詞の意味と自他」，『一橋大学国際教育センター紀要』第5号，東京：ひつじ書房，2014。

再议文化负载词的翻译
——基于自建语料库的历时分析

作 者 姓 名：王雯婷
单　　　位：首都师范大学
研 究 方 向：日汉翻译

再议文化负载词的翻译
——基于自建语料库的历时分析

提要：文化负载词汇反映了特定民族在漫长历史进程中逐渐积累的、有别于其他民族的、独特的活动方式。在翻译这类词汇时，译者有时很难找到完全对应的表达。纵观日汉翻译史，不同时期的译者采取了不同的翻译策略。本研究基于小型自建语料库，从日本经典文学作品中找出典型例句，试析不同时期译者在翻译文化负载词时的倾向，再议文化负载词的翻译问题。

关键词：日汉翻译；自建语料库；文化负载词

1. 引言

文化是指包括一个民族的服饰、饮食、生产、教育、法律、政治、风俗习惯、历史典故等诸多因素的活动方式。语言是文化的根本系统之一，词汇则是文化诸因素最直接的反映。文化负载词汇（culture loaded words）是指标志某种文化中特有事物的词、词组和习语。这些词汇反映了特定民族在漫长历史进程中逐渐积累的、有别于其他民族的、独特的活动方式（廖七一，2000：232）。

中日两国关系密切，历史上文化交流频繁，经典文学作品中往往包含大量的文化负载词汇。但在翻译这些词汇时，译者有时很难找到完全对应的表达，不同时期的译者也会采取不同的翻译策略。

2. 文化负载词在新旧译本中的差异

本研究选取了二三十年代首次翻译到中国的日本经典文学作品中的典型例句，同时选取了2010年前后的新译本作为对比（后文统一称"旧译""新译"）。由于不同译本之间篇幅相差较大，本研究利用Excel的随机函数功能（RANDBETWEEN函数），从原译本中抽取容量基本相当的片段作为语料，抽取时参考了现代汉语语料库的抽样标准。

可以发现，旧译在翻译文化负载词时，有时会将日本的文化意象处理为中国传统的文化意向或使用汉语固有的表达进行描述，而新译更倾向保留日本文化特色，与此同时进行加注或解释性说明。

下面结合具体例句进行分析。

例1

原文 ちょっと話せばいいんです、と云って、赤シャツの顔を見ると金時のようだ。

旧译 我说，"不必了，只有一句简单的话，这儿行了。"看看红衬衫的面孔，像**关公**一样的。

新译　我没应，只告诉他我在这儿说两句就走了。我看他满脸通红的样子，特别像**舍太郎**。

——《哥儿》

例1原文在形容红衬衫脸色通红时，用了「金時のようだ」这样一个比喻，其中「金時」指的是"传说中的怪童"。源赖光称其"坂田公时"，或"坂田金时"。歌舞伎、净琉璃中的"怪童丸""以坂田金时为原型制作的人偶""儿童穿戴的菱形肚兜"，多以"红脸、穿肚兜、持斧头的孩童形象"出现。

旧译在翻译时借用了中国关公的形象，梅铮铮指出，历史上的关羽并非大红脸，但民间传说和民间讲话（平话）艺术、民间表演艺术活动以及《三国演义》对关羽外貌的描写（"身长九尺，髯长二尺，面如重枣，唇若涂脂，丹凤眼，卧蚕眉，相貌堂堂，威风凛凛"）导致"红脸的关公"这一意象深入人心，而这又与"中国传统的巫术文化的辟邪作用""中国传统的语言文化""中国传统儒家文化中的'五德终始'政治理论"（梅铮铮，2009：57-62）有关。

不难看出，旧译借关公的意象翻译金时，是为了减少文化隔阂对当时的读者造成理解障碍。新译这里翻译为舍太郎，大概是为了让译文更富日本特色。不过笔者并未找到「舍太郎」的出处，于是又考察了其他几个译本，其中1959版翻译成"红得像猢狲屁股一样"，省略了"金时"这个文化意象；1987版翻译成"活像个金太郎"，并附加注释；2005版翻译成"金时天王"，并附加注释。

例2

原文　細君の心を尽した晩餐の膳には、鮪の新鮮な刺身に、青紫蘇の薬味を添えた冷豆腐、それを味う余裕もないが、一盃は一盃と盞を重ねた。

旧译　妻所细心料理的晚餐肴馔之中，有新鲜的**鱼生**，还有加青紫苏的带药味的冷豆腐。时雄无心细加领略，只是一杯一杯地喝酒。

新译　妻子精心准备了晚餐。有味道鲜美的**生鱼片**，还有添加了青紫苏药味的冷豆腐。时雄顾不上品尝美味，只是一杯一杯地喝闷酒。

——《棉被》

例2原文「刺身」在两个译本中被分别翻译成"鱼生"和"生鱼片"。旧译的"鱼生"为潮州一带的生鱼脍，是中国固有的食物；新译翻译成"生鱼片"，是因为随着日料店的普及，这种译法也不会给读者带去太多阅读障碍。

例3

原文　すでに一応感服したものだから、もうやめにするかと思うとやはり横から見たり、竪から見たりしている。からだを拗じ向けたり、手を延ばして年寄が三世相を見るようにしたり、または窓の方へむいて鼻の先まで持って来たりして見ている。

旧译　我以为既赞佩过了，这就算吧？谁知还是横过来竖过去地看着。一会儿把身子拗过来，一会儿又把手伸一伸，一会儿像老头子看**万花镜**似的，一会儿又拿向窗户，直捧到鼻尖前看着，……

新译　看也看了，夸也夸了，该放下了吧？结果他继续拿着横看竖看。时而扭着身体换角度看，活像个老头捧着**《三世相》**研究自己的命运一样；后来还借着窗户的亮光，把卡片举到鼻尖附近，观察细节。

——《我是猫》

「三世相」在日语里有两个意思，一是"根据人的生辰八字推算凶吉，相当于占卜算命"，二指特定的歌舞伎作品。例3一句中，作者为了表现主人看明信片看得十分认真，用了这一比喻。旧译并没有突出"三世相"这一文化现象，而是译为"万花镜"。"万花镜"在汉语里比喻"丰富多彩、绚丽多姿的事物"，更易于当时的读者理解。

例4

原文　……そっと庭から廻って書斎の椽側へ上って障子の隙から覗いて見ると、主人はエピクテタスとか云う人の本を披いて見ておった。

旧译　……所以轻轻的从院子绕过去，眺上书斋的走廊，从**门**隙一窥，主人正翻看叫做什么"艾佩古地他斯"的书。

新译 ……于是我院子绕到书房的走廊上,从**障子门**的缝隙里向里看去,发现主人正在看一本爱比克泰德写的书。

——《我是猫》

「障子」在日语中既是日式建筑中屏障类设施的统称,也是如今日式房屋里的拉门、拉窗,同时也指鼻中隔(位于左右鼻腔之间,由筛骨垂直板、犁骨和鼻中隔软骨构成,表面被覆黏膜)的俗称。在汉语中,"障子"古时是屏风的俗称,到了现代则多指"围栏、屏障"。例4的旧译在处理这个词时,只保留了"门"这一意象,而没有对日式拉门进行更多解释;新译则保留了"障子"二字,并在此基础上添加了"门"字,以让读者有一个更加直观的认识。

例5

原文 吾輩だって喜多床へ行って顔さえ剃って貰やあ、そんなに人間と異ったところはありゃしない。

旧译 就是我,只要到**理发铺**去替我刮一刮脸也不至就那样比不上人们。

新译 就算是我,去**喜多理发店**把胡子刮刮,不比人类丑多少。

——《我是猫》

「床屋」在日语里指理发店,「喜多床」则是明治4年日本实施断发令后,旗本船越家的四子船越喜太郎氏在本乡开设的日本最早的理发店。当时不少文学家、学者都会光顾这家理发店,如夏目漱石、森鸥外、伊藤博文、德田秋声等。这家理发店的名字也多次出现在他们的文学作品(《我是猫》《三四郎》等)中。例5的旧译在翻译时只保留了理发店这一意象,并没有进行深入解释;而新译则保留了"喜多"二字,后面加上"理发店"。在笔者看来,既然这家店铺历史悠久,且留存至今,如果采取直译加注的方式,或许能为读者增添一点阅读乐趣。

例6

原文 ……懐手のまま御成道へ出た。寒月は何となくそわそわしているごとく見えた。

旧译 ……依旧袖着手,向着通**庙宇**的路上走去。寒月有点失神失态的神气。

　　新译　……手抄着兜头也不回地走向**御成道**。寒月好像丢了魂似的，一脸心不在焉。

　　　　　　　　　　　　　　　　　　　　　　　——《我是猫》

「御成道」在日语中指官家、将军等走的道路，如日光御成道就是将军前往日光东照宫参诣时走的街道。例6的旧译翻译成"通往庙宇的路"，保留了中国读者比较熟悉的意象（庙宇、路）；新译沿用了原文的说法，尽可能保留异国特色。

　　例7

　　　　原文　C先生は蕎麦を食ったらよかろうと云うから、早速かけともりをかわるがわる食ったが、これは腹が下るばかりで何等の功能もなかった。

　　　　旧译　C先生说吃面条的好。马上就拿**过水干面和汤面**交替的吃着，这只是泻肚子，什么功效也没有。

　　　　新译　C说吃荞麦面养胃，于是我开始顿顿吃**荞麦面**，除了拉肚子之外，什么功用都没看出来。

　　　　　　　　　　　　　　　　　　　　　　　——《我是猫》

「蕎麦」是日本常见的食物之一，文中将其分为「かけともり」，即「掛け蕎麦」和「盛蕎麦」，前者是将调好味的汤汁与面相混合食用，后者则是将煮好的面与蘸汁搭配食用。例7的旧译将这三个词分别翻译成"面条""过水干面"和"汤面"，省略了原文中的日本特色，不过非常贴近中国读者的生活，只是「掛け蕎麦」或许更接近中文的"汤面"，「盛蕎麦」更接近"蘸汁面"。而新译则直接简化了这些文化意象，全部译为"荞麦面"。

　　此外，在翻译诗歌、歇后语时，旧译也存在处理为中国传统文化意象的倾向。

　　例8

　　　　原文　発句は芭蕉か髪結床の親方のやるもんだ。数学の先生が朝顔やに釣瓶をとられてたまるものか。

旧译　**诗**是**李太白**或是**喝酒发疯的人**所做的东西。数学教师倘若**骑了驴子挥动手臂去推呀敲呀**起来，那还了得么？

新译　**俳句**本就是**芭蕉**和**理发店**的老板一干人等擅长的东西，我一个数学老师怎么会做出那些诸如"**牵牛花缠绕住吊水桶**"的浪漫诗句呢？

——《哥儿》

例8这段话中涉及多处中日两国的文学典故，如俳人松尾芭蕉、诗仙李白、贾岛骑驴"推敲"等。旧译将原文中的松尾芭蕉翻译成李白，或许是因为在20世纪30年代，普通中国民众了解松尾芭蕉的不多，而李白作为诗仙早已家喻户晓。

例9

原文　同類相求むとは昔しからある語だそうだがその通り、餅屋は餅屋、猫は猫で、猫の事ならやはり猫でなくては分らぬ。

旧译　从前有句"同类相求"的活，是对得很。"**造饼卖糖，各专一行。**"卖糖的是卖糖的，猫是猫，猫的事情，仍非猫不明白。

新译　俗话说得好，物以类聚。**卖年糕的了解卖年糕的，猫了解猫，猫的事情只有猫知道。**

——《我是猫》

例9原文中有「餅屋は餅屋、猫は猫で」这样一句话，新译在处理时选择直译，就是"卖年糕的了解卖年糕的，猫了解猫"，而旧译则加译了一句"造饼卖糖，各专一行"，后面解释为"卖糖的是卖糖的，猫是猫"。不过笔者并未在词典中找到在这个歇后语，但《现代汉语句典》收录了语义相近的"敲锣卖糖，各干一行"，也作"敲锣卖糖，各专一行"。旧译这里可能是在现有歇后语的基础上，结合了原文「餅屋」这一意象，创造了"造饼卖糖"这个四字词语。但日语的「餅」和中文的"饼"语义又有一些不同。日语的「餅」多指将糯米蒸熟再捣碎制成的年糕，而汉语的饼最早泛指面食，清代中叶之后才特指扁圆、长方形、扁形等食品，到了现代则有了更细致的分类。所以"造饼卖糖"这里的"饼"可能会让中国读者联想到不同的意象。

例10

  原文 その上に日本の墨で「吾輩は猫である」と黒々とかいて、右の側に書を読むや躍るや猫の春一日という俳句さえ認められてある。

  旧译 其上用日本墨黑鸦鸦地写着"我是猫"。右侧写着短歌，"**读书也，跳舞也，猫之春一日**"。

  新译 再往上是黑黑的浓墨写就的"我是猫"，右侧是一句俳句，**读书习字画，翩翩起舞真欢喜，小猫闹新春**。

——《我是猫》

  例10原文中出现了一句俳句「書を読むや躍るや猫の春一日」，旧译在翻译时用到了古汉语的句式及词汇，即"……也，……也，……之……"，一共3小句，11字；新译则用了俳句五七五的结构，翻译成"读书习字画，翩翩起舞真欢喜，小猫闹新春"，一共3小句，17字。

  此外，本研究还发现在翻译文化负载词时，新译加注的情况更多，注释内容更加丰富。文化现象解释类注释在两个译本中均占比最高，除此之外，还包括人物解释、地名解释及语言典故类注释。

  笔者共在旧译中找到13条注释，新译中31条，并统计了这些注释的分布情况。

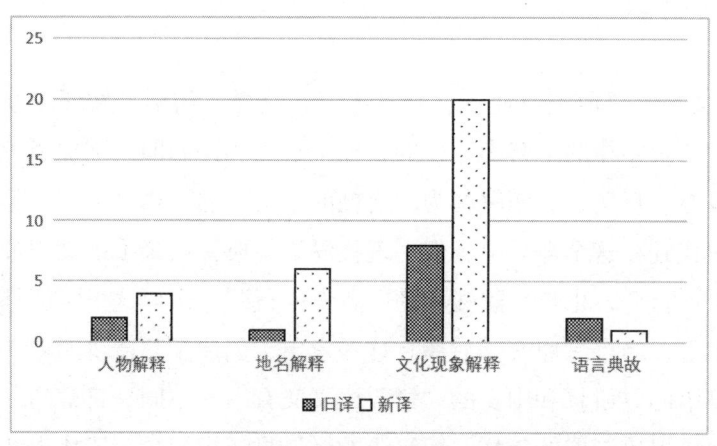

图1 新旧译本注释分类对比柱状图

（数据来源：基于笔者统计）

通过对比新旧译本中的注释可以发现，新译的注释内容更加丰富，条目也更多一些。文化现象解释类注释在两个译本中均占比最高，此外还包括人物解释、地名解释及语言典故类注释。

3. 关于新旧译本存在差异的思考

在翻译文化负载词时，译者需要考虑诸多因素。通过本研究分析可以看出，旧译有时会将日本的文化意象处理为中国传统的文化意象或使用汉语固有的表达进行描述。新译更倾向保留日本文化特色，与此同时进行加注或解释性说明。初译本为了方便目的语读者阅读，将当时中国读者不熟悉的日本文化意象译成中国文化意象。重译本则考虑到读者想要感受异国文化的需求，尽可能保留日语特色，再通过注释加以解释。

究其原因，一方面，二三十年代的一些译者对文言文和古文文化有着高度认同感。比如林纾就是出于对民族文化命运的担忧，为挽救民族文化于消亡危机，才坚持语言文字是中国文化的根基。他认为，只有保持自己的语言风格，才能维护民族个性，而文言文正是他维护民族个性、坚守文化立场的有力武器（陈鸣，2009：54-56）。而章克标虽然"洋装在身"，但由于本人深受中国传统文化熏陶，骨子仍是地地道道的中国文化人。他曾在杂文集《风凉话》中对上海的马路、汽车、香烟等进行了讽刺，抨击上海租界的拜金主义，也表明了他对西方文明的憎恶态度（杨青云，2012：119-122）。

此外，章克标还坚持文章需要通俗易懂，尽量减少读者的阅读障碍。他的小品文就像和朋友日常闲谈一般，并不摆出学者批评家思想家的架子，也没有什么高深难解的理论，更没有什么特别的术语名词，是很平民的大众的。他在文学的大众化方面的努力，有助于矫正"五四"文学脱离大众的不足之处，虽然他通俗的写作方式在一定程度上也潜藏着商业目的，却使得高处不胜寒的文艺进一步贴近了读者（程清慧，2004）。

另一方面也不能忽略读者的期待。读者并非被动的，同样是文化传播过程中的一环。纵观日中交流史，两千余年来绵延不断。但由于地理位置等条件限制，近代之前的交流一直比较困难。直到19世纪中叶，中国人民对日本的认识还很模糊。1972年中日邦交正常化以后，两国官员、文人、学者往来交流络绎不绝，才大大加深了两国人民的互相了解（王晓秋，2003：130-138）。20世纪以来，伴随着赴日留学热潮，两国的文化往来愈发频繁。但即便如此，想让当时的中国读者迅速了解日本特有的文化意向也绝非易事，与「御成道」「三世相」相比，"庙宇""万花镜"无疑更贴近他们的生活。

但读者的期待视野并非一成不变的。随着时代的发展，政治、经济、文化等多方面交流合作的不断深入，读者的期待也随之改变。1995年，《文汇读书周报》曾就"《红与黑》的汉译问题"展开读者意见征询活动，调查结果显示：读者的审美习惯和要求，是多元的，《红与黑》的多种译本在一定程度上满足了不同层次读者的需要……从读者对译文语言的要求看，大多数读者比较喜爱与原文结构较为贴近的译文。译者的动机和追求与读者的反应不尽相同，这一现象值得深入探讨（许钧，2011：6-11+16）。

同样的，中国读者对日本文学的期待也在发生转变。随着中日关系正常化，尤其是1978年签订了《中日和平友好条约》之后，两国文化交流与合作进一步加强。特别是近年来，由于互联网的飞速发展，日本饮食、文学、影视等各个领域深入我们的生活，中国读者对日本文化甚至语言的了解程度也不断加深，早与二三十年代不可同日而语。

4. 结语

重译是一种极为普遍的翻译活动，在人类文化交流的历史长河中由来已久。意识形态、社会语境、语言规范、文化规约、诗学理论、读者群体、思维认知、审美标准、出版市场等因素的变化以及译者的双语能力、翻译观念以及翻译选择等个体差异都会对翻译提出不同的要求和期许，使得译本不断推陈出新，层出不穷（张群星，2019：114-117）。随着中日两国间交流的不断深入，尤其是年轻人对彼此文化的包容、吸收，市场势必会期待新的译本。在重译经典作品时，文化负载词的翻译是译者不可忽视的问题。纵观日汉翻译历史，不同时期的译者采取了不同的翻译策略。旧译有时会将日本的文化意象处理为中国传统的文化意象或使用汉语固有的表达进行描述，而新译更倾向保留日本文化特色，与此同时进行加注或解释性说明。其背后有着复杂的原因，对于如今的译者来说，在翻译文化负载词时，一方面要明白这些词的文化内涵，另一方面不能忽视读者的期待，可以在充分理解异域文化的基础上进行加注或解释说明，也可根据上下文灵活调整。

参考文献

白维国主编，《现代汉语句典》，北京：中国大百科全书出版社，2001。

陈鸣，《翻译批评也应"宽容"——论社会历史语境对译者翻译策略的制约》，《外语与外语教学》2009年第1期。

程清慧，《在现实与理想之间挣扎的"斯芬克司"——章克标早期创作论》，上海师范大学硕士学位论文，2004。

葛景春，《李白与唐代酒文化》，《河北大学学报（哲学社会科学版）》1994年第3期。

郭沫若，《李白与杜甫》，北京：人民文学出版社，1971。

华夫主编，《中国古代名物大典（上、下）》，济南：济南出版社，1993。

廖七一编著，《当代西方翻译理论探索》，南京：译林出版社，2000。

林正秋主编，《中国饮食大辞典》，杭州：浙江大学出版社，1991。

梅铮铮，《关公外貌、装备的文化解读》，《成都大学学报（社会科学版）》2009年第6期。

阮智富、郭忠新编著，《现代汉语大词典》，上海：上海辞书出版社，2009。

田山花袋，《绵被》，夏丏尊译，上海：商务印书馆，1927。

田山花袋，《棉被》，魏大海等译，上海：复旦大学出版社，2013。

王晓秋，《论文化交流与中日关系》，《日本学刊》2003年第1期。

夏目漱石，《哥儿》，汪明译，北京：北京联合出版公司，2016。

夏目漱石，《我是猫》，曹曼译，杭州：浙江文艺出版社，2015。

夏目漱石，《我是猫》，程伯轩等译，上海：生活书局，1936。

夏目漱石，《夏目漱石集》，章克标译，上海：开明书店，1932。

许钧，《理论意识与理论建设——〈红与黑〉汉译讨论的意义》，《外语教学理论与实践》2011年第2期。

杨青云，《在现代文化与传统文化的"夹缝"中沉沦——论租界文化影响下章克标的小说创作》，《西南农业大学学报（社会科学版）》2012年第10期。

杨兴发主编，《汉语熟语词典》，成都：四川辞书出版社，2005。

张群星，《首译・重译关系论》，《黑龙江教育学院学报》2019年第38期。
小学館国語辞典編集部編集，『日本国語大辞典　第二版』，東京：小学館，2003。
松村明編，『大辞林　第三版』，東京：三省堂，2006。

第三部分　翻译理论与翻译思想

浅析"目的论"在日汉广告语翻译中的运用

作者姓名：王倩
单　　位：上海外国语大学
研究方向：日汉翻译

浅析"目的论"在日汉广告语翻译中的运用

提要：广告不同于一般文字，由于它具有很强的目的性，因此在翻译过程中必然不能完全采用传统的翻译方法。功能派翻译理论为广告语的翻译提供了非常有效的视角，在进行日语广告语的汉译时，恰当地使用"目的论"，可以使译者摆脱日语原文形式的束缚，在进行语义与意境翻译的基础上，实现广告语引导消费的目的。

关键词：目的论；目的原则；日汉广告语翻译

1. 目的论

广告语的翻译具有非常强的目的性,即"推销",如果过于注重对原语语义或形式的忠实,有可能会导致广告语读起来很生硬,从而失去刺激消费的效果。因此,广告语的译者必须赋予广告译语这一功能,来唤起大众的消费欲望,而"目的论"能够将译者从广告的形式中解放出来,为译者提供翻译多元化的标准,因此功能派翻译理论中的"目的原则"在广告翻译中值得被推广。

1.1 目的论的产生背景

20世纪60年代,德国诞生了莱比锡学派。所谓莱比锡学派是指20世纪六七十年代活跃于东德莱比锡大学的一个翻译理论研究团体,它的成立以1964年卡德(O.Kade)发表的论文《翻译中的偶然性与规律性》为标志,并于20世纪70年代开始兴盛。莱比锡学将重点放在翻译过程中的交际活动上,提出了交际对等原则,主要出发点是用传统的语言学方法分析翻译。在此基础上,西方翻译界形成了许多基于语言学学科的翻译理论,但这些翻译理论由于受到语言学本身的束缚,在指导译者翻译的过程中过于重视翻译的对等效果,导致译者无法根据文本的实际需求进行方法上的调整,理论与实践严重脱节,在这种情况下目的论应运而生。

1.2 目的论概述

为了扭转当时处于主导地位的注重形式的翻译观,在翻译过程中强调翻译功能及社会文化因素,20世纪70年代,德国兴起了功能派翻译理论,其发展主要经历了两个阶段。第一阶段:凯瑟琳娜·莱斯(Katharina Reiss)首次把功能范畴引入翻译批评,将语言功能、语篇类型和翻译策略相联系,提出了功能派理论思想的雏形。莱斯认为,"原文的主要功能是否得到传递是评判译文的决定性因素",因此,译者在进行翻译工作的时候应该针对不同的翻译文本采取不同的翻译策略。第二阶段,莱斯的学生汉斯·弗米尔(Hans Vermeer)提出了"目的论",将翻译研究从原文中心论的束缚中摆脱出来。弗米尔认为,翻译中的最高法则应该是"目的法则"。也就是说,翻译的目的不同,翻译时所采取的策略、方法也不同。翻译的目的决定了翻译策略，这使得翻译更加贴近实际，而不再是为了对等而对等。第三个阶段，在弗米尔理论的"目的论"理论的基础上，贾斯塔·霍茨·曼塔利（Justa Holz Manttari）又发展了功能派翻译理论，提出了"翻译行为论"。

1.3 目的论的三原则

郭芬、胡晓晓在《浅析德国功能翻译目的论》（2013）一文中介绍了目的论的三个原则，即目的原则、连贯性原则和忠实性原则。这三个原则的含义分别如下：

（1）目的原则

目的原则是目的论的首要原则，该原则认为，整个翻译过程，包括翻译方法和翻译策略的选择，都是由翻译行为所需要达到的目的决定的。

（2）连贯性原则

连贯性原则指的是译文必须符合语内连贯的标准。所谓语内连贯是指译文必须能让接受者理解，并在目的语文化以及使用译文的交际环境中有意义。（李文革，2004：140）

（3）忠实性原则

忠实性原则指原文间应该存在语际连贯一致。语际连贯类似于通常所说的忠实于原文，而忠实的程度和形式则由译文目的和译者对原文的理解而定。（同上）

这三个原则中，连贯性原则和忠实性原则必须服务于目的原则。例如，如果从翻译的目的出发，需要译文读起来流利连贯，那么连贯性原则就与目的原则相一致，在翻译过程中也可以得到实现。而反过来如果目的原则要求译文并不一定连贯通顺，在这种情况下，连贯原则就是不适用的。

2. 有关日汉广告翻译

2.1 广告的概念

"广告"一词是英文"advertising"的译名，英文"advertising"最早源于拉丁语"adverture",其本意为吸引人注意或进行诱导。日本的一些学者认为"广告"一词出自日本。

广告,即"广而告之"之意。广告是为了某种特定的需要,通过一定形式的媒体,公开而广泛地向公众传递信息的宣传手段。广告有广义和狭义之分,广义的广告包括非经济广告和经济广告,非经济广告指不以营利为目的的广告,又称效应广告。如政府职能部门、社会事业单位乃至个人的各种公告、启示、声明等,主要目的是推广。狭义的广告仅指经济广告,又称商业广告,是指以盈利为目的的广告,通常是商品生产者、经营者和消费者之间沟通信息的重要手段,或企业占领市场、推销产品、提供劳务的重要形式,主要目的是扩大经济效益。本论文主要探究日本商业广告语的汉译。

对于一个企业来说,广告是商品问世前最直接传递到公众那里的信息,广告的质量关系着商品的销售额,因此广告的创作有着非常明确的目的性,即"推销"。广告创作者必须赋予其"推销能力",来唤起公众的购买欲望。广告的这一特殊性决定了广告语的翻译必然与传统的文学、科技类翻译采用完全不同的方法。

伴随着市场经济的发展,广告作为一种销售手段逐渐普及并渗透到我们生活的方方面面。而日本在经历了1973年的石油危机后,国内企业之间的竞争日趋激烈。为了生存,各个企业都投入了大量的资金进行广告制作,希望以此提高商品销售量。如今在日本,广告业呈现出蓬勃发展的势头,对整个国家的经济、文化、社会生活都产生了或多或少的影响。而在我国,随着社会主义市场经济的发展、商品物质的极大丰富,人们的商品意识也在逐渐增强。企业也面临着如何通过优秀的广告向公众传达商品信息,说服公众购买自家产品的课题。尤其是2001年中国加入WTO后,整个经济融入国际社会的步伐已大大加快,广告宣传已成为商业活动中不可或缺的一部分,时至今日已经融入了人们的日常生活,在影视、传媒、公共交通等领域,广告的影子随处可见。

2.2 日汉广告翻译研究现状

中日两国是一衣带水的邻国,自1972年中日邦交正常化以来,两国在经济、政治、文化等方面有着诸多交流。尤其是在经济方面,截至2003年,日本一直是中国最大的贸易伙伴，中国则是日本第二大贸易对象国。2004年后日本虽退到欧盟、美国之后位居第3，但仍然是中国第一大进口来源国。越来越多的日企来华投资发展，丰田、三菱、索尼、711、华堂等知名日企在中国的收益非常可观。

对于这些希望在中国扩大市场的日企来说，如何提高商品知名度是一个至关重要的课题，而其中，广告语的翻译则扮演着重要的角色。如果忽略日汉广告语的翻译，就会难以让中国消费者产生对日本产品的认可，阻碍日本企业在中国的市场开拓，更有甚者，会破坏日本品牌在中国人心中的形象，进而对中日两国关系产生负面影响。

尽管日汉广告语的翻译至关重要，但截至目前，有关广告语的翻译研究主要集中在英语与德语两个方向，有关日语广告语的翻译研究非常少。因此，本论文将从"目的论"的视点出发，通过大量收集日本广告语的汉译实例，阐述"目的论"在日汉广告翻译中的具体应用情况并进行分析研究。

2.3 日汉广告翻译中存在的问题

一般来说，广告翻译中存在的问题主要可以概况为两类。一类是语言失误，这一点在日汉广告翻译中主要体现在词汇表达方面。由于中日文中都存在汉字，因此译者在进行翻译的时候经常会望文生义，直接照搬汉字本身，从而忽略其本来的意思。这种意思的不对等或错位就会导致广告意思传递的失误。另一类则是语境失误，除了文字的相似外，中日两国还有着悠久的交流历史，地理位置的接近也让许多人产生一种错觉，认为中日两国有着非常相似的文化，例如筷子文化、新年文化等。在这种错觉的影响下，部分翻译工作者可能会无意识地忽略中日两国文化中存在的差异，而广告往往会涉及文化的审美习惯、思维模式、社会价值观等多个方面，如果无视这些差异，就会导致翻译语境的错误。

3. 中日两国广告语的表达方式异同

中日两国虽互为邻国，文化上有许多共通之处，但相异之处也不在少数。因此，受到文化的影响，日本广告语的特点从词汇运用、句子结构、表现手法等方面均与中国广告语有很大不同，以下将分别从这三个方面对中日两国广告用语的差异进行举例分析。

3.1 从词汇运用看中日广告语差异

从词汇运用上来看，由于日语的语序是宾语在前谓语在后，因而日本广告语有一个特点是省略动词，通常以「へ」「に」「を」等助词结束。这样的好处有两点，首先，可以达到简化语言的效果，而广告语的一大特点就是需要简短易懂、朗朗上口，容易给消费者留下印象。第二个好处是，由于结尾的动词是不定的，因此该广告语就可以有许多种可能，这就给受众一种意犹未尽的感觉，消费者可以根据自己的认知与喜好给句子结尾添上不同的动词，产生不同的韵味，带来无尽的遐想空间。例如以下三则广告：

（1）時計を脱いで、バリ島へ。（日本航空）

（2）うるおいの流れを、肌に。（资生堂）

（3）冬を美しく（优衣库）

以第二个句子为例，末尾的动词可以是「与えよう」，也可以是「浸透させよう」，还可以是「届けよう」，而不同的动词所表达的意思和意境也会略有不同。

与此相对，中文的特点是谓语在前，宾语在后，因而在短小精悍的广告语中，动词往往起到画龙点睛的作用，是不可或缺的。例如以下三则广告：

（1）爱生活，爱拉芳（拉芳化妆品）

（2）加加酱油，调万家美味。（加加酱油）

（3）钻石恒久远，一颗永流传。（戴比尔斯钻石）

3.2 从句子结构看中日广告语差异

从结构上来看，日本自古崇尚不对称的美，俳句或是谚语也讲究"五七五"这种错落有致的节奏，例如「実るほど頭が下がる稲穂かな」「転ばぬ先の杖」等。而中国文化相对比较倾向于对称美，无论是建筑园林设计还

是古诗词，都讲究左右相称、前后对应，这一点在广告结构中也有所体现。例如，同样是房地产广告，日本的形式相对比较松散。

（1）人生で、家族がいっしょにいる時間は短い。（旭化成工业不动产1997）

（2）この地球上で私が一番好きな道は、帰り道です。（三井不动产2008）

（3）子が親離れするころ、親は、その親のことを思う。（积水住宅2010）

而与此相对，中国的广告语则更加注重形式上的对称。

（1）"拥有一座家园，感受一生幸福。"（上海万科房地产有限公司）

（2）"家居生活如度假，海侬半岛是我家。"（香港美晖阁售房广告）

（3）"万众瞩目，京华瑰宝。"（北京飞达玫瑰园高级别墅）

我们可以看到，日本广告语通常为了突出重点，选择长短变化的句式。同时，恰当的断句则使得句子有一种节奏美。而中国广告语则更注重前后对称，让人读起来朗朗上口。

3.3 从表现手法看中日广告语差异

从表现手法上来看，受到两国文化特征的影响，日本广告在表现手法上比较细腻、含蓄，而中国则比较宏大、直接。例如，同样是饮品广告，日本的表述比较倾向于诉诸情感。例如：

（1）あいたいって、あたためたいだ。（午后红茶2016年冬季限定电视CM）

（2）足りないものを想像しながら飲むといい。（大塚制药健康饮料1999年杂志广告）

（3）絶対幸福になるんだ、という味がする。（三得利乌龙茶1989年电视CM）

这三则广告从表现手法上来看，比较偏向于贴近消费者的内心，从内心活动与感受的角度进行描述，描述切入点都比较细腻，将饮品与感受、想法等联系在一起，从而达到引起共鸣的目的。而反过来看中国，用语相对要直白、直接得多。例如：

（1）健康生活好选择，汇源纯净水。（汇源集团纯净水2014电视CM）

（2）畅饮雪碧，畅爽天地任我游。（雪碧2007电视CM）

（3）怕上火，就喝王老吉。（王老吉2003年电视CM）

通过对比可以看出，这三条中国广告语的表达方式要直接得多，通过直白的描述、提议等方式明确地把产品定位、功效等融入其中，给消费者带来直接的五官体验。

除了不同之处，中日两国广告也存在一些相通之处。例如用发音近似的词语达到押韵的效果，采用谐音双关、比喻、夸张等修辞等。比如以下两个例子中都采用了谐音双关的修辞手法。

（1）スキーに愛が、ともナエバ。（苗场滑雪场）

（2）聪明的妈妈会用"锌"。（三精牌葡萄糖酸锌口服液）

再比如，以下两个例子中都使用了近音词来达到押韵的效果。

（1）はみ出さないと、生み出せない。（近畿大学农学部）

（2）要想皮肤好，早晚用大宝。（大宝）

此外，还有使用拟人修辞手法的广告语。

（1）負けたわたしが悪いのてすが、どうかハズレ馬券はゴミ箱へ。（日本中央赛马会）

（2）除了妈妈以外，最爱护我的就是强生。（强生婴儿护肤品）

浅析"目的论"在日汉广告语翻译中的运用

中日两国在广告语表述习惯上的差异，是我们在进行广告语翻译时不能忽略的一个问题。前文也指出，广告语的翻译不同于其他领域。由于广告带有很强的目的性，因此在翻译广告语时，要有意识地将其在原语中的功能体现出来，即引用"目的论"的观点进行翻译，从而达到广告的最终目的——激发消费者的消费欲望。

4. "目的原则"在日汉广告翻译中的运用

由于功能派翻译理论中的"目的原则"强调翻译的目的，因此译者需要对广告语篇的目的有一个充分的理解与把握，同时要熟悉译出语言的文化环境与用词特征。此外，广告语有着非常鲜明的特点，即朗朗上口且亲切自然，风格或轻快，或幽默，或朴实，或豪放。如果能够抓住广告语的这些特点，在广告语的翻译中，从功能与意义两方面入手，则可能译出脍炙人口的广告语。

以下以日语广告的成功汉译为例，解析"目的原则"在日语广告翻译中的运用。

（1）大洋薬品工業：
「元気になってほしい人が、今日も、どこかにいる。」
大洋药品工业：
"总有一个人，只愿你健康。"

这是大洋药品工业的广告语，如果按照原文的意思来翻译的话，应该类似于"今天在某处，也有一个人希望你健康"。然而，如果这样翻译的话，首先失去了作为广告语的美感，其次相对于日语原文，中文好像缺少了一些温馨感，而这种温馨感正是这则广告语的卖点。因此，译文中首先选用了前后字数相同的结构，使其符合广告语读起来朗朗上口的特征，其次通过"总"与"只"这两个字，给消费者一种无论什么情况下，都会有人关心你的感觉，起到了画龙点睛的作用。

（2）资生堂：

「一瞬も一生も　美しく」

资生堂：

"这一刻，这一生，让我们更美丽。"

首先，这句广告语的原文很明显采取了日语广告语的惯用手法，即在句尾省略动词，这给了中文翻译一定的想象空间。比如「美しく」的后面可以是「でありましょう」，也可以是「なりましょう」，还可以是「でいてほしい」或者「でいてください」等。而考虑到这则广告语的目的是唤起消费者对美的追求，于是译文中采用了「なりましょう」这个意思，首先将消费者与广告一方放在同样的立场，使消费者产生一种有人与自己并肩作战的心理。其次，一个"更"字，使得消费者产生了一种使用该产品会变得比原来的自己更美丽的感觉，而前面的"这一刻，这一生"遵循了原文的意思，在中文中也非常合适，告诉女性每时每刻都不能放弃对美的追求。

（3）ドトールコーヒー：

「がんばる人の、がんばらない時間。」

Doutor Coffee：

"拼命努力的你，来休息一下吧。"

这是日本罗多伦咖啡的广告语。广告语原文采用了名词结构，且前后的修饰动词意思正好相反，形成反差，让每日为工作而奔波的人产生一种想要停下来歇息片刻的冲动。如果按照原文的意思与结构来翻译的话，会变成"努力的人的，不努力的时间"。这样会完全失去美感，而且达不到吸引客人的目的。原文的目的是告诉忙碌的人们，偶尔也要休息一下，犒劳一下自己，劳逸结合才能更加高效地努力。以此为出发点，中文译文完全放弃了原文的名词结构，采用了对话形式，且相对于原文用「がんばる」和「がんばらない」作对比，译文中采取了"拼命努力"和"休息"这两个词，营造出一种鲜明的对比。"来休息一下吧"是一种非常亲切而友好的建议，能够使消费者心情放松，产生一种想要驻足的感觉。

（4）いいちこ：

「いそぎすきたと　花を見て思う」

iichiko（日本烧酒品牌）：

"在花面前，显得太匆忙。"

　　这是日本一个烧酒品牌的文案。日语原文的特点是绝口不提任何与产品本身有关的信息，着眼点在四季时令与饮酒者的心情。它的目的在于，通过营造一种宁静致远的意境，模仿出喝酒者的心境，从而产生一种引人入胜的氛围。因此，中文译文中没有按照原文的表达采用"看到花后觉得自己太过匆忙"这样的译法，而是按照同样的意境来译出，一个"显得"表达出一种衬托的效果，使人自然而然联想到自己走在一条小路上，而路的两旁则开满了鲜花，等待着过客的欣赏的场景。可以说，在这则广告的翻译中，通过意境的模拟，达到了同样的广告目的。

（5）トヨタ：

「遠回りをしなければ、見えないものばかり。」

丰田：

"不绕远路，怎会邂逅未知的风景。"

　　提到丰田汽车，可能更为中国人熟知的广告语是"车到山前必有路，有路必有丰田车"。但这里想介绍这一则在日本家喻户晓的广告语。首先，日文的设计本身就很巧妙。因为汽车是为了提升效率而发明出来的，但这里却反其道而行之，将着眼点放在因为走"捷径"而看不到的东西上。因此，原文的目的是唤起人们对于旅行沿途中容易忽略的风景的注意，同时也暗示再远的路丰田车也可以绕过去。译文中同样遵循了这一目的，将重心放在"未知的风景"上。同时，原文是用名词形式结束的，而译文中则采用了"邂逅"这一动词，使得画面充满了动态感。

（6）本田：

「ゴールは、進化する。」

本田：

"终点，一直在向前。"

同样是汽车广告，本田的这句广告词非常简练，简单来说就是"没有最好，只有更好"。其中包含了两层意思，一是我们的技术在不断更新，永远都追求更好的汽车，而另一层意思就是告诉消费者，你也需要追求新的款式和更好的车，可谓一举两得。把握好广告原文这个目的，再来看它的中文译文，就会发现，点睛之笔在于"一直"这两个字上。原文中只有"向前"的意思，而加入"一直"二字，则使得画面动了起来，给人一种不断追求更好的一切的动力。

5. 结语

本论文简单论述了翻译目的论在日语广告语汉译中的应用。广告语因为有着推销产品、唤起受众消费心理的目的性，所以其翻译方法也不能拘泥于传统的模式。而"目的论"翻译原则的产生背景就是为了让译者摆脱传统的翻译模式，其视角非常贴合广告语翻译的需求，因此在日语广告语的翻译中，恰当地运用目的论，根据原文的目的灵活选择合适的翻译方法及侧重点，有时候可以达到意想不到的效果。

当然，任何翻译理论都是存在瑕疵的，目的论也有着其自身的局限性与不足之处。例如，如果过于关注目的，为了达到理想的译文效果，译者有可能会完全脱离原文，随意地进行再创作，过度的再创作会导致译文与原文意思产生巨大差异，背离基本的翻译原则。因此，在使用目的原则进行广告语的翻译时，要铭记不能为了翻译而翻译，而要从目的出发，结合原文的文化意境，创作出能够与之相媲美的、符合对象语言文化特点的译文。因此，本论文的主要目的就是为日语广告语的译者提供一种新的视角，在一定程度上实现日语广告翻译的优化。具体的翻译实践则需要译者在实际操作中，结合具体情况灵活应对。

由于篇幅限制，本论文也存在论述不足的地方。针对"目的论"在广告翻译中的实践，论文中只是进行了基础论述，没有对其进行进一步的分类归纳，如果能在今后的研究中展开更多讨论，会对日汉广告翻译具有更加重要的指导意义。

参考文献

郭芬、胡晓晓，《浅析德国功能翻译目的论》，《北方文学（下旬刊）》2013年第12期。

贾文波，《应用翻译功能论》，北京：中国对外翻译出版有限公司，2012。

李文革，《西方翻译理论流派研究》，北京：中国社会科学出版社，2004。

牟海涛，《浅谈商务广告日语的文体特征及其日汉翻译》，《辽宁师专学报（社会科学版）》2011年第1期。

丸茂巧，《日本广告的表现特性（续）——从广告的不同发展阶段看广告表现的差异》，申胜花、苗春霞译，《中国广告》2003年第9期。

武锐、胡佳妮，《日本广告汉译策略初探》，《语文学刊（外语教育与教学）》2011年第12期。

殷燕，《文化与广告翻译》，《武汉科技大学学报》2001年第2期。

赵岚、靳卫卫，《中日广告的语言与文化（1）》，《日语知识》2012年第11期。

近代日汉翻译思想史研究途径初探

作 者 姓 名：毛学静
单　　　位：北京大学
研 究 方 向：日汉翻译

近代日汉翻译思想史研究途径初探

提要：本文首先阐明了翻译思想的概念，然后论述了翻译思想史在翻译研究中的地位，之后结合国内翻译史及日汉翻译史的研究状况，尝试探讨近代日汉翻译思想史的研究途径。本文认为近代日汉翻译思想史的研究是一项复合性的跨学科研究，除了通常翻译研究中所使用的翻译学、语言学、文化、传播学等方法之外，还应该结合历史研究范式，勾勒出近代日汉翻译思想发展和演变的全貌。

关键词：日汉翻译；翻译思想；翻译史

1. 引言

翻译对于中国的重要性毋庸置疑。"无论是从历史的长短来看，还是从翻译作品的数量来看，以及从翻译所产生的影响来看，中国都是世界之最"。通过翻译可以放眼看世界，"因为翻译可以直接阅读异域的文化，从而能将本土的优劣与异域的优劣进行比较，进而能够发挥其精英阶层的洞察力、判断力、影响力和执行力，实施取长补短的文化战略"。

2. 翻译思想

按照《现代汉语词典（第7版）》的解释，"思想"是指"客观存在反映在人的意识中经过思维活动而产生的结果。""理论"则是指"人们由实践概括出来的关于自然界和社会的知识的有系统的结论。"钱穆先生在他的《中国历史研究法》一书中指出"'思想'二字，实近代中国接触西方以后所兴起之一新名词，中国旧传统只言'学术'，或言'学问'，不言'思想'。因中国人思想之对象即在实际人事问题上，必须将此思想从实际措施中求证验"（钱穆，2012：77）。

翻译思想是对于翻译本体及翻译过程等各方面的思考。刘宓庆（2019）认为"翻译思想是指翻译家对翻译之道的经验的高度提升或高层级认知，这种认知又反过来指导他在更高层级上的实践，由此获得新的经验，从此周而复始。翻译思想通常表现为对译事的某种原则主张或基本理念，通常经历三个深化（或提升）阶段——通常正是翻译家'悟道'的过程"。

翻译思想具有五个基本特征，即"高层级性""能产性""模糊性""传承性""迁延性"。深入研究翻译思想具有重大意义，"有助于提高对翻译理论研究认识的整体水平、有助于翻译思想在传统重构中的功能发挥、有助于从根本上推动翻译实务的发展，有助于发现问题、识别真伪、增强判断力，从而使我们能更有的放矢地克服思想上和理论上的偏差"（刘宓庆，2019：10-14）。

2.1 翻译思想史在翻译研究中的定位

陶李春、许钧（2016）认为，"翻译研究要关注历史，直面现实"，同时指出翻译研究就整体而言，可以从五个方面具体入手，而其中一方面就是"鉴往知来，从翻译史出发，系统梳理和深入考察中国传统译论思想的历史意义、理论内涵与现实指导价值"。可以说翻译史研究是"翻译研究的核心组成部分，对翻译理论的发展起着回顾、总结、批评、反观和推进作用"（张旭，2014：3-4）。所以要充分深刻地了解翻译活动的本质，必须先研究翻译史。

邹振环（1994）指出翻译史的多种写法："可以翻译家为中心，也可以翻译机构为主线；可以通过翻译思想的变动，也可以通过翻译行动的兴衰来清理线索。"亦有学者将通常翻译史研究所采用的视角进行总结，如下表所示。

表1 翻译史研究视角（袁西玲，2014）

研究视角	研究内容	研究示例
国别研究	研究某一国家或地区的翻译现象，包括翻译国别史或地域史研究	中国翻译史 西域翻译史
时期研究	专门研究某一特定时期的翻译现象，包括通史或断代史研究	五四时期文学翻译研究 抗战时期的翻译研究
译者研究	专门研究某位译者的翻译活动及其翻译理论与实践，或者研究具有某种特定时空关系、地域关系的翻译家群体	鲁迅文学翻译研究 清末译者的翻译伦理研究 延安时期的译者群体研究
理论研究	以不同时期的翻译理论著作选编为研究对象的，探究翻译理论发展的系统化趋势	翻译思想史研究
翻译机构研究	研究翻译机构和翻译出版机构的发展与贡献	江南制造局译书研究 联合国翻译机构研究 国际友人著述的翻译研究
专题史研究	就某一个方面翻译史的研究	佛经翻译研究 《圣经》翻译史研究 马列著作翻译史研究

如表1所示，翻译思想史的研究主要在于"以不同时期的翻译理论著作选编为研究对象的，探究翻译理论发展的系统化趋势"。

2.2 以往的翻译思想史研究状况

国内翻译思想史研究中具有代表性的成果包括廖七一（2010）、郑意长（2010）、王秉钦（2017）等。

《中国近代翻译思想的嬗变——五四前后文学翻译规范研究》（廖七一，2010）试图用历史语境化的观念来还原清末民初翻译的历史场景，梳理了晚清时期翻译家有意或无意中遵循的翻译规范，并且探索了在文化转型时期的传统翻译规范的演变与消亡，明确了经典化翻译文本和社会体制与现代翻译规范话语的相互关系。该专著指出，"从晚清到五四是中国文化的转型期，也是文学翻译异常繁荣、翻译规范急剧变化的时期。如果将翻译视为一种社会文化行为，一方面翻译受制于特定的社会历史条件，另一方面翻译家积极的翻译实践又改变了中国文化的面貌，构建了近现代国人的精神和思想"。

郑意长的《近代翻译思想的演进》（2010）总结了近代时期翻译活动中所体现出的翻译思想，并且从宏阔的高度对翻译思想的演进进行了分析，同时运用了西方现代翻译理论进行了现代意识条件下的阐释。该专著具体阐述了近代翻译思想的小说翻译功能观、文本选择观、翻译方法论、叙事模式、译本文体观的演进等。

王秉钦的《近现代中国翻译思想史》（2017）分为上下两篇，上篇名为"中国传统翻译思想"，下篇名为"中国现代翻译思想"。在"中国传统翻译思想"篇中，首先介绍了中国古代佛经翻译思想，之后将中国传统翻译思想按照形成时期、转折时期、发展时期、鼎盛时期几个时期分别加以叙述；"中国现代翻译思想"篇则分别从发展时期和调整期加以叙述。

以上列举了一些代表性的研究。毋庸置疑，国内翻译思想史研究成果斐然，但同时也存在一些问题。有学者指出了其中的不足，如：翻译活动和翻译思想的缘起研究不足、时间点不准确、人物志与专题史交错混杂、软硬史料使用不当等学术问题；史家素养不足、治史方法和范式掌握不充分等意识问题；术语不统一、研究活动散乱、缺少专业审查机构、专业队伍建设不足、缺少交流和发布成果的平台等管理问题。

另外，在国内翻译思想史的研究中，关于日汉翻译思想的形成、具体演变的历史经常被一笔带过甚至踪影全无。本文认为应该将日汉翻译思想史研究视为中国翻译思想史研究中的一个组成部分。诚然"不同的翻译传统尽管翻译实践不同,但它们可以产生出彼此相同或相似的翻译思想和理论",因为"翻译是人类共同的一项有原则指导的活动,最深层、最根本的那些原则是具有普遍意义的,是跨语言文化的"(许钧、穆雷,2009)。但是与此同时,我们也不应忽视特定语对的翻译思想的特殊性。汉语与日语之间的互译规律不完全等同于汉语与其他语言之间的互译规律。从语言类型学的角度而言,汉语与日语分属于不同类型语言;但从历史的角度而言,汉语与日汉之间又存在着极其错综复杂的影响与被影响的关系。因为"历史上,中日间的文化交流广泛又深入,汉日语言关系十分特殊,较之亲缘关系,两者诸如文字、词汇等很多项目,更确切说是属于同源关系。这种关系与英汉、日法等非亲缘(或同源)关系语言间的关系不能等量齐观。然而,汉日语言本质上属于语言谱系或语言类型完全不同的两种语言,二者虽互相借鉴影响,但不存在共同的原始语"。汉语与日语之间的这种特殊关系使得日汉翻译思想具有一定特殊性,所以极有必要将日汉翻译思想史的描述进一步细化。

2.3 近代日汉翻译思想史的研究意义

关于中国翻译史的分期问题众说纷纭,有三分法,亦有四分法。"郭沫若从翻译对中国语言和文学的影响出发,将1949年以前的翻译划分为三个阶段:即佛经翻译、《圣经》汉译、近代西方文学作品的翻译。周作人也持相似的看法:六朝至唐的佛经翻译;清末的圣经翻译;五四运动之后开始的文学翻译。邹振环也持三分法的观点,他按时间序列将中国翻译史划分为民族翻译、佛典翻译和西学翻译三个历史阶段,同时还把16世纪末17世纪初持续至今的西学翻译作为一个单元考察。王克非将我国的翻译文化史分为四阶段:古代—汉唐佛经翻译、中近代—明清科技翻译、近代西学翻译(包括由日本转译)、现代全方位外籍翻译"(谢天振等,2009:33)。马祖毅则认为历史上发生了四次翻译高潮,第一次出现在东汉至唐宋时期的佛经翻译,第二次和第三次分别为明末清初的西学翻译,鸦片战争至五四运动的两次西学翻译,第四次是改革开放后八九十年代的翻译(参见谢天振等,2009:33)。

综上所述,无论是三分法抑或是四分法,中国近代时期的翻译活动都是一个不容忽视的阶段。鸦片战争战败后,"中国渐渐落在下风,特别是十九世纪下半叶以降,当传统中国被迫进入全球背景下的'万国'以后,传统观念世界受到了自西方的严厉挑战"(葛兆光,2013:407-408)。清政府及知识分子阶层意识到西方这个"他者"的存在,开始探寻富强之路。甲午战争的失败更让他们震惊不已:原本是自己学生的日本,居然在经济、军事等方面远远超过了老师,所以"甲午战败之后,大家以兴学为急务。此时热心兴学的人,对于从前之偏重西文,颇不满意,故'中学为体,西学为用'成为当时最有势力的反动。那时虽为日本打败,但却不佩服日本……但日本之所以强,究竟不能不加以注意,渐渐地就有人到日本去考察。日本离中国近,仿效日本,也是一种自然的趋势。后来加以庚子失败的刺激,更觉得兴学为救国要图,不容稍缓"(陶行知,1984:194-195)。

尤其在晚清时期,翻译日书成为热潮。康有为于1898年在向光绪帝上呈"请广译日本书、设立京师译书局折"中指出了其中的原因:"日本与我同文也,其变法至今三十年,凡欧美政治、文学、武备新识之佳书,咸译矣。"而且"译日本之书,为我文字者十之八,其成事至少,其费日无多也"(黎难秋等,1996:96)。为此,康有为也主张在京师设立译书局,"妙选通人主之,听其延辟通学,专选日本政治之佳者,先分科程并译之。不岁月后,日本佳书,可大略皆译也"(同上,1996:96)。晚清重臣张之洞也曾在《劝学篇》中说明:"西书甚繁,凡西学不切要者,动人已删节而酌改之。中东情势风俗相近,易仿行,事半功倍,无过于此"(张之洞,2002:39)。

自1896年起,清政府开始向日本派遣留学生。这也为之后的日书的翻译活动培养了大量的翻译人才。正如有学者所指出的:"晚清留日学生与日文西书汉译活动对中国近代文化产生了重要的影响。首先,它通过日本文化的中介加快了中国学习西方近代化的速度……其次,它减少了中西思想的语言障碍,为吸取西方近代文化提供了便利的工具……第三,日文西书汉译的实践,在留日学生中训练和培养了一批具有新思想、新知识结构的翻译人才,为20世纪的中国文化界提供了一批新的译者群"(邹振环,2012:46-48)。

可以说在中国的近现代时期,"翻译活动直接影响到中国现代性的形成。近代一些翻译家,如严复、林纾、梁启超、鲁迅等,无不以翻译为利器,改造社会，改造国民，改造文学，改造语言"（王宏志，2007：总序）。而其中尤其不可忽视的就是日本因素，所以研究中国近代的日汉翻译思想史具有极其重要的学术价值和社会意义。

如前所述，关于中国近代的日汉翻译思想史的研究不够细化，往往停留在个案分析或一笔带过，显得过于零散，不成体系。对近代时期的日汉翻译思想的演变和发展进行详细的梳理，将会为中国近代翻译史乃至中国翻译史的研究进行有利的补充。

3. 研究思路

在研究近代日汉翻译思想史时，需要注意以下几个问题：

（1）注意历史分期问题。学术史研究中最首要的问题便是分期问题。无疑，采用历史学家关于历史时期的界定和划分是最为简便的，但是在研究近代日汉翻译思想史时，尤其需要将其与中日关系的发展史联系起来。"近代中日关系的开端，当以1871年两国修好条规缔结为标志"（步平，北冈伸一，2014：7）。是否应该以此来作为分期的起点？另外，我们也需要注意中日关系发展史中的一些重要的转折点。如，中日甲午战争是中日关系中一个不可忽略的事件，以及清政府向日本派遣首批留学生、首批留学生归国等等。在进行分期时，这些重要的事件都不能忽视。

（2）注意历时层面研究与共时层面研究的结合。"任何研究都不可能存在绝对的共时或绝对的历时。历时的线是由无数个共时的点所构成的，共时层面中也必然包含着历时的流动"（穆雷，2010：210）。翻译思想史的研究重点自然应该在于历时性的追踪和描述，但是也要注意与共时层面的研究结合起来。

（3）力图实现微观与宏观的会同。首先，对翻译史上产生的翻译理论著述、学说和主要议题进行详细梳理，勾勒出中国近代时期的日汉翻译思想及翻译理论的轮廓，同时对影响日汉翻译行为、翻译事件的发生发展进行探讨与反思。不仅要"在语义微观层面考察具体翻译论述的思想内涵"（许钧，2018：

129），也在宏观层面考察历史上各种翻译论述在当时文化思想发展中的作用，尽力实现微观与宏观的会同。

4. 研究方法

翻译史研究要突破思想上的窠臼。翻译史的研究是一项跨学科性质的研究。而"跨学科研究讲求学科内部和学科外部两大异质学术群体的合作，翻译史研究因此当采用某种基于学科而超越学科的研究范式"（许钧，2018，180-181）。具体而言，"对于社会史、概念史、全球史、文化史等外部研究的研究方法，翻译史研究者宜加以借鉴"（同上：181）。近代日汉翻译思想史是在近代语境下对日汉翻译思想的发展史进行描述，所以兼具思想史与翻译史两种性质。具体而言，本文认为应该采取以下方法对其进行研究。

4.1 传统的历史文献学方法

日汉翻译思想史属于专题史研究，所以应该以近代日汉翻译思想为研究对象，广征博引相关文献典籍，同时考察前人的研究成果，力求翔实而清晰地展现中国近代日汉翻译思想滥觞、形成、演变的历史轨迹。

4.2 思想史方法

日汉翻译思想的研究也属于思想史研究的范畴。"思想史相当于一幢装满'心智地图'的大厦，在那里，有遗存在传统里的各种思考。只要我们承认我们不是历史上出现过的最聪明最智慧的人，我们就要认真浏览这些心智地图，并很容易就注意到那些公认最聪明最智慧的人和他们关注和研究的问题，以及，更重要的是，注意到他们认为最重要却尚未澄清的问题"（汪丁丁，2019：自序）。思想史研究"不仅要注重思想生成、存在、发展变化的社会背景、历史条件、生存方式等外在环境，尤其要注重思想的内在特征和逻辑必然性，即其与社会符契、反映时代精神的内涵，体现思维深度的逻辑框架，以及昭示未来并与时俱进的厚度和张力"（麻天祥，2014：前言）。思想史既名为史，必然具有连续性，葛兆光（2013：51-52）说明了思想史连续性体现的三种类型，第一种连续性是在对传统思想命题的不断解释中的；第二种连续性表现在那些看似断裂的地方；"第三种连续性发生在受到外来的知识与思想剧烈冲击，习惯于历史传统的人们为应付变局，反身寻找自己原有的知识和思想资源，对新的知识与思想重新进行理解和解释的时候，在这种理解和解释中，外来的知识与思想融入了传统也改变了传统，在看似'断裂'，知识与思想在延续着"。所以在梳理近代日汉翻译思想史时，也要注意发掘这三种类型。

4.3 概念史方法

"概念史研究兴起于20世纪70年代的欧洲，它与当时知识考古学的方法论一脉相承，力图通过对历史上主导概念的研究来揭示该时代的特征，可以说是基于普遍观念来撰述历史的一种方式"（陈力卫，2019：299）。德国概念史研究方法之可以作为诠释中国"近代"的方法，是因为"19世纪中叶以降，大量的外来词语、术语、概念被翻译到汉语世界，这是德国和欧洲其他国家所没有的现象。如果离开了这些词语、术语、概念，人们就无法理解中国乃至东亚的近代"（孙江，2018：360-361）。近代日汉翻译思想史的研究需要在近代的具体语境之中，结合与社会政治、经济、文化思想之间的联系来阐明，并且结合日汉翻译思想整体结构和特点，以及它们之间的互动规律进行深入的研究。如果没有对日汉翻译思想中的一些重要概念进行具体的阐释，就无法清晰地展现日汉翻译思想的发展规律，所以有必要使用概念史的方法。

5. 结语

在中国近代化的进程中，翻译发挥了非常关键的作用，而其中尤其不能忽视的便是日本因素，研究近代的日汉翻译思想史具有极其重要的学术价值和社会意义。翻译思想具有共性，因此以往的国内翻译史研究重视翻译思想的共性的梳理。但是也不能忽略翻译思想的特殊性，除了国别翻译思想的特性之外，不同语对的翻译思想的特性也不能忽视。基于汉语与日语之间的特殊历史关系，日汉翻译实践或是日汉翻译思想中都有其独特之处，但是在国内翻译史的研究中，日汉翻译思想的形成及其具体演变历史经常被一笔带过甚至踪影全无。本文认为关于日汉翻译思想史的描述应该进一步细化，成为中国近代翻译史乃至中国翻译史研究的有力补充。而在研究近代日汉翻译思想史时，尤其需要注意分期问题、历时与共时的结合、宏观与微观的会同。落实到研究方法上，除了翻译研究中通常所采用的翻译学、语言学、文化、传播学方法之外，还应该广泛结合各类历史研究范式等。

参考文献

步平、北冈伸一主编，《中日共同历史研究报告(古代史卷、近代史卷)》，北京：社会科学文献出版社，2014。

陈力卫，《东来东往：近代中日之间的语词概念》，北京：社会科学文献出版社，2019。

葛兆光，《中国思想史（三卷本）（第2版）》，上海：复旦大学出版社，2013。

翰林辞书编写组编著，《现代汉语大词典》，南昌：江西教育出版社，2013。

季羡林，《季羡林谈翻译》，北京：当代中国出版社，2007。

贾洪伟，《国内翻译史研究的几个问题》，《外国语文》2019年第1期。

黎难秋等，《中国科学翻译史料》，合肥：中国科学技术大学出版社，1996。

李长森，《近代澳门翻译史稿》，北京：社会科学文献出版社，2016。

廖七一，《中国近代翻译思想的嬗变——五四前后文学翻译规范研究》，天津：南开大学出版社，2010。

刘宓庆，《中西翻译思想比较研究》，北京：中译出版社，2019。

麻天祥，《中国思想史钩沉》，郑州：大象出版社，2014。

穆雷主编，《翻译研究方法概论》，北京：外语教学与研究出版社，2010。

潘钧，《从汉日语言关系的特殊性看汉日对比的复杂多元性——对比还是比较》；汉日对比语言学研究（协作）会编，《汉日语言对比研究论丛（第10辑）》，杭州：浙江工商大学出版社，2019。

钱穆，《中国历史研究法》，北京：九州出版社，2012。

孙江，《重审中国的"近代"：在思想与社会之间》，北京：社会科学文献出版社，2018。

谭载喜，《中西译论的相似性》，《中国翻译》1999年第6期。

陶李春、许钧，《关于翻译研究的思路与重点途径——许钧教授访谈录》，《中国翻译》2016年第3期。

陶行知，《陶行知全集（第1卷）》，华中师范学院教育科学研究所主编，长沙：湖南教育出版社，1984。

汪丁丁，《思想史基本问题》，北京：东方出版社，2019。

王秉钦，《近现代中国翻译思想史》，上海：华东师范大学出版社，2017。

王宏志，《重释"信、达、雅"——20世纪中国翻译研究》，北京：清华大学出版社，2007。

谢天振等，《中西翻译简史》，北京：外语教学与研究出版社，2009。

许钧主编，《改革开放以来中国翻译研究概论（1978—2018）》，武汉：湖北教育出版社，2018。

袁西玲，《延安时期的翻译活动及其影响研究》，上海外国语大学年博士学位论文，2014。

张德让，《明清儒家士大夫翻译会通研究》，南京：南京大学出版社，2017。

张旭，《近代湖南翻译史论》，长沙：湖南人民出版社，2014。

张之洞，《劝学篇》，上海：上海书店出版社，2002。

郑意长，《近代翻译思想的演进》，天津：天津古籍出版社，2010。

邹振环，《疏通知译史：中国近代的翻译出版》，上海：上海人民出版社，2012。

邹振环，《影响中国近代社会的一百种译作》，北京：中国对外翻译出版公司，1994。

西方翻译理论研究状况回顾与展望

作 者 姓 名：陈多友
单　　　位：广东外语外贸大学
研 究 方 向：翻译学、日本文学、中日比较文学、
　　　　　　　日本汉学

西方翻译理论研究状况回顾与展望

提要：西方翻译研究的历史源远流长，内涵丰富，流派众广，理论建树精彩纷呈，学科资源充裕。为了促进西方翻译理论研究向纵深处发展，与时俱进地对之进行系统且科学合理的理论阐发；进而探究其方法论意义，从中寻绎出指导翻译实践的工具性，将死的理论话语激活，演变成指导生产实践的利器，我们有必要对西方翻译理论在我国的研究现状进行回顾，同时，对其发展面向与路径作出有前瞻性的展望。这样，不仅可以加强我们对西方翻译理论的形成学研究，又可以尝试性地探讨翻译学研究领域的理论脱离实际这一学理上的悖论问题，促使翻译理论走进实践并接受检验，实现建设自身的良性循环。

关键词：翻译批评；西方翻译理论；工具性

引子

翻译研究的历史十分悠久，早在古希腊、古罗马时期就有了相关专门研究，之后一直不乏探索者。学界一般认为，20世纪以前，翻译研究还称不上真正意义上的学术领域，其间，主要代表人物有西塞罗、圣哲罗姆、多雷、德莱顿、泰特勒和施莱尔马赫等。国际翻译理论界比较公认，翻译研究作为一门学科领域的崛起之标志，是于1976年在比利时鲁汶大学举行的一次研讨会。与会的重量级人物有英国比较文学和翻译研究学者巴斯内特和已故美国比较文学和翻译研究学者安德烈·勒菲弗尔、比利时的约瑟·朗伯特、英国的特奥·赫曼斯和蒙娜·贝克、丹麦的凯·道勒拉普、美国的埃德温·根茨勒等。此后，翻译理论如潮水般涌动开来，对其他学术领域形成了强烈冲击，作为人文科学的比较文学、比较文化领域尤其受其影响。这方面的理论种类繁多，花样翻新，有种泛化趋势。例如，语义对等理论、翻译转换理论、功能翻译理论、话语分析与语域分析理论、系统论、文化转向理论、翻译异质性理论、结构主义理论、解构主义理论以及归结主义理论［归结主义（Consequentialism）又称结果主义、效果主义，是伦理学中的学说，指一个行为的对错，要视该行为就总体而言是否达到最高内在价值来决定，即结果主义的道德推理取决于道德行为的后果］等等。

按照霍姆斯的理解，作为纯理论研究不外乎两大分支：①描述翻译现象（描述性翻译理论）；②建立一些普遍的原则，用以解释和预测翻译现象（翻译理论）。

翻译理论分支又可再分为一般理论与专门理论。前者是指那些致力于描述或解释各种类型的翻译，并加以概括，适合所有的翻译研究；后者则局限于对诸如"媒介、语对、层级、文本类型、翻译时期以及具体问题"等参数的研究。

"纯理论研究"的另外一个分支是"描述性翻译研究"，其研究重点为以下三个方面：① 翻译产品；② 翻译功能；③ 翻译过程。众所周知，霍姆斯早在1971年就提出把描述翻译学作为翻译研究的一个分支，但是并未引起翻译界应有的重视。有些翻译研究者甚至故意贬低对具体翻译实践和翻译成果所做的描述性研究。笔者认为，在翻译学范围内建立基于方法论的翻译学分支学科，对翻译学做系统的描述，并探讨建立这一分支学科所涉及的重要问题，是十分必要的。

然而，本人基于多年来从事翻译及研究生教学实践的考察，上述主要理论及其他相关理论普遍存在着严重的旨归倾向，较缺乏指导翻译实践的社会功能。从翻译学科整体的发展来看，如此脱离实际的书斋中的理论研究，其缺陷是显在的。

因此，笔者产生了一个浓烈的问题意识：将已有的翻译理论对象化，立足于本民族立场对之进行系统的且科学合理的理论阐发，深入探究其方法论意义，寻绎出指导翻译实践的潜在性与可能性，将死的理论话语激活，演变成指导生产实践的利器。这样，不仅可以解决理论脱离实际这一学理上的悖论问题，又可以促使翻译理论走进实践并接受检验，实现建设自身的良性循环，强化其科学性，以避免绝对观念造成的理论偏差。

国内外研究现状述评

（一）西方翻译理论研究概况

当代翻译理论研究荦荦大观者在西方，巨擘鸿儒群星璀璨，思潮流派精彩纷呈，理论学说令人目不暇接。梳理一下，大致可以归为如下几类：

本体论研究。"翻译"是"易"，还是"异"，亦或"艺"？这类研究主张，翻译的本质应是翻译学研究的核心问题。如，根茨勒《当代翻译理论》（2004）对当今纷繁复杂的翻译理论进行了剔抉爬梳，详细研究并介绍了几个主要翻译流派——北美翻译培训派、翻译科学派、翻译研究派、多元体系派和解构主义派——的主要观点；探讨了各个流派的长处以及弱点，研究了各个学派之间的内在联系，描述了翻译理论对当今文化学研究的重要性，并对当今主要翻译理论所作的各种假设提出了质疑。作者还更新了各学派的观点，增添了最新的研究结果。最后，作者还以其对翻译、语言以及跨文化交际本质的深刻洞察力，对翻译研究的未来发展方向作了预测。

巴斯内特《翻译研究》（2004）通过对翻译中意义的分析、不可译性、等值论等中心问题的剖析，追溯了翻译理论发展的历史，阐述了诗歌、小说及戏剧翻译的具体问题，界定了翻译研究作为一门独立学科的基本研究范畴。

奈达《语言与文化:翻译中的语境》（2001）从不同侧面分析了语言与文化的密切联系，并进而从语境角度论述怎样处理翻译中的种种关系和问题。还围绕科学与艺术、理论与实践以及改革翻译教学等问题阐述了自己的观点。

纽马克《翻译问题探讨》（2001）阐释和讨论了翻译理论和实践中的一些重要问题，以及翻译标准和操作程序等问题。亦探讨了翻译在文化交流、知识传播以及语言与思维关系研究中的作用等话题。

哈蒂姆《跨文化交际：翻译理论与对比篇章语言学》（2001）深入翻译与跨文化交际这一错综复杂的研究领域，将三个学科——对比语言学、篇章语言学和翻译理论——结合起来。哈蒂姆借助大量篇章，并结合翻译实例，指出了在跨文化、跨语言的翻译中需要人们高度重视的焦点问题。同时，在《语篇与译者》（2001）中哈蒂姆吸纳借鉴社会语言学、话语研究、语用学和符号学的近期研究成果，对一定社会情景下的翻译过程和翻译作品进行了分析，强调了翻译工作者在原文作者与译文读者以及更广泛意义上的不同文化交流这一动态过程中的重要连接纽带作用。

希基《语用学与翻译》（2001）从不同角度论述了语用因素对翻译的影响，如：语言的行为功能、礼貌原则、相关原则以及合作原则、新信息与旧信息、前提与明示、时间与空间、指称和语篇连贯、会话的避免正面回答以及如何使译文读者获得与原文读者等同效果等因素。

格特《翻译与关联：认知与语境》（2004）将佐哈尔关联理论应用于翻译研究中，指出翻译是一种言语交际行为，是与大脑机制密切联系的推理过程。它不仅涉及语码，更重要的是根据动态的语境进行动态的推理，而推理所依据的就是关联性。作为交际的翻译，在对源语理解和翻译的过程中，人们选择语码所依赖的也是关联性。该论点在翻译学界引起了不小的反响。

图里《描述翻译学及其他》（2001）提出应把描述翻译学列入翻译研究的分支学科，并认为该分支学科具有理论和应用并重的双重属性。对方法论探讨的同时，又对不同类型的个案进行了深入的剖析，强调了上下文语境在翻译中的重要作用。

勒菲弗尔《翻译、改写以及对文学名声的制控》（2001）指出翻译不仅仅是语言层次上的转换，它更是译者对原作所进行的文化层面上的改写。"改写"这个重要概念，泛指对文学原作进行的翻译、改写、编撰选集、批评和编辑等各种加工和调整的过程。他指出，在不同的历史条件下，改写主要受到意识形态和诗学形态两方面的限制。改写者往往会对原作进行一定程度上的调整，以使其与改写者所处时期主流意识形态和诗学形态相符，从而达到让改写的作品被尽可能多的读者接受的目的。

赫曼斯《系统中的翻译：描写和系统理论解说》（2004）分析了一种新的理论形成的条件及过程，主张描写与系统论是早期萌芽，它们为形成学说奠定了基础；进而介绍了20世纪70年代描写系统理论的形成，并概括了各种观点的共同特点。之后依次介绍了图里的理论、描述原文与译文之间关系的方法，并引入"规范"概念，分析其理论背景，介绍了该概念引入之后描写翻译学出现的两个不同分支。他还介绍了多元系统理论，包括其来源、作用及局限性，引入了更多的系统理论。难能可贵的是，作者对描写与系统理论进行了全面批判，指出描写与系统理论尚待进一步完善，并对其今后可能的发展方向做了设想。值得注意的是：20世纪最后的30年中，性别研究渗透到了学术研究与文艺创作的各个方面。人们对于性别的关注深刻影响了翻译实践、翻译理论与翻译批评的发展。从女权主义角度出发的翻译实践与翻译批评以及对文化的强调，已使翻译成为探索性别与文化之间相互作用与相互影响的重要领域。

费拉德《翻译与性别：女性主义时代的翻译》（2004）将翻译置于女权运动以及这场运动对"父权"语言的批判的背景中，阐述了女性实验性作品的翻译实践、译者的大胆介入、一些重要文本如《圣经》的翻译、翻译对父权社会中"消失"作品的重现及以女性译者为焦点的翻译历史研究等一系列问题。

（二）我国对西方翻译理论的传播及研究

国内的翻译理论研究始于对西方翻译本体论的译介与研究。上海外语教育出版社等出版机构特别组织国内专家撰写了一批以翻译学学科本体研究为主的系统的理论性著作，如"外教社翻译研究丛书"。这些图书是一个开放性的系列，充分反映了本领域国内外的最新研究成果，其理论的系统性、学术观念与研究方法的创新性，必将对我国翻译学的发展和翻译人才的培养起到重要的推动作用。具有代表性的除了上述已经涉及的成果之外，谢天振主编的《当代国外翻译理论导读》（2008）是国内第一部全面译介当代国外翻译理论流派代表性论文的译作选集，共选择了国外当代最前沿、最有权威性的八大主要理论流派的33名代表性学者的代表性论文33篇，全部完整地翻译成中文，并为每一流派、每篇论文配上简明扼要的导读性文字，使读者能迅速了解并掌握该流派或该论文的学术背景、基本框架和基本内容。

张景华《翻译伦理：韦努蒂翻译思想研究》（2009）主要研究意大利裔美籍学者劳伦斯·韦努蒂的翻译思想。书中详细解读了韦努蒂自始至终所坚持的理论主张，分析了其思想的理论范式与伦理诉求，同时对韦努蒂翻译理论在中国的借鉴和传播进行了"反思"，即深入思考其差异性伦理的局限性和本身的"矛盾情绪"。

（三）西方翻译理论的本土化研究

我国学者在借镜西方翻译理论的同时，也结合中国语境做了大量翻译理论的本土化研究，成果斐然。如，王宁《翻译研究的文化转向》（2009）从跨学科和跨文化的角度对传统的翻译之定义作了全新的界定，首次把跨文化语符翻译纳入翻译研究者的视野，系统阐述了翻译研究的文化转向。集中讨论了本雅明的翻译理论、德里达及其解构主义的翻译观、后殖民主义翻译理论与实践，所涉及的翻译理论家和文化理论家还包括希利斯·米勒、沃夫尔冈·伊瑟尔、爱德华·赛义德、佳亚特里·斯皮瓦克、霍米·巴巴、安德烈·勒菲弗尔、巴斯内特、韦努蒂以及中国翻译家傅雷。《翻译研究的文化转向》在广阔的全球化语境下论述翻译问题以及翻译研究的文化转向，对于读者了解当代西方最新的文化理论和翻译理论有着直接的帮助。

孙志祥《文本意识形态批评分析及其翻译研究》（2009）在反顾以往翻译意识形态维度研究成果与不足的基础上，廓清翻译意识形态维度研究中意识形态这一概念的内涵与外延，借鉴批评话语分析和深度解释学的研究成果，以翻译为导向，将理论阐述与以小说《骆驼祥子》三个译本为语料的实证研究相结合，提出了文本意识形成的批评分析解释方法论架构，着力研究隐藏于文本内部词汇和语法层面包括分类系统、及物性系统、情态系统和转换系统在内的意识形态意义及其在翻译中的转换。他认为，语言不仅具有交际功能，而且具有控制功能；话语与意识形态以及意识形态与翻译之间存在着作用与反作用、建构与被建构的辩证关系；翻译意识形态维度研究有赖于意识形态的翻译和翻译的意识形态研究的双向融合。

裘姬新《从独白走向对话——哲学诠释学视角下的文学翻译研究》（2009）认为：翻译是中西文化交流的桥梁，翻译是国际经济快速发展的纽带。在不同语言转换的背后，人们增加了理解和信任，科学和技术为更多的人造福。翻译研究是对翻译工作的概括和提炼，为翻译实践提供系统的理论和有效的指导。翻译研究中的哲学取向从哲学思想出发透析翻译的本质和翻译过程中人与文本的深层互动。翻译哲学论拓展了翻译研究的广度，增加了翻译研究的深度，为已有翻译研究模式注入新的理念。不论是在西方理性主义古典哲学占据主要地位的时代，还是20世纪哲学"语言论转向"时期，语言与哲学一直是人们不断探寻的话题。他重点阐释了罗素、海德格尔、维特根斯坦、伽达默尔、德里达、奎因、哈贝马斯等哲学大师从哲学角度对翻译所作的精辟论述。

朱安博《归化与异化：中国文学翻译研究的百年流变》（2009）认为：现代的翻译理论流派很多，这些理论可以启发我们的思路，对翻译现象进行多角度的思考，但是理论的最后落脚点还是用其来审视过去、指导现在、展望将来。在归化与异化的翻译策略上，我们要针对本土文化的特点，借鉴其他学科理论的研究成果，使翻译研究从封闭的、狭隘的小圈子走向与现代学科结合的道路，多角度、多层次、全方位动态地研究归化与异化之间的关系，从而寻求一个符合时代需求的翻译策略，以达到跨文化、跨语言的交际目的。

姜秋霞《文学翻译与社会文化的相互作用关系研究》（2009）认为：20世纪下半叶以来，翻译研究发生文化转向，开始依据文学理论和文化理论等从文化层面研究翻译本质、翻译策略以及翻译与文化之间互动关系等理论问题。在这样的背景下，我们应该运用实证描述与理论分析相结合的方法，从宏观、中观、微观等层面深入探讨文学翻译与社会文化的相互作用关系。

（四）翻译批评研究

主要有吕俊、侯向群《翻译批评学引论》（2009）指出：翻译批评与实践批评不同，它不是对翻译的具体文本或翻译现象的批评，而是对实践批评的依据进行反思或批评，即对批评的批评，由此具有元批评性质，是一种纯理论的思考。

王宏印《文学翻译批评概论：从文学批评到翻译教学》（2009）根据自己对该学科基本理论和哲学基础的思考，运用多学科交叉观照的建构视野，综合性地审视文学翻译批评现象，提出鉴赏性和研究性相结合的文学翻译批评概念，建立了独特的理论框架。

肖维青《翻译批评模式研究》（2010）从翻译批评主体、客体、参照系和功用的角度，审视翻译批评的定义、分类和学术地位，提出了"翻译批评是批评的批评"的论断，赋予翻译批评建构之名。他提出翻译批评标准的三个层面：社会道德标准、行业规范和学术尺度，加强了对道德批评，尤其是行业规范批评的讨论。

（五）翻译史研究

韦努蒂《译者的隐形：翻译史论》（2009）对17世纪以来的翻译进行了详尽的批评性探讨，揭示了该时期通顺策略如何凌驾于其他翻译策略之上，并以此塑造英语中外国文学的经典，同时对这段时期译者将本国价值观嵌入异域文化的做法提出质疑，拷问这种翻译背后的民族主义和帝国主义文化。在追溯翻译史的过程中，韦努蒂找到了另一种翻译理论与实践，使之能够抵制通顺翻译，这种翻译理论与实践旨在传达语言和文化差异。他认为，翻译可以成为研究和实践差异的场所。他通过分析英美、欧洲的文本与译本，详尽地阐述了进行这种研究和实践的理论与批评手段，重新发现了一些被遗忘的译文，希望借此建立另外一种传统。

威尔斯《翻译学：问题与方法》（2001）系统探究了翻译作为现代交际的工具的流变过程、翻译理论的历史与现状、翻译学的方法论问题、翻译批评以及机器翻译的现实性与可能性等问题。

杰里米·蒙代《翻译研究入门：理论与应用》（2010）系统介绍了古罗马以来的翻译理论流派与思潮，精心绘制了一幅西方译学研究的进程图，全面展现了本领域最新的学术成果及研究动向。

谭载喜《西方翻译简史（增订版）》（2004）对古代中世纪、文艺复兴时期、近代和现当代等各个历史时期西方的翻译实践史和翻译思想发展史进行了考察，对各历史时期尤其是对20世纪以来西方翻译领域的代表人物、代表译作、思想流派以及重要历史事件等加以叙述与评论；对翻译实践和翻译理论相互间的促进、演变和发展过程，作了深入浅出的剖析和讨论；对于翻译思想和理论发展的性质及方向，也阐述了自己的基本认识和见解。

杨柳《20世纪西方翻译理论在中国的接受史》（2009）系统地梳理了20世纪西方翻译理论在中国的接受历史，主张翻译研究是不是一门学科，翻译有没有"学"，现在不应该再费时论争了。他指出：董秋斯1951年就提出要建立翻译学，要写出两部大书，一部是《中国翻译史》，另一部是《中国翻译学》。1992年国家技术监督局发布《学科分类与代码》，把翻译学正式定为语言学（一级学科）中应用语言学（二级学科）之下的一个三级学科。虽然这个学科定位还不够科学，但这个学科的存在已被公认。这说明学科的产生和发展是不以个人的意志为转移的，它是随着社会的进步和人类认识水平的提高而产生和发展的。

许钧、穆雷《中国翻译研究：1949～2009》（2009）在梳理历史资料的基础上，展现了60年来我国翻译研究及其学科建设的主要成果，重点论述了该领域的发展趋势和研究方向，并提出建设性意见。

任淑坤《五四时期外国文学翻译研究》（2009）以五四时期的外国文学翻译为研究对象，全面梳理与专题研究相结合，再现五四时期外国文学翻译的整体状况，考察当时的社会思潮、政治状况与文学翻译趋向转变的关系、文学翻译对我国现代文学的影响。同时，聚焦五四时期三场关于翻译的论争，分析造成翻译趋向转变、引发可译性论争的原因；缕析五四时期外国文学翻译与当代解构主义翻译流派的主张、溯源其各自的代表人物鲁迅与韦努蒂翻译理论产生的不同背景，指出直译与异化在对待原文本的态度等方面的异同。

胡翠娥《文学翻译与文化参与：晚清小说翻译的文化研究》（2007）是

对中国历史上第一次大规模的文学翻译活动——晚清小说翻译活动所进行的一项文化研究。作者从宏观上描述了翻译小说的文本特征、译者的翻译策略和译评的主要观点;探讨文学准则和文化成规如何制约译者的决策和读者的评论;挖掘晚清小说翻译活动与晚清文化之间的互动关系;分析晚清文人翻译群体如何通过文学翻译进行文学参与、使翻译活动成为一种中西方文化协调活动。同时验证和思考了许多当代翻译研究中相关的理论问题和讨论热点。

杨义主编《二十世纪中国翻译文学史》(2009),斥十年之功,精雕细刻而成。全书凡六卷,分别为"近代卷""五四时期卷""三四十年代·英法美卷""三四十年代·俄苏卷""十七年及'文革'卷""新时期卷",从翻译文学的角度,画出中国现代思想文化发展流变的路线图。

杜慧敏《晚清主要小说期刊译作研究(1901—1911)》(2007)对1901年至1911年的主要文学期刊上的翻译作品进行了多层次的研究。

王晓元《翻译话语与意识形态:中国1895~1911年文学翻译研究》(2010),作为晚清文学翻译与翻译文学之研究,该书属断代史研究。他率先在中国国内建立了翻译社会学模式,在考察晚清宏观文化语境的基础上,通过不同的典型个案,从翻译方式、翻译方法、翻译主体、翻译目的和翻译话语与意识形态等方面较为系统地进行了富于洞见性的阐发。

(六)工具书或资料性研究

勒菲弗尔《翻译、历史与文化论集》(2010)侧重文化视角,收录了从公元前106年到1931年有关翻译研究的重要思想,其中部分文献首次以英文发表,是对翻译研究者知识体系的重要补充。书中收录的均是原文中有关翻译论述的片断,分别按意识形态的影响、赞助人的作用、诗歌翻译、文化体系、翻译与语言发展和教育、翻译技巧、中心文本和中心文化等主题排列,是翻译研究领域一本不可多得的参考图书。

马克、莫伊拉《翻译学词典》(2004)精心研究并区分近年来各个国家翻译作品中出现的翻译概念和方法,于书中采撷了共300余条翻译术语,从研究翻译词汇的角度,客观、全面地向读者介绍了翻译领域内重要的学术发现、争议和存在的问题。该书自出版以来已成为用来了解翻译概貌必不可少的导读用书。它除了向读者介绍翻译中许多重要的术语和概念之外,还细致讲述了翻译行为的类别,以及众多的翻译学派及其研究方法等。无独有偶,贝克另外一部工具书性质的著作《翻译研究百科全书》(2004)凭借来自30多个国家90余位撰稿人的精湛学识,对翻译研究进行了事无巨细的总揽,对于任何一位爱好翻译的学术或专业人士而言,它不失为一部理想的参考之作。该书的第一部分涉及内容为本学科的概念性框架,其主题细目包括:戏剧、文学及诗歌翻译、机器翻译、术语库。第二部分介绍了世界上主要文化和语言群体的翻译历史,包含了30余项条目。该书不仅在内容上包罗万象,而且使用便利,作为一部开创性的著作,不论对于高校相关专业师生还是爱好翻译的学术或者专业人士而言,其价值均无法估量。

罗新璋、陈应年《翻译论集(修订本)》(2009)辑录散见于各类书刊中有关翻译问题的单篇文字,为学界提供了较为集中的资料。该书依学术性资料编纂成例,博采众说,百家争鸣。收辑自汉末以迄编定之日有关翻译的文论180余篇,略按时代分为五辑:第一辑,汉魏唐宋;第二辑,明末清初;第三辑,近代时期;第四辑,"五四"以来;第五辑,解放以后。

(七)技能训练性研究

哈迪姆、蒙代《高级译学原典读本》(2010)是资源性、启发性读本,从经典的语言学翻译理论出发,结合当代语言学翻译理论来分析和阐释翻译中的各种问题。在引用经典论著的同时,辅以大量代表性论述,并设计了形式多样的练习和作业,有益于读者在掌握理论的同时,进一步提高分析问题和解决问题的能力,提高翻译实践的技能。

结　语

综上所述,我们梳理出一系列比较现实的问题:首先,如何解决一般理论研究过程中对各类翻译描述或解释,与对具体的翻译技法总结或凝练之间的矛盾?其次,如何解决专门理论研究范畴里,对媒介、语对、层级、文本类型、翻译时期以及具体问题等参数的研究与具体技术指标的设定及操作之间的矛盾？最后，如何解决纯理论的形而上层面的阐发与应用范畴的形而下层面的具体操作之间的矛盾？

笔者认为：应针对本土文化的特点，借鉴西方理论的研究成果，同时发扬我国传统译论的优势，中西结合，高举高打，力图使翻译研究从封闭的、狭隘的小圈子走向与现代学科结合的道路，多角度、多层次、全方位动态地研究翻译理论与翻译实践之间的辩证关系，从而寻求一个符合时代需求的翻译策略，以达到跨文化、跨语言的交际目的，为意义的世界的建设做些理论贡献。

具体来说，在借鉴西方方面，我们可以转益多师为我师，例如，借鉴巴斯内特翻译研究的主要思想，对翻译中意义的分析、不可译性、等值论等中心问题进行剖析，阐述诗歌、小说及戏剧翻译的具体问题；援引奈达的动态对等理论，从不同侧面分析语言与文化的密切联系，进而从语境角度论述怎样处理翻译中的种种关系和问题；借鉴纽马克对翻译问题的探讨，具体分析翻译标准和操作程序等问题；借鉴哈蒂姆在社会语言学、话语研究、语用学和符号学方面的近期研究成果，深入探讨翻译与跨文化交际这一错综复杂的研究领域，将对比语言学、篇章语言学和翻译理论结合起来，通过翻译实例，指出在跨文化、跨语言的翻译中需要高度重视的焦点问题；借鉴希基的语用学翻译理论及格特的关联理论，具体探讨翻译策略与程序操控等问题；借鉴图里对描述性翻译理论的研究，通过对一般方法论的探讨和对不同类型的个案的剖析，强调语境因素在翻译中的重要作用；借用勒菲弗尔文化理论，对翻译、改写、编撰选集、批评和编辑等各种加工和调整的过程进行考察，澄清语言层面转换与文化层面改写的现实性；借鉴佐哈尔的多元系统理论，讨论翻译在文化中的地位问题，以便寻绎出更加灵活性的翻译策略；借鉴韦努蒂的隐形学说，带着批判的眼光看待归化翻译，探讨一种富有包容性的翻译实践论。

在弘扬我国传统翻译理论及文化方面我们也有许多工作要做。首先要进行传统翻译理论的系统化整理与重塑，让我国丰富的翻译理论与翻译文化能够在全球化大背景下与时俱进，在话语建设、理论体系建构、重大命题设计等维度实现创新引领，重新书写我国特色的翻译文化史、翻译批评史以及翻译理论史，向世界贡献中国智慧、中国方案。

参考文献

巴斯内特，《翻译研究（第三版）》，上海：上海外语教育出版社，2004。
贝克编，《翻译研究百科全书》，上海：上海外语教育出版社，2004。
戴炜栋主编，《翻译研究入门：理论与应用》，上海：上海外语教育出版社，2010。
杜慧敏，《晚清主要小说期刊译作研究（1901—1911）》，上海：上海书店出版社，
    2007。
费拉德，《翻译与性别：女性主义时代的翻译》，上海：上海外语教育出版社，2004。
格特，《翻译与关联：认知与语境》，上海：上海外语教育出版社，2004。
根茨勒，《当代翻译理论》，上海：上海外语教育出版社，2004。
哈迪姆、蒙代，《高级译学原典读本》，上海：上海外语教育出版社，2010。
哈蒂姆，《跨文化交际：翻译理论与对比篇章语言学》，上海：上海外语教育出版社，
    2001。
哈蒂姆、梅森，《语篇与译者》，上海：上海外语教育出版社，2001。
赫曼斯，《系统中的翻译：描写和系统理论解说》，上海：上海外语教育出版社，2004。
胡翠娥，《文学翻译与文化参与：晚清小说翻译的文化研究》，上海：上海外语教育出版
    社，2007。
姜秋霞，《文学翻译与社会文化的相互作用关系研究》，北京：外语教学与研究出版社，
    2009。
勒菲弗尔，《翻译、改写以及对文学名声的制控》，上海：上海外语教育出版社，2004。
勒菲弗尔编，《翻译、历史与文化论集》，上海：上海外语教育出版社，2010。
罗新璋、陈应年编，《翻译论集（修订本）》，北京：商务印书馆，2009。
吕俊、侯向群，《翻译批评学引论》，上海：上海外语教育出版社，2009。
马克、莫伊拉，《翻译学词典》，上海：上海外语教育出版社，2004。
奈达，《语言与文化:翻译中的语境》，上海：上海外语教育出版社，2001。
纽马克，《翻译问题探讨》，上海：上海外语教育出版社，2001。
裘姬新，《从独白走向对话——哲学诠释学视角下的文学翻译研究》，杭州：浙江大学出
    版社，2009。
任淑坤，《五四时期外国文学翻译研究》，北京：人民出版社，2009。
斯塔纳，《通天塔之后：语言与翻译面面观》。上海：上海外语教育出版社，2001。
孙志祥，《文本意识形态批评分析及其翻译研究》，北京：中国社会科学出版社，2009。
谭载喜，《西方翻译简史（增订版）》，北京：商务印书馆，2004。
图里，《描述翻译学及其他》，上海：上海外语教育出版社，2001。
王宏印，《文学翻译批评概论：从文学批评到翻译教学》，北京：中国人民大学出版社，
    2009。
王宁，《翻译研究的文化转向》，北京：清华大学出版社，2009。

王向远，《翻译文学研究》，银川：宁夏人民出版社，2007。

王晓元，《翻译话语与意识形态：中国1895～1911年文学翻译研究》，上海：上海外语教育出版社，2010。

威尔斯，《翻译学：问题与方法》，上海：上海外语教育出版社，2001。

韦努蒂，《译者的隐形：翻译史论》，北京：外语教学与研究出版社，2009。

希基，《语用学与翻译》，上海：上海外语教育出版社，2001。

肖维青，《翻译批评模式研究》，上海：上海外语教育出版社，2010。

谢天振主编，《当代国外翻译理论导读》，天津：南开大学出版社，2008。

许钧、穆雷，《中国翻译研究：1949～2009》，上海：上海外语教育出版社，2009。

杨柳，《20世纪西方翻译理论在中国的接受史》，上海：上海外语教育出版社，2009。

张景华，《翻译伦理：韦努蒂翻译思想研究》，上海：上海交通大学出版社，2009。

周发祥等，《二十世纪中国翻译文学史：十七年及"文革"卷》，北京：百花文艺出版社，2009。

朱安博，《归化与异化：中国文学翻译研究的百年流变》，北京：科学出版社，2009。

アンソニー・ピム，『翻訳理論の探求』，武田珂代子訳，東京：みすず書房，2010。

第四部分　口译研究与翻译教学

论日语翻译硕士专业（MTI）的人才培养
——以高等教育内涵式发展理念为依据

作者姓名：王宇新
单　　位：北京第二外国语学院
研究方向：翻译理论与实践

论日语翻译硕士专业（MTI）的人才培养
——以高等教育内涵式发展理念为依据

提要： 日语翻译硕士专业（MTI）自2010年开设以来，规模急剧扩大。这种外延式发展导致各高校在日语MTI人才培养中，面临着生源不理想、师资不专业、实践机会欠缺、就业形势严峻等问题。本文依据党的十九大报告提出的高等教育内涵式发展的理念，基于日语专业的现实，对日语MTI的人才培养进行探讨。并主张，日语MTI应以综合能力的培养为核心，以"高层次、应用型、专业性口笔译人才与高质量、高素质的日语语言服务人才"为培养目标。通过"多元化的课程设置""分层级培养""基于个性和优势的多样化培养模式"等具体途径，实现符合日语专业特点的、高质量的MTI人才培养。

关键词： 日语翻译硕士（MTI）；人才培养；内涵式发展

1. 引言

翻译硕士专业学位（即Master of Translation and Interpreting，简称MTI，以下使用简称），是于2007年经国务院学位委员会批准实施的全国专业学位教育。日语翻译硕士专业学位的开设始于2010年，截至2019年，全国共有67所高校获批成为日语MTI培养单位，拥有招生资格。可以看出，日语MTI在这10年发展速度惊人，规模急剧扩大。不难想象，不少问题也随之而来——生源不理想、师资不专业、实践机会欠缺、就业形势严峻等，这些都是各高校在日语MTI建设中遇到的现实困难。加之全国翻译专业学位研究生教育指导委员会（简称"翻译教指委"，以下使用简称）的官方指导意见并没有考虑到包括日语在内的所谓"小语种"——或称非通用语种的特殊性，与非通用语种学科的现实严重脱节，愈发加深了日语等非通用语种MTI建设与人才培养过程中的困惑。

本文旨在基于国内高校日语学科和相关专业的现实，实事求是地分析目前日语MTI的现状和面临的困境，并依据党的十九大报告中提出的"高等教育内涵式发展"的理念，实事求是地探讨日语MTI人才培养的合理方案与可能路径。当然，不少问题很难立即找到解决办法，也有一些设想不容易实现，希望本文能够起到些许抛砖引玉的作用。

2. 日语MTI人才培养的现状与困境

根据翻译教指委的定位，MTI学位的培养目标是"培养德、智、体全面发展，能适应全球经济一体化及提高国家国际竞争力的需要，适应国家经济、文化、社会建设需要的高层次、应用型、专业性口笔译人才"。既然是翻译硕士专业，其人才培养的目标必定落脚在"口笔译人才"，这一点毋庸置疑。但是对于绝大多数高校的日语专业来说，日语MTI的"高层次口笔译人才"的培养，面临着以下几个主要问题。

2.1 生源问题

与英语专业不同，日语专业的学生在中小学阶段大都不具备日语学习的经历，而是在进入大学之后才开始学习日语。根据语言学习的客观规律可以判断，仅靠成年（18岁）后在母语环境中学习四年外语，即使是专业学习，外语的综合运用能力也会有很大欠缺，因此，能够达到进行翻译训练的日语水平要求的学生可谓凤毛麟角。在上述67所具有招收日语MTI资格的高校中，仅有北京大学、北京外国语大学、上海外国语大学等个别极具竞争优势的高校，才有可能招收到较大比例的真正符合"高层次口笔译人才"培养条件的优秀学生。而绝大部分高校的MTI生源，日语水平并不理想，很难在现有的语言基础上进行口笔译的专业训练。而笔者历经数年本校日语MTI的招生与教学工作，发现报考日语MTI的学生对于本专业的定位也存在普遍的认知偏差，很多学生在面试中或入学后表示，自己报考MTI的目的是"提高日语水平""提升日语的听说能力"。因此，从学生的客观水平和主观愿望来看，"高层次口笔译人才"的培养目标与现实是具有较大差距的。

2.2 师资问题

首先笔者在2018年曾经提到翻译学科师资匮乏的现状，"教授翻译课程的很多教师，其研究方向并不是翻译"，"翻译教学及科研队伍力量薄弱、不稳定"。同时，"一些口笔译实践人员——如退役译员等，非常适合教授翻译实践课程，也因学历所限，难以成为高校专职教师"。应该看到，随着翻译学科的不断发展，翻译师资队伍也在不断壮大，教学科研水平在迅速提升。目前，各高校都有一定数量的较为稳定的教师团队担任翻译课程。但是，翻译师资匮乏的困境依然没有打破。我们做出这一论断的理由如下：首先，教师的翻译理论、翻译研究基础依然薄弱，翻译教学缺乏宏观的、科学的指导。翻译研究发展至今，"翻译无理论"这一说法已被证伪，各学派的翻译研究者从语言学、文学、文化以及哲学等角度，对翻译现象进行了分析、研究，提出了很多富有解释力的理论。"外语学好就能做好翻译""翻译就是传声筒"这类陈旧的偏见已经成为历史。传统的翻译理念"将翻译看做'原文'的'复制'"，认为"翻译是纯粹语言的，基本客观的过程"。而今天，学者们已经指出，文本、文学系统、文化、社会意识形态、译者的思维等各个维度、各个方面的要素都与"翻译"密切相关。翻译被看做是一个"有目标、目的的行为"（弗米尔），是"两种诗学的妥协"（勒菲弗尔），甚至在后殖民语境中"制造了遏制他者的策略"，"参与了被殖民文化的定型工作"（尼南贾纳）。在哲学研究中，翻译被认为是"信赖、侵入、吸收、补偿四个步骤的阐释运作"（斯坦纳）；译作被认为是"原作的来世"，"标志原作生命的延续"（本雅明）。翻译已经被赋予了如此丰富的内涵，翻译教师对于翻译的认识就不能仅仅囿于语言层面的"转换"，以"忠实于"原文这一单薄的标准去看待翻译。然而，正如笔者在2018年就提到的，由于目前高校的准入门槛是博士学历，而日语翻译博士十分稀少，因此，担任MTI课程教师的专业背景几乎都不是翻译，这些教师的科研与翻译研究无关，对于翻译理论也不是非常熟悉，很难提升翻译教学的理论高度。可喜的是，北京大学日语系于2015年设立了翻译学博士点，并于2016年开始招生。另外，一些高校，如国际关系学院日语系曾破格招收翻译学硕士入职。可以想见，今后日语MTI授课教师的专业性将会逐步提升。但是，人才问题的解决绝非朝夕之事，对于大部分高校来说，在未来相当长的一个时期，都会面临缺乏具有翻译专业背景教师这一困境。

其次，翻译教学与实践的脱节现象依然非常普遍，大部分教师缺乏足够的实践背景。这一问题与翻译学科的高度实践性有关。前文提到，由于高校的招收门槛是博士学位，导致"退役"的一线译员无法转行成为高校教师，而高校教师虽然或多或少会拥有一些口笔译实践经验，但是其实践数量和专业程度都与一线译员相距甚远，这一点在口译方面尤为明显。虽然现在很多高校采用外聘专家的形式，开设口笔译工作坊或举办讲座，邀请经验丰富的一线译员前来授课，但是这些方式的课时数有限，各位一线译员只能临时"客串"上课，无法保证稳定的、体系化的实践教学。因此，绝大部分日语MTI课程，还是由实践经验不太丰富的体制内教师承担。这就导致课堂上的翻译教学往往倾向于"纸上谈兵"，与真实的口笔译工作严重脱节。因此我们认为，能够达到MTI课程的实践专业性要求的教师非常匮乏。

2.3 实践问题

在翻译教指委的指导性培养方案中，关于"培养方式"明文指出，"重视实践环节。强调翻译实践能力的培养和翻译案例的分析，翻译实践贯穿教学全过程，要求学生在学期间至少有15万字以上的笔译实践或不少于400磁带时的口译实践"。就笔者与同行们的认识，这里的"实践"应该是实际的翻译工作或实习，而非课堂"练习"。这一标准也是基于英汉口笔译的实际情况规定的，从日语等非通用语种的立场来看非常不现实。首先，英语作为国际通用语种，口笔译机会非常丰富，可以满足学生进行实践的需要。而日语是非通用语，又只有日本这一个对象国，翻译实践——特别是口译实践的机会非常有限。随着MTI招生规模的扩大，更加难以保证每一位学生都能完成实践要求。其次，从学生的水平来看，2.1中已经提到，由于英语教育从小学就已经开始，英语MTI的学生在考入翻译硕士之前已经拥有10年以上的英语学习经历，英语水平甚至能够达到接近母语的程度。经过专业的翻译培训，是可以胜任口笔译外事任务的。而日语MTI的学生大多只有四年学习经历，其外语水平与英语MTI的学生不可同日而语。要求这些学生都去从事口笔译实践任务，是非常不负责任的。翻译实践是外事活动，外事无小事，必须实事求是。因此，无论从日语翻译市场的现实需求来看，还是从学生的实际能力来看，翻译教指委提出的实践要求对于日语MTI来说都很不现实。然而不可否认，翻译是一门实践性极强的专业，如果没有实践，培养目标的实现也将大打折扣。这一几乎无解的矛盾也是困扰众多高校的难题。

2.4 就业问题

高校教育不符合就业需求的问题一直以来颇受诟病。而这一"错位"在日语MTI人才培养中似乎愈加明显——大部分日语MTI毕业生的工作内容与"翻译"没有关系。笔者于2020年10月利用问卷星调查软件，对北京第二外国语学院日语学院MTI毕业生目前的工作情况进行了一个小型问卷调查。调查对象为2015—2020届MTI口译专业和笔译专业的毕业生，回收答卷96份。其中，对于"现在的工作与翻译（包括口译笔译）有关系吗？"这一问题，回答"有"的问卷有32份，占比33.33%，回答"没有"的为64份，占比66.67%。

这一调查数据显示，从本校日语MTI毕业生的就业现状来看，有三分之二的毕业生的工作与自己所学的"翻译"专业无关。其原因在2.3中已经谈及：日语是非通用语种，且对象国单一，翻译人才的需求非常有限，而近年来日语MTI的培养单位数量猛增，必然出现日语翻译人才市场供大于求的不平衡局面。另一方面，对于此次调查的第二个问题"你现在的工作与日语有关吗？"，有73人回答"有"，占比76.04%，回答"没有"的有23人，占比23.96%。可见，日语MTI的大部分毕业生，在就业中还是主要凭借"日语"立身。在此回顾2.1中曾谈到的学生入学时"提高日语水平"的预期"错位"，倒是完美契合了就业的"错位"。在感服于学生这种有意或无意的前瞻性的同时，也不由得反省，真正的"错位"究竟出现在哪里。

以上是日语MTI人才培养中面临的四大问题。这10年，日语MTI的人才培养在矛盾与纠结中试错、摸索，各高校也在对翻译教指委的指导性意见进行合理调整的基础上，逐渐探索出了一些符合日语专业现实的路子。下文中将要提出的一些思路、主张，也是基于笔者这些年与兄弟院校日语MTI教学同仁在研讨会上的探讨以及私下的交流。下面，我们将针对上述问题，以党的十九大报告中提出的"实现高等教育内涵式发展"的理念为依据，探讨日语MTI的人才培养的合理方案。

3. 高等教育内涵式发展

早在2012年，党的十八大报告就提出了"推动高等教育内涵式发展"的要求；2017年党的十九大报告进一步提出了"实现高等教育内涵式发展"的政策。对此，学者们大多将"内涵式发展"定位为相对于"外延式发展"而言的概念，并对"高等教育内涵式发展"进行了详细的阐释和深入的探讨。瞿振元（2013）认为，"'内涵式发展'是以事物的内部因素作为动力和资源的发展模式，表现为事物内在属性的发展，如结构协调、要素优化、质量提升、水平提高、实力增强等；'外延式发展'是以事物的外部因素作为动力和资源的发展模式，一般指事物外部的延伸，如投资的扩大、规模的膨胀、数量的增长等。（略）内涵式发展道路主要通过深入改革，激发活力，增强实力，提高竞争力，在量变引发质变的过程中，实现实质性的跨越式发展"。张德祥、林杰（2014）认为，高等教育内涵式发展的本质是，"以提高质量为核心、优化结构为依托、促进公平为追求、创新制度为保障，以人才培养、科学研究、社会服务以及文化传承创新等为根本使命，从而实现高等教育的质量、结构、公平、制度等各要素统一、协调、可持续的发展模式"。别敦荣（2018）指出，"高等教育内涵式发展需要从宏观和微观两个维度来解释。所谓宏观的高等教育内涵式发展是指在保持高等教育系统规模稳定或小幅增长的背景下，通过调整或优化结构、提高水平和质量的方式，使高等教育发挥更大更好的功能。微观的高等教育内涵式发展主要涉及高校的教育教学及其功能的发挥。指高校以提高人才培养水平和质量为目的，所采取的加强人才培养能力，优化人才培养环境，改善人才培养条件，提高人才培养成效的举措及其所产生的效果"。在此基础之上，别敦荣进一步提出，"微观的高等教育内涵式发展可以有多种方式，比如，树立或强化以学生为中心的教育理念，提高教师的教学能力，丰富和扩大优质教学资源，建立健全个性化、更有效的教学运行机制，培育优良的教学文化，等等，以达到提高人才培养水平和质量的目的"。刘振天（2020）从三个角度对高等教育内涵式进行了阐释，"内涵式发展，首先就高等教育目的及其主体来说，突出强调大学的学术性和真理性内在发展需要，培养学生心智和健全学生理性，并以此为基础强化知识逻辑、学科逻辑与学术内在价值；其次，在高等教育运行机制上，突出强调大学学术发展和知识生产逻辑，反对学术的工具主义运用；再次，在高等教育发展模式上，主张学术标准统一基础上的多样化和特色化"。

关于实现高等教育内涵式发展的途径，教育部《关于全面提高高等教育质量的若干意见》指出，"坚持内涵式发展。牢固确立人才培养的中心地位，树立科学的高等教育发展观，坚持稳定规模、优化结构、强化特色、注重创新，走以质量提升为核心的内涵式发展道路"。以此为依据，不少研究从教育政策和宏观管理的角度探讨了高等教育内涵式发展的实现途径，如赵友元（2016）提出了四点主张：1. 更新高等教育观念，树立正确的高等教育质量观；2. 转变政府职能，充分调动高校科学发展的主动性；3. 打破部门的阻隔，促进高校与其他机构协同发展；4. 增强资源整合能力，提高高等教育运行效率。别敦荣（2018）基于宏观和微观的分类，分别提出了相应的发展路径。在微观层面，他指出，"各级各类高校既要承接宏观层面的要求和影响，又要发挥自身的积极性和主动性，将宏观要求与自身实际相结合，将宏观的影响转化为积极的促进效果，以人才培养为中心，建设性地开展人才培养改革与建设，构建内涵更多、水平更高、质量更优和效益更好的人才培养新模式"。发展路径有，"1. 全面推进课程教学改革，强化学生有效的学习体验。2. 多渠道开发利用教育教学资源，丰富教育教学内涵。3. 进一步改革教学管理，构建弹性化、个性化的人才培养体系。4. 加强高校教育教学文化建设，培育高品质校园文化"。上述关于微观层面内涵式发展的阐述对于各高校具体发展模式的探索极具实际指导意义。

基于上述教育部的指导性意见与专家学者的研究成果，我们将微观层面的内涵式发展进一步下位化、具体化，针对学科层面，从四个角度提出内涵式发展的基本主张。

一、指导思想：实事求是，与时俱进。实现学科内涵式发展，必须尊重本学科发展的内在规律与具体现实。不切实际地照搬效仿、好高骛远都会给学科发展带来严重伤害，遑论内涵式发展。另外，要与时俱进，根据外部环境的变化不断调整对策，刻舟求剑、闭门造车不可能实现内涵式发展。

二、基本理念：个性化、多样化的培养方式，避免刚性教条。别敦荣（2018）在论述实现高等教育内涵式发展应当解决的问题时指出，"高校人才培养专业化刚性过强"，"我国高校把专业与专业之间的关系看作是孤立或对立的关系，把专业与社会职业之间的关系看作是简单的对应关系，从而导致专业教育口径狭窄、缺少相互融通，人才培养的社会适应性不强"，"这种状况不符合新时代世界高等教育发展趋势，也不适应社会人才需求多样化的现实要求"。如今，多元化已经成为不可逆转的大趋势，在人才培养过程中，我们不能过度囿于"官方规定"或"指导性意见"，不能束缚住自己的思想，而要大胆创新，从自身的特色与优势出发，勇于探索个性化、多样化的培养方式，适应全球化发展的需要和社会对于人才的要求。

三、培养目标：高质量，有深度、可持续的人才培养。"质量"是高等教育内涵式发展的核心关键词。在扩大招生数量的同时，更要把重点放在人才培养的质量上，这也是各个学校、学科的立身之本。提高教育质量，要求教育去除功利化，要有人文深度、文化内涵，关注人的成长，而不仅仅是专业知识和技能的培养。只有这样，才能实现教育的可持续性发展。因此，这三个关键词也是相互关联，相辅相成的。

四、具体措施：优化结构、扬长避短。基于上述三条主张，在具体设计培养方案、规划课程、安排教学时，要实事求是地考虑到本专业、本学校、本地区的特点，有针对性地设置高质量的课程，突出个性化特点。另外，要考虑到社会和学生的多元化需求，在合理安排专业课程的同时，也要重视提升人文素养的通识课程。

下面将基于上述四点主张，结合日语学科和日语MTI的特点与现状，提出为实现日语MTI教育内涵式发展的人才培养建议。

4. 日语MTI人才培养的提案

4.1 指导方针

在探索解决日语MTI人才培养的现存问题、实现内涵式发展的路径时，我们还是想再次强调"实事求是"这个根本指导方针。从实际出发，需要考虑以下几个角度的现实：日语学科的现实、社会需求的现实、学生需要的现实、师资状况的现实，以及学校小环境和地区大环境的现实。在此基础之上，借鉴翻译教指委的规定与指导性意见，进行个性化、多样化的培养方案的设计。

具体来说，通过第2节现状与问题的分析可知，从日语学科的整体现实情况来看，不太可能也不太需要实施像英语那样大规模的高层次翻译人才培养，社会与就业市场更需要的是广义的"日语语言服务人才"。另外，除极个别顶级高端学校以外，MTI的学生大多不具备进行翻译培训的必要条件，提升日语综合运用能力是他们的现实需求；而大部分日语教师的专业背景，也更加适合帮助学生提升日语语言、文化、文学等专业素养。我们需要基于这些实际情况制定现阶段培养目标的大方向。

另一方面，学校小环境和地区大环境的现实是高校实现个性化发展的依据。潘懋元、贺祖斌（2019）指出，"地方高校尤其是有实力的地方院校应该根据自身特色和区位优势，设定差异化战略目标"，并呼吁高校要切实做到"理念上的转变""不要好高骛远，而是立足于服务地方。实现学校专业群与区域经济社会发展的产业链的紧密对接，有序推进转型发展，通过转型发展来作出贡献，以贡献求得地方的支持，实现学校发展与地方经济社会发展的良性互动"。潘先生所论虽然是高校转型的问题，对于包括日语MTI在内的学科建设也具有深远的指导意义。因此，在尊重上一节谈到的根本现实的前提下，各个高校可以根据本学校的学科与师资优势，结合本地区的发展目标与特色，进行个性化的日语MTI建设与人才培养的设计。

4.2 培养目标

根据上述指导方针，基于翻译教指委发布的"指导性培养方案"，我们拟提出日语翻译硕士专业学位研究生（MTI）的培养目标如下：

培养德智体全面健康发展、拥有适应全球化及提高国家国际竞争力的需要、适应国家社会、经济、文化建设需要的综合能力的高层次、应用型、专业性口笔译人才与高质量、高素质的日语语言服务人才。

下面对这一提案的内涵进行具体说明，并特别详细解释对指导性意见进行"柔性调整"的部分。

首先，"德智体全面健康发展"这一要件，强调对于"人自身的发展"的、可持续的、健康全面的培养。从个人成长的观点来看，卢梭提出了"教育即生长"的主张；从人的社会属性来看，党的十八大指出，"把立德树人作为教育的根本任务"。我们认为，教育的目的，一方面要挖掘受教育者的内在潜力，以期实现其个体最大程度的成长与发展。另一方面，作为一个社会人，"立德"是立身之本，是保证实现个体良性发展的根基。同时，身心健康的重要性毋庸赘言。因此，"德智体全面健康发展"是我们进行人才培养的大前提。

其次，"拥有适应全球化及提高国家国际竞争力的需要、适应国家社会、经济、文化建设需要的综合能力"这一要件，强调"能力"培养，而非

"技能"培训。其中,"综合能力"这一关键词,在指导性意见中并未出现,是我们调整添加进去的提法。如今,时代的发展已经超乎人们的想象,科技变化日新月异,人们随时面临着不可预期的机遇与挑战。在这样的背景下,教育、特别是高等教育的目的,不能仅仅局限于"知识的传授"与"技能的培训",而应该站在可持续发展的高度,全面提升学习者的综合能力,以适应社会和个人未来发展的需要。因此,从翻译专业的角度来看,"翻译"的定位应该是手段而非目的,即通过进行翻译训练,全面提升学习者的语言能力、沟通合作能力、统筹规划能力、应急处理能力、跨文化交际能力等实际能力,以及自我发现、自我学习、自我成长的个体发展能力。这是我们进行人才培养的根本目的。

最后,"高层次、应用型、专业性口笔译人才与高质量、高素质的日语语言服务人才"这一要件,强调日语MTI人才培养的多元化,即在指导性意见中提到的"口笔译人才"之外,添加了"日语语言服务人才"。这是基于日语学科的现实情况进行的调整补充,前文已多次提及,不再赘述。根据内涵式发展的要求,我们更加入了"高质量、高素质"这两个限定词,"高质量"针对专业水平而言,"高素质"针对人文素养而言。因此,这一补充并非给自己寻求退路,而是提出了更高的要求。总之,包括口笔译人才在内的广义的"日语语言服务人才"是我们进行人才培养的最终结果。

4.3 具体途径

基于以上基本理念与观点,下面探讨实现日语MTI人才培养的内涵式发展的具体途径。

4.3.1 多元化的课程设置

首先,关于课程设置,翻译教指委发布的《指导性培养方案》提出了指导性示范意见,摘录如下:

翻译硕士专业学位课程包括必修课和选修课,总学分不低于38学分。
1. 必修课(20学分)
公共必修课:(1)政治理论3学分;(2)中国语言文化3学分
专业必修课:(1)翻译概论2学分;(2)笔译理论与技巧2学分;(3)

口译理论与技巧2学分

专业方向必修课

笔译方向：（1）应用翻译4学分；（2）文学翻译4学分

口译方向：（1）交替口译4学分；（2）同声传译4学分；

2. 选修课（不少于18学分）

综合类：第二外国语2学分；中外翻译简史2学分；翻译批评与赏析2学分；跨文化交际2学分；中外语言对比2学分；计算机辅助翻译2学分；……

口译类：视译2学分；专题口译2学分；国际会议传译2学分；商务口译2学分；法庭口译2学分；外交/外事口译2学分；口译观摩与赏析2学分；口译工作坊2学分；……

笔译类：专业技术文本写作2学分；科技翻译2学分；国际会议笔译2学分；商务翻译2学分；法律法规翻译2学分；传媒翻译2学分；中国典籍外译2学分；笔译工作坊2学分；翻译及本地化管理2学分；……

各院校可根据本专业的培养目标和各院校的办学特色自行设置若干门特色课程，作为限定性选修课。

这份指导性意见是基于英语专业的现状拟定的，因此并不完全适合日语MTI。基于前文分析的日语专业的情况与内涵式发展的要求，我们认为，人文素养类通识课程与日语专业课程的比例宜再增加。特别是选修课的设置，可以突破"翻译"的框架，以多元化培养为目标，将课程分为人文素养和翻译培训这两大类，扩大学生的选课范围。草拟提案如下：

1. 必修课（21学分）

公共必修课：（1）政治理论2学分；（2）哲学通识2学分；（3）中国语言文化2学分

专业必修课：（1）翻译概论2学分；（2）日语语言概论2学分；（3）日本文化概论2学分；（4）日本文学概论2学分；（5）研究方法与论文写作1学分

专业方向必修课：

笔译方向：（1）笔译理论与技巧2学分；（2）应用翻译2学分；（3）文

学翻译2学分

口译方向：（1）口译理论与技巧2学分；（2）交替传译2学分；（3）同声传译2学分；

2. 选修课（不少于18学分）

人文素养类：第二外国语2学分；中外语言比较2学分；跨文化交际2学分；文艺理论2学分；国际政治与经济2学分；社会学2学分；经济学原理2学分；美学2学分……

翻译培训类：中外翻译简史2学分；翻译批评与赏析2学分；计算机辅助翻译2学分；翻译及本地化管理2学分；视译2学分；专题口译2学分；国际会议传译2学分；商务口译2学分；外交/外事口译2学分；社区口译基础2学分；口译工作坊2学分；商务翻译2学分；笔译工作坊2学分；……

对照指导性意见和我们提出的方案，可以看出，首先，在必修课中，我们加强了"日语、日本"的要素，这不仅是培养日语语言服务人才的需要，也是培养日语翻译人才的需要。没有对于对象国语言、文化、文学等背景知识的深刻理解，不可能成就高层次、高质量的翻译。其次，在选修课中，我们加入了更加丰富的人文素养类通识课程，其目的在于全面提升学生的基本人文素质，同时满足学生的多元化、个性化的学习需求，在扩大知识面的同时，帮助学生挖掘自己的潜能。

4.3.2 分层级培养

如前文所述，日语专业的现状决定了我们的人才培养必然是多元化、多层次的。但是，我们也不能仅仅强调多元，彻底淡化"翻译"，如是，"翻译硕士专业"的设置就失去了意义。因此，培养高层次、应用型、专业性的口笔译人才，依然应该是日语MTI必须关注的重点培养目标。为此，我们提出"分层级"培养的思路。具体如下：

一、针对极小部分有志向、有能力成为译员，并在专业领域方面有明确发展设想的学生，以高层次专业译员为培养目标。可以与校内外其他学科合作，选修相关专业，甚至提供"2+1""2+2"的双学位学习机会，如能形成对口单位委培的形式则更好。例如，学生从小生活在日本，具有双母语的先天优势，同时有志从事法庭口译，那么是否可以考虑，在日语MTI相关课程以外，为其提供履修法律相关课程的机会。最理想的情况是，本学校或者日本的交流院校有法学相关院系，可以通过内部协调或派遣留学的方式，实现法律专业的学习。如果学校层面有双学位的相关政策，还可以考虑双学位的模式，从而提高专业性。不过从目前的生源现实来看，这种模式的实施机会不会太多。另外，还需要学校研究生院层面的政策支持，比如其他专业课程的学分认定，设置双学位的具体安排等。如果出现这样的学生，值得院系倾尽全力为其铺平道路，提供最好的条件重点培养。

二、针对小部分有志向并有一定能力成为译员的学生，以高层次译员为培养目标，兼顾广义语言服务的培养要素。其实，这本来是MTI最为理想的培养模式。但是只有个别顶级高校能够顺利实施这种模式，对于大部分高校来说，符合上述培养条件的生源仅占少数。对于这部分符合日语MTI培养要求的学生，我们必须特别加以关注与培养，因为这才是MTI教育的真正任务。除完成本专业规定课程以外，可以专门针对这部分学生开设口笔译工作坊，聘请一线译员或外校专家进行小范围的系统性专业特训。同时，优先提供翻译实践、实习等各种机会。这部分享受"特殊待遇"的学生必须经过严格筛选，并建议采取可流动的竞争机制，方便随时考核，优胜劣汰，以实现各种有限资源的最合理配置，保证这部分人才的培养质量。

三、针对大部分并无明确翻译志向、或能力尚有欠缺的学生，以高质量日语语言服务人才为培养目标。在培养过程中，以翻译技能训练为手段，培养语言服务所需的综合能力，提升综合素质。大多数学生的状况很可能是，并没有从事翻译工作的强烈愿望，或者虽然有意愿却不具有相应的语言能力。对于后者，身为教师总希望保护学生的积极性，愿意帮助学生接近自己的梦想。在这个问题上，我们也要实事求是。要认识到，正是因为日语MTI的不合理扩张，才导致很多高校不得不录取并不符合培养条件的学生。如果在培养过程中再不切实际，对学生无益，也不能保证院系资源的合理分配。当然，如果学生通过不懈的努力达到了相应的语言水平，我们可以随时将其纳入上述"第二梯队"，进行口笔译的专业培训。

4.3.3 突出优势与个性

曾任翻译教指委首任秘书长、中国翻译协会翻译理论与教学委员会副主任、教指委学术委员会秘书长的穆雷在谈到MTI人才培养时指出，"从第一批和第二批试点院校的课程设置来看，绝大多数都是照搬教指委拟定的指导性培养方案，外语类院校、师范类院校、综合性大学以及理工类院校的培养目标与培养方案基本如出一辙，多数院校没有充分利用选修课来突显自己的专业特色。但是短短几年时间情况就发生了较大变化，2010年申报新增试点院校的课程设置就已经显示出鲜明的学科特色和区域社会经济发展的需求"，"值得一提的是，政法类、民航类、医类（主要是中医类）等院校都有明确的专业翻译人才培养目标，结合学校优势学科和师资特色开设课程，将教师多年来从事相关领域口笔译实践的经验用于教学，取得了比较好的效果。反倒是占比最多的综合类、师范类和外语类院校不太容易凸显自己的办学特色，同质化的趋势比较明显"。

应该说，穆雷指出的问题正是我们日语MTI的现状：照搬指导性培养方案、同质化严重。而后续提出的英语MTI个性化发展的经验非常值得我们借鉴——即，结合区域社会经济的特色与本校本院系的学科特色，走个性化发展的道路。下面具体阐述。

首先，结合本地区的社会经济特色，以地区特色为依托进行个性化人才培养。这样可以使高校教育更加契合社会的实际需求，有利于在实习和就业环节做到产学研相结合，这对于实践性要求较高的外语、翻译专业尤其可行。比如可以结合当地的旅游产业、制造业或者IT行业、汽车行业等与日本相关产业、行业的往来需求，有针对性地培养地区发展所需要的专门领域的翻译人才与日语语言服务人才。

其次，结合本校本院系的学科特色，发挥专业优势。针对不同类型的高校，我们考虑了以下两种模式：

一、"翻译+α"模式。即在翻译以外，添加一门专业，例如：翻译+外交；翻译+经贸；翻译+法律等。这种模式非常适合上文中穆雷提到的政法类、民航类、中医类，以及财经类等专科院校。而且这类学校比较可能招收到学习意愿明确的学生。比如据我们所知，对外经济贸易大学的日语MTI一直开设有经济类的选修课，对立志从事经贸领域翻译的学生具有极大的吸引力。另外，拥有优势学科的综合类院校也可以利用自己优势学科的力量，为日语MTI学生提供相关的专业选修课。其实，综合类院校学科全面、丰富，在开设其他学科的专业选修课方面具有天然的优势。

二、"多语种翻译培养"模式，即"汉语+日语+第三外语"的模式。这种模式比较适合于外语院校。外语院校的语言教学优势明显，可以尝试多语培养。当然，期待学生通过两年的学习达到熟练使用三语进行翻译的水平是不现实的。但是一些语言基础较好的学生，经过专业培养，能够做到较为初级的三语翻译，打下"多语翻译"的基础，也不失为一种颇具魅力的特色。

最后，我们还是要强调，由于需求有限，日语MTI的人才培养，无论是哪一个层面、哪一种模式，在学生就业时都极有可能无法契合"翻译"这一要件。因此，培养目标的核心是能力的养成，而不是技能的培训。要充分考虑如何实现学生后续的自我学习、自我提升的可持续性发展。

5. 结语

实事求是地反思，如今日语MTI面临的困境，是盲目进行外延式发展的必然后果。各高校急于"分一杯羹"，相关上级管理部门急于"扩大地盘"，二者一拍即合，日语MTI遍地开花，却唯独没有考虑到现实的需要与后续建设发展的可能。这与国内高校在大规模扩张中面临的尴尬局面颇为相似——专家指出，"1998年我国普通高校校均规模达到3335人，到2016年增长到10342人，其中本科学校校均14532人，高职（专科）学校校均6528人。2016年校均总规模比1998年增长了2.1倍。一面是大批新校的创办，一面是校均规模的激增，这两种情况都是提高高等教育办学水平和质量的大忌。我国高校底子薄、积累少、扩张快、资源少，如果说保证短时期的快速增长是不得已而为之之举的话，那么，在快速扩张达到一定程度后高等教育应当适时转变发展方式，由外延式发展转变为内涵式发展"（别敦荣，2021：108）。在任何事物的发展过程中，困难与弯路或许都难以避免，而困境之中一定会有出路，挑战也会转化为机遇。可以想见，未来人工智能的发展，还会对翻译专业提出更加严峻的挑战。我们认为，无论是宏观层面的高等教育，亦或微观层面的学科发展——包括日语MTI的建设，其出路都在于高品质、个性化、多元化的内涵式发展。需要我们实事求是、脚踏实地，同时做到解放思想、勇于创新。

参考文献

别敦荣，《大学管理与治理》，青岛：中国海洋大学出版社，2021。
别敦荣，《论高等教育内涵式发展》，《中国高教研究》。2018年第6期。
曹新宇，《把握翻译硕士培养内涵 提升教学研究自信——穆雷教授访谈录》，《中国翻译》2020年第3期。
崔启亮、汪春雨，《面向语言服务的MTI教育模式创新与变革研究》，《外语教育研究》2019年第1期。
李成浩，《日语翻译专业建设与人才培养方案的改革探索》，《日语学习与研究》2018年第6期。
刘振天，《从高等教育两种哲学两大规律看两类发展理论》，《南开学报（哲学社会科学版）》2020年第1期。
穆雷，《论语言服务业高层次人才培养》，《外国语（上海外国语大学学报）》2014年第4期。
潘懋元、贺祖斌，《关于地方高校内涵式发展的对话》，《高等教育研究》2019年第2期。
瞿振元，《高等教育内涵式发展的实现途径》，《中国高等教育》2013年第2期。
王宇新，《翻译学科研究领域划分——兼论翻译师资的培养》，《日语学习与研究》2018年第6期。
谢天振主编，《当代国外翻译理论导读》，天津：南开大学出版社，2008。
张德祥、林杰，《"高等教育内涵发展"本质的历史变迁与当代意蕴》，《国家教育行政学院学报》2014年第11期。
赵友元，《高等教育内涵式发展的任务与实现路径》，《黑龙江高教研究》2016年第1期。
仲伟合，《我国翻译专业教育的问题与对策》，《中国翻译》2014年第4期。
仲伟合、赵田园，《中国翻译学科与翻译专业发展研究（1949—2019）》，《中国翻译》2020年第1期。

日语口译MTI学位论文选题研究

作者姓名：凌蓉
单　　位：上海外国语大学
研究方向：日语语言学、日汉口译

日语口译MTI学位论文选题研究

提要： 通过对2019年和2020年日语口译MTI 119篇学位论文的考察，本文发现日语口译MTI学位论文选题存在许多问题，如论文口笔译方向没有明确规定、论文形式过度集中于口译实践报告、用人单位秘密无法保守、研究对象不聚焦等。笔者认为：日语口译MTI应撰写口译方向论文；论文形式可拓宽，但必须明确各形式间的区别；模拟会议口译可以解决保守用人单位秘密的问题，但应规定其组织情况；研究对象应聚焦于某一个问题，深入探讨。

关键词： 日语口译；MTI；学位论文选题；口译实践报告；模拟会议口译

1. 引言

翻译硕士专业学位（Master of Translation and Interpreting），英语缩写是"MTI"，于2007年由国务院学位委员会批准设置，其目标是培养具有专业口译和笔译能力的高级翻译人才。2007年专业设置之初，仅培养英语语种的翻译硕士，之后语种不断增加，目前日语、俄语、法语、德语、朝鲜语、西班牙语、阿拉伯语等语种也都有翻译硕士。

日语翻译专业硕士点自2010年起开设，第一批开设的大学有北京第二外国语学院、大连外国语大学、吉林大学、天津外国语大学。其中，吉林大学仅开设日语笔译MTI，而其他3所大学同时开设日语笔译和口译MTI。之后10年中，全国许多大学相继开设日语笔译或口译MTI。现在设置日语口译MTI的大学，除了上述3所，还有北京大学、广东外语外贸大学、北京外国语大学、上海外国语大学、北京语言大学、对外经济贸易大学、四川外国语大学、西安外国语大学、南开大学、西安交通大学等。

随着翻译硕士专业的不断壮大，国内一些学者开始关注翻译硕士学位论文的写作情况。穆雷、邹兵以15所高校首批MTI毕业生学位论文的选题等为研究对象，提出MTI学位论文应逐步向以实践型学位报告为主的论文模式过渡，还应加强对学生借助理论手段系统归纳总结能力的培养，以及严格遵守学术规范写作方法的训练（穆雷、邹兵，2011：40）。荆素蓉着眼学位论文指导中导师"因势利导学生选材""全程参与翻译过程""及早帮助学生选题"这三重作用进行分析，认为目前的教学实践中未能充分合理地发挥导师的作用（荆素蓉，2016：67）。何三宁、杨直蓉则探讨了MTI学位论文的写作模式和评估模式，指出各培养单位需要构建MTI学位论文评价体系，探寻科学可行的论文规范模式，充分体现MTI的职业化教育功能。（何三宁、杨直蓉，2019：87）。

尽管论及MTI学位论文的研究为数不少，但是大多数研究以英语MTI的学位论文为对象，且不区分笔译和口译。关注日语MTI、特别是日语口译MTI学位论文的研究寥寥无几。

本文以日语口译MTI学位论文为主要研究对象，分析其选题中存在的各种问题，并且提出解决问题的意见和建议。

一般来说，可以通过MTI学位论文的标题和正文内容来了解该论文的选题情况。常见的MTI学位论文的标题主要包含哪些信息呢？我们来看具体的例子。例如：有一篇日语口译MTI的学位论文题目是"某汽车零部件厂商技术交流会交替传译的实践报告"。其中，"交替传译"说明论文的方向是"口译"；"实践报告"显示该学位论文的形式；"技术交流会交替传译"指出该论文的口译类型是"会议口译"；"某汽车零部件厂商"表示口译服务的对象。当然，并不是所有标题都具有这些信息，有些标题包含的信息更多些，有些标题包含信息则少些。如果标题包含信息较少，那么可以通过浏览该论文全文，获得更多关于论文选题方面的信息。

以下主要从论文方向、论文形式、口译类型、论文研究对象这些方面来探讨日语口译MTI的选题情况。

2. 口译方向与笔译方向

提起日语口译MTI的学位论文，一般来说，人们都会觉得自然是口译方向的内容，但其实并非如此。笔者通过中国知网（CNKI）收集了国内各高校2019年和2020年的日语口译MTI硕士学位论文共119篇，其中2019年56篇，2020年63篇。当然，由于一些高校并未把MTI学位论文全部上传到中国知网，2019年和2020年国内日语口译MTI的学位论文总数远不止这119篇。本文仅对这119篇学位论文选题的情况加以分析归纳，总结其中存在的各种问题。

这119篇学位论文是否都是口译方面的论文呢？笔者把统计结果归纳为表1。

表1　日语口译MTI学位论文口笔译方向

口笔译方向	2019	2020	合计
口译	23	36	59
笔译	33	27	60
合计	56	63	119

从表1可以发现，119篇学位论文中，口译方向论文共59篇，笔译方向论文共60篇，也就是说笔译和口译论文各占一半。

其中，口译方向论文从2019年的23篇增加到2020年的36篇，主要是因为上海外国语大学高级翻译学院（以下简称"上外高翻学院"）第一届日语口译MTI于2020年毕业，共12位学生，他们的硕士学位论文可以在中国知网上检索到，而这12位学生的论文都是口译方向的。笔者于2017年起在上外高翻学院担任日语口译MTI的交传课和同传课教学工作，并且指导学生撰写学位论文，对上外高翻学院日语口译MTI的情况比较了解，下文中会进一步展开探讨。

如果除去上外高翻的12篇口译方向论文，2019年和2020年口译方向论文合计47篇，笔译方向论文合计60篇，依然是笔译方向论文多于口译方向论文。

那么，日语口译MTI究竟应该写口译方向论文，还是笔译方向论文，亦或两者皆可呢？关于这一点，全国翻译专业学位研究生教育指导委员会目前并没有明确的规定，有些高校的口译MTI大多数都写笔译方向的内容；有些高校既有笔译方向论文，又有口译方向论文；而另一些高校所有学生的学位论文都是口译方向的内容。从这里可以看出各高校对日语口译MTI硕士学位论文撰写的要求相差很大。上外高翻学院规定所有口译MTI学生的学位论文必须为口译方向。

笔者认为日语口译MTI还是应该撰写口译方向学位论文，主要有以下三点理由。

第一，口译MTI和笔译MTI是两个不同的专业，在培养目标、招生对象、入学考试、培养方式以及课程设置等方面都有明显的不同。上外高翻学院日语口译MTI的培养目标是"培养德、智、体全面发展、能适应全球经济一体化及提高国家国际竞争力的需要，适应国家经济、文化、社会建设需要的高层次、应用型专业口译人才"。专业课程设置也以口译课程为主，笔译课程为辅。硕士学位论文集中反映硕士期间学习研究的成果。如果口译MTI和笔译MTI的学位论文都是笔译实践报告或笔译研究论文，那就难以体现这两个专业的区别，也完全不能反映口译学习和研究的成果。

第二，口译MTI和笔译MTI的课外实践要求也有所不同。如果口译MTI花大量时间去参与笔译实践、撰写笔译实践报告或笔译研究论文，那么势必会占用其口译实践的时间，使得其口译水平难以迅速提高。

第三，学位论文中有很大一部分内容是让学生把实际参与翻译的原文和译文内容展示出来以反映其翻译水平，笔译实践报告展示学生的笔译内容，在一定程度上可以反映学生笔译水平，而口译实践论文则展示学生的口译内容，在一定程度上反映学生的口译水平。如果口译MTI撰写笔译实践报告或研究论文，评委将无从得知该学生真实的口译水平，这会给学生评价工作带来困难。

3. 论文形式

下面，讨论日语口译MTI学位论文的形式。关于MTI学位论文的形式，迄今为止有过许多这方面的探讨。

2007年教育部"关于转发《翻译硕士专业学位研究生指导性培养方案》的通知"指出：MTI学位论文可采用项目、实验报告、研究论文3种形式。其中，项目指学生在导师的指导下选择中外文本进行翻译，字数不少于10000字，并根据译文就翻译问题写出不少于5000字的研究报告；实验报告指学生在导师的指导下就口译或笔译的某个环节展开实验，并就实验结果进行分析，写出不少于10000字的实验报告；研究论文指学生在导师的指导下撰写翻译研究论文，字数不少于15000字。

全国翻译专业学位研究生教育指导委员会于2011年8月修订、2013年12月发布的《翻译硕士专业学位研究生教育指导性培养方案》中把MTI的学位论文调整为4种形式：翻译实习报告、翻译实践报告、翻译实验报告和翻译研究论文。与2007年的培养方案相比，取消了"项目"这一形式，新增"翻译实习报告"和"翻译实践报告"。翻译实习报告指学生在导师的指导下参加口笔译实习，并就实习的过程写出不少于15000词的实习报告；翻译实践报告指学生在导师的指导下选择中文或外文的文本进行原创性翻译，字数不少于10000汉字，并就翻译的过程写出不少于5000词的实践报告。翻译实验报告和翻译研究论文的字数要求相较于2007年有所增加。

吴青认为，只有将MTI学位论文置于培养目标下予以分析，综合考虑课程设置、生源现状、行业现状等因素，才能准确地把握其性质，应该只设定项目这一种写作形式，完善具体描述与要求（吴青，2013：32）。荆素蓉指出，其所在学校MTI教育中心经过两年的摸索之后，最终选定了翻译实践报告作为翻译硕士研究生统一的学位论文写作模式。这一决定既是为了便于指导和管理，又考虑到本地实际的一种切实选择（荆素蓉，2016：68）。何三宁、杨直蓉则建议取消MTI学位论文的"翻译研究论文"形式，指出"翻译研究论文"的纳入明显是受学术性硕士的影响而为之。这种引导会影响培养单位对专业硕士的内涵认知，认为专业硕士与学术性硕士没有什么大的区分，多开设几门实践性的课程足也。（何三宁、杨直蓉，2019：87）。

与上述要求取消"翻译研究论文"写作形式的观点不同，孙三军、任文基于MTI教指委所发布的指导性培养方案和对国内部分高校MTI学位论文要求的调研，归纳提炼出8种较典型的翻译学位论文模式，即实践报告、实习报告、课堂案例分析报告、调研报告、实验报告、个案研究论文、比较研究论文、翻译技术应用研究论文，认为MTI学位论文在选题方面应立足翻译实践，要有实际意义，有一定难度，有明确的问题意识，并展现一定的翻译理论素养（孙三军、任文，2019：82）。

从以上探讨可以看出各高校对于MTI学位论文形式的不同要求。部分高校规定MTI学位论文只能采用项目或翻译实践报告这样一种统一的形式；部分高校教师建议取消"翻译研究论文"形式；而部分高校却非常重视学生的翻译理论素养，把研究论文细分成多种类型，供学生选择撰写。

那么，目前日语口译MTI的学位论文形式是怎样的呢？上一节提到，笔者收集到的119篇日语口译MTI学位论文中，口译方向论文共59篇。表2统计了这59篇学位论文的形式。

表2　日语口译MTI口译方向学位论文形式

学位论文形式		2019	2020	合计
口译	口译实践报告	23	35	58
	口译实验报告	0	1	1
	口译实习报告	0	0	0
	口译研究论文	0	0	0
	合计	23	36	59

表2显示：日语口译MTI的59篇口译方向论文中，口译实践报告58篇，口译实验报告1篇，没有口译实习报告和口译研究论文。可以说，日语口译MTI的口译方向论文形式集中在口译实践报告。

2019年的23篇学位论文均为口译实践报告形式。其中，有1篇论文的题目是《基于认知负荷模型的译员现场同传案例分析报告》。这篇论文与其他论文不同，并不是基于MTI学生自身的口译实践，而是选取了拥有丰富经验的同传译员的现场同传录音进行考察分析。除了这一点，这篇论文的撰写方式与其他论文基本一致，所以统计时也把这篇论文看作口译实践报告形式。不过，笔者认为：把他人的口译实践内容作为自己论文的素材撰写口译实践报告，并不妥当，因为口译实践应该反映MTI学生本人的口译经历和口译水平。他人的口译实践只能作为参考或比较的对象，不能作为论文的全部素材。另外，有4篇学位论文基于MTI学生的实习经验，类似口译实习报告，但是这4篇论文的标题均为"……口译实践报告"，所以这里作为口译实践报告进行统计。

2020年的36篇学位论文中包含14篇模拟会议口译实践报告和1篇模拟讲座口译实践报告。因为模拟会议和模拟讲座口译实践报告的撰写方式与真实会议口译实践报告撰写方式基本一致，所以在统计时，这15篇学位论文也看作口译实践报告。此外，2020年的学位论文中也有4篇分析MTI学生自身的实习经验，类似口译实习报告，但这4篇论文的标题也都是"……口译实践报告"，因此这里都作为口译实践报告。

由此可以看出，口译实践报告和口译实习报告的界限并不明确，口译实践报告不一定能看作口译实习报告，但是把口译实习报告看成口译实践报告却无可厚非，因为口译实习中包含大量的口译实践。

笔者收集的59篇日语口译MTI口译方向学位论文中，仅有1篇形式和标题都不是口译实践报告，而是口译实验报告。该论文的题目是《粤语方言使用者在日中交替传译中的译入语调整——以学生译员为对象》。该报告基于认知负荷理论及吉尔提出的认知负荷模型，采用实证研究方法和实验法进行翻译实验。先假设粤语方言使用者在日中交替传译中存在译入语调整的问题，对12名日语口译专业的研究生进行日中交替传译实验，针对使用粤语方言的学生在实验中出现的译入语——普通话的表述问题进行分析，并提出改进方法（赖炫，2020）。该口译实验报告视角独特，方法新颖，其研究结果具有一定实用价值。这说明口译实验报告也可以写成优秀的学位论文。

因此，笔者认为日语口译MTI的学位论文应该局限于口译方向，但是其写作形式没有必要加以过多限制。口译实践报告、口译实验报告、口译实习报告、口译调研报告、口译研究论文等都是口译MTI学位论文可以采用的形式。目前的口译MTI学位论文集中于口译实践报告，教师可以引导学生拓宽思路，采取更多的形式撰写学位论文。

4. 口译类型

笔者根据日语口译MTI59篇口译方向学位论文的标题以及论文内容，对其口译类型进行了统计（表3）。

表3　日语口译MTI学位论文口译类型

口译类型		2019	2020	合计
交替传译	会议口译	10	3	13
	陪同口译	3	8	11
	讲座口译	1	0	1
	采访口译	1	2	3
	联络口译	1	0	1
	面谈口译	1	0	1

（续表）

口译类型		2019	2020	合计
	综合口译	4	5	9
	口译训练	0	1	1
	口译实验	0	1	1
同声传译	会议同传	2	0	2
	模拟会议同传	0	14	14
	模拟讲座同传	0	1	1
	耳语同传	0	1	1
合计		23	36	59

表3显示了以交替传译或同声传译为主要口译类型的论文篇数。2019年，研究交替传译的论文是21篇，研究同声传译的论文是2篇，交传方面论文是同传方面论文的20倍，两者数量相差悬殊。而2020年，研究交替传译的论文是20篇，研究同声传译的论文是16篇，同传方面论文数量大幅增加，接近交传方面论文。

先看研究交替传译的论文。这些论文涉及的口译类型多种多样，其中最多的口译类型是会议口译和陪同口译，此外，综合口译也为数不少。综合口译是笔者起的名称，这种口译全过程时间较长，延续几天、几周甚至几个月。在整个口译过程中，译员不仅仅承担某一种类型的口译任务，有时需要完成会议口译、展会口译、陪同口译、联络口译等多种口译任务。这种口译实践类似于口译实习。

再看研究同声传译的论文。之所以2020年与2019年同传论文数量会出现如此大的区别，并不是因为各高校日语口译MTI学生撰写论文的视角发生了很大改变。其原因主要在于上外高翻学院第一届日语口译MTI于2020年毕业，第一届的12位学生中除1位撰写了交传方面论文，其余11位同学均撰写了同传方面的论文。2020年同声传译方面的学位论文共16篇，除了这11篇，剩下5篇论文都是大连外国语大学日语口译MTI学生写的。

为什么各高校交传方面论文与同传方面论文数量如此悬殊，而上外高翻学院第一届毕业生的学位论文却大多以同传为研究对象呢？

这主要是因为学生能力的限制。日语口译MTI学习阶段，大多数高校都开设同传课程。通过这些课程学习，学生能掌握一些初步的同传技巧。但是，仅仅依靠几学期的课堂学习要使学生在正式场合承担同声传译任务是很困难的，即使有个别非常优秀的学生能够胜任，用人单位也不会放心把至关重要的同声传译任务交给没有什么经验的学生，所以日语口译MTI学生一般只能接到交替传译方面的工作。极个别高校本身举办的研讨会，也许会请少数MTI学生承担同声传译工作。以上原因导致日语口译MTI学位论文集中于交替传译方面。

上外高翻学院日语口译MTI学位论文的素材主要是通过举办模拟会议来提供的。模拟会议由教师组织，教师事先把会议资料发给学生准备，当天在教师监督下举办模拟会议，让学生进行交替传译或同声传译，并且邀请其他年级的学生作为听众参加会议，使模拟会议场景更加接近真实会议。第一届日语口译MTI的任课教师举办的几场模拟口译会议都是同声传译会议，因此，学生们大多数以同声传译为研究对象。

而大连外国语大学日语口译MTI学生写的5篇同传方面的论文中，有3篇是模拟会议同传，1篇是模拟讲座同传。不过，大外的模拟会议并未规定由教师组织和监督，模拟会议素材由学生自己挑选，模拟会议实施场地和实施方式也由学生自己选定。

通过举办模拟会议让学生进行口译实践，在此基础上撰写MTI学位论文，对学生来说有许多便利之处。

第一，可以跨过对口译经验、特别是同传经验要求的高门槛。MTI在读学生由于缺乏口译经验，很难被用人单位选中承担交替传译任务，同声传译工作更是遥不可及。如果没有实践机会，那就无法撰写口译实践报告了。而模拟会议任何学生都可以参加，就算水平低一些、经验少一些也没有关系，这样能保证所有学生都获得口译实践机会，可以以此为素材撰写学位论文。

第二，不会泄露用人单位秘密。撰写口译实践报告，不仅需要得到口译实践机会，而且要在口译实践过程中进行录音，并且在事后将录音转写成文字稿，进行细致分析，才能撰写口译实践报告。能否进行录音，其录音内容能否公开，都应该向用人单位确认，征得其允许。而大多数情况下，用人单位不会愿意把自己会议的内容录音并公开，因为这涉及用人单位秘密。许多高校MTI的口译实践报告都没有说明自己是在已得到用人单位同意的情况下对口译进行录音并且公开录音内容的，这一点很不妥当。而模拟会议的素材一般经过教师严格挑选，只要教师把好选材关，学生就可以放心进行录音，并公开录音内容，使用这些内容撰写学位论文。

第三，省去许多手续，节约时间。要完成一次口译实践，并不是只进行日译中或中译日就可以的，还有不少事前、事中、事后的联络工作。例如：事先要与用人单位接洽，提供个人的简历，如果用人单位要求，还可能需要接受笔试和面试；测试通过、确认承担口译任务后，需要向用人单位索取会议资料加以准备；口译前，要与演讲人就会议议程和内容等进行沟通；口译时如果遇到困难，要向用人单位或者演讲人寻求帮助；口译工作完成后，要与用人单位联络，获得用人单位的评价等。

不过，模拟会议毕竟与口译实战有所不同，缺乏临场时的高度紧张感和高度责任感。如果不明确教师的责任，放手由学生自行组织模拟会议，那么其紧张感和责任感会更低，模拟会议口译效果会大打折扣。另外，模拟会议在省去许多手续的同时，也会导致学生无法经历包括事前、事中、事后联络工作在内的口译实践的全过程。

5. 论文研究对象

最后来看论文的研究对象。通过对日语口译MTI59篇口译方向学位论文标题的分析，可以发现学位论文标题主要有两种表述形式。

第一种表述形式在"口译实践报告"前面加上定语，如"企业内口译实践报告""商务陪同口译实践报告""商务会议口译实践报告""……工厂……项目说明会翻译实践报告""工厂口译实践报告""制造现场口译实践报告""……有限公司的会议翻译实践报告""……市场陪同口译实践报告""动漫制作相关会议上的交替传译实践报告""通信设备制造业口译实践报告""医药贸易领域口译实践报告""财务类耳语同传翻译实践报告""手机新品发布会同声传译口译实践报告""孔子学院联席会议同声传译实践报告"等。这些标题中的定语表明口译进行的地点或口译涉及的领域等，但是并没有明确论文的研究对象。

第二种表述形式指出针对口译中的哪种现象、问题、策略加以分析探讨。例如："日汉同声传译中的负迁移现象及对策""日汉同声传译中非流利停顿现象出现的原因和应对策略""中日同传过快语速下的听辨问题及对策分析""日汉同传中听译时差过大问题及应对策略""日汉同声传译中长句的应对策略""汉日同传中的压缩策略""日汉同传中的预测策略""日汉交传中尾句的漏译错译分析"等。上外高翻学院第一届日语口译MTI学位论文的标题主要采取这种形式。此外，广东外语外贸大学的"粤语方言使用者在日中交替传译中的译入语调整"、大连外国语大学的"同传中的误译问题及其对策"、四川外国语大学的"中日日中口译实践报告——在主观介入与中立性之间寻找平衡点"也在标题中指出了研究对象。

再看学位论文的正文内容。第一种标题表述形式的论文，一般在正文中也没有特定的研究对象，只是总结了学生自身在该口译活动中出现的问题，如：误译、漏译、准备不足、背景知识缺乏、源语理解不清、跨文化交际问题等。每篇论文会谈其中的几个问题，而并非聚焦于某一个问题，论文的聚焦性不够，分析研究也不够深入，给人泛泛而谈的感觉。而第二种标题表述形式的论文，由于在标题中明确了研究对象，论文正文通常也围绕该研究对象展开，讨论比较聚焦深入，其研究成果的价值也会比较高。

因此，建议学位论文的标题中明确该论文的研究对象，撰写论文时也应围绕标题中指明的研究对象展开深入考察和研究。

6. 结论

通过上述考察和分析，笔者发现日语口译MTI学位论文的选题存在许多问题，提出了解决问题的意见和建议。

第一，论文方向没有明确规定。笔译方向论文和口译方向论文各占一半。既然专业名称是日语口译，还是应该撰写口译方向论文，以避免出现论文方向与专业不一致的情况。

第二，论文形式过度集中于实践报告。有些论文虽然名为实践报告，内容却是他人的口译实践；还有些论文名为实践报告，其内容却类似实习报告。论文形式可以进一步拓宽，口译实践报告、口译实验报告、口译实习报告、口译调研报告、口译研究论文等形式均可采用，但必须明确各论文形式的定义以及各论文形式间的区别。

第三，保守用人单位秘密的问题。口译类型包括交替传译和同声传译。大多数高校学生无法撰写同声传译方面的论文，主要是因为学生的能力和经验非常有限，用人单位难以委以重任，所以口译类型集中于交替传译。而且无论是交替传译论文还是同声传译论文，都需要在口译现场进行录音，口译工作结束后把录音内容转写成文字，并且对文字进行分析。也就是说，口译工作内容将公开，这时就涉及用人单位秘密的问题。但是，日语口译MTI学位论文的行文中基本都未提到用人单位是否允许将口译录音内容公开这一点。而模拟会议口译不仅能解决保守用人单位秘密的问题，而且也能克服学生能力和经验的限制。当然，模拟会议口译存在缺乏临场的高度紧张感和高度责任感等缺点，需要对模拟会议的组织情况等加以明确规定。

第四，研究对象不聚焦，泛泛而谈的论文比较多。大多数论文只是考察自己的某次口译实践经历，提出几条不足之处，每条不足之处举两三个例子，最后总结一下，论文的价值非常有限。MTI学位论文字数要求少，只有15000词，选题应该聚焦于某一个问题，围绕该问题进行较为深入细致的考察，并提出独特的有建设性的改进策略，如果一篇论文里谈多个问题，在字数很少的情况下，势必难以深入分析。

我国高校最早的日语口译专业硕士点开设至今，经历了十几个年头。十余年来，教学质量不断提升，培养了一批又一批日语口译方面的专业人才。不过，目前日语口译MTI学位论文选题还有许多不尽如人意之处，各高校的看法和规定也不统一，给论文的校际评审工作带来诸多困难，希望日语口译MTI学位论文选题的规范化能早日实现。

参考文献

何三宁、杨直蓉,《MTI学位论文写作模式与评估模式探索》,《外语教学理论与实践》2019年第4期。

荆素蓉,《论MTI翻译实践报告类学位论文写作中导师的三重作用》,《双语教育研究》2016年第3期。

赖炫,《粤语方言使用者在日中交替传译中的译入语调整——以学生译员为对象》,广东外语外贸大学硕士学位论文,2020。

穆雷、邹兵,《翻译硕士专业学位毕业论文调研与写作探索——以15所高校首批MTI毕业生学位论文为例》,《中国翻译》2011年第5期。

孙三军、任文,《翻译硕士学位论文模式探究》,《中国翻译》2019年第4期。

吴青,《论MTI学位论文的性质与形式——从困惑到对策》,《外语教育研究》2013年第1期。

同声传译教学探微
——基于两个理论、三种模式的"临场教学法"

作 者 姓 名：丁莉
单　　 位：北京大学
研 究 方 向：日本古典文学、中日古代文学文化关系、日汉口
　　　　　　译教学与研究

同声传译教学探微
——基于两个理论、三种模式的"临场教学法"

提要：本文结合作者自身在同声传译实践和教学方面的经验,提出了基于两个理论、三种模式的"临场教学法",探讨了如何将国际会议同声传译三种主要工作模式(带稿、无稿、幻灯片稿)导入教学,有效合理地让学生通过不同模式逐步掌握精力分配和译语产出这两大基本技能。

关键词：同声传译;"临场教学法";精力分配;释意;带稿、无稿与幻灯片稿同传翻译硕士专业学位（MTI）的设立促进了对高层次应用型翻译专门人才的培养，也促进了同声传译教学的发展。当前，MTI培养院校大多配置了可用于同声传译教学的多媒体设备和同声传译教室，也基本开设了同声传译课程。

北京大学作为第一批专业学位点，于2008年成立MTI教育中心，面向全国招收英汉笔译方向的翻译硕士生。2011年9月，日本语言文化系在已有语言、文学、文化三个教研室的基础之上新成立了翻译教研室，同时设立北京大学日语MTI中心，于2012年开始招生。北京大学日汉翻译硕士专业学制为两年，口译方向专业课采取口译基础、交替传译、同声传译的三步走渐进模式，学生第一学年修完口译基础、交替传译等课程，在掌握了日汉交替传译基本技能，并对影子练习、记忆练习等同声传译单项练习较为熟悉的基础之上，于第二学年参加同声传译课程的学习。口译基础和交替传译分成日译汉和汉译日两门课分别授课，同声传译则是汉译日、日译汉双向进行。

自2012年成立日汉翻译硕士专业以来，笔者一直担任包括同声传译课程在内的口译方向核心课程。由于同声传译具有极强的专业性、技能性，给教学带来了很多挑战，作为教师笔者也一直在摸索一个合理有效的教学方法。经过不断尝试、探索和改进，形成了关于MTI专业同声传译教学的一个基本思路。

本文结合作者自身在同声传译实践和教学方面的经验，提出了基于两个理论、三种模式的"临场教学法"，探讨了如何通过导入带稿、无稿、幻灯片稿三种模式的教学，有效合理地让学生逐步掌握精力分配和译语产出这两大同声传译（以下简称同传）基本技能。

两个基本理论：精力分配与释意

同传课要教什么？怎么教？关于这个问题，释意学派学者勒代雷（Marianne Lederer）指出：

同声传译的教学旨在向学生传授以下的本领：
1）边听边说；
2）一面捕捉发言的意义成分，一面陈述先期听懂的意思；

3）作适当的代码转换；

4）把代码转换的成分纳入意思的自由陈述；

5）注意利用任何真实陈述必定具有的情景因素，因为这些因素既有助于表达又有助于理解。①

同传译员在听辨原语的同时，需要同时完成对原语信息的处理和对目的语的组织、表达及产出。也就是说，同传是一个多任务同时处理的过程，需要边听边说，一面捕捉发言的意义成分，一面陈述先期听懂的意思，还要对自己产出的译语进行自我监听等，是一个一心二用、三用甚至多用的信息处理和产出的过程。

勒代雷所指出的5个方面的教学内容，（1）和（2）都属于多任务同时处理时如何分配精力的基本技能，（3）、（4）和（5）则是属于译语产出的基本技能。

提到精力分配，就不能不提Gile的"精力分配模型"（Effort Models，也被称作"多任务处理模型"或"认知负荷模型"）。他把同声传译（SI）认知加工过程分解为听辨理解(L)、言语表达（P）、短期记忆(M)和对前面三项环节之间进行的协调(C)，其关系式为SI=L+P+M+C。②也就是说，同传译员的精力（注意力）要同时满足听辨需求、译语产出需求、记忆需求和协调需求。这一模型很好地解释了同传中复杂的信息活动和资源之间的精力分配和协调问题。

认知科学认为，人脑的信息处理能力是有限的，每一种信息处理活动都占有和消耗一部分资源，并存在各资源间的竞争和分配的问题，一个人无法同时妥善地处理太多任务。倘若同传译员在翻译活动中无法合理地协调和分配自身精力，或者所需处理的任务明显超出译员处理问题的精力水平，同传质量必然会受影响。

为了保证同传的顺利进行，必须要有合理的精力分配方案，减少单项任

---

① 达尼卡·塞莱斯科维奇、玛丽亚娜·勒代雷，《口译理论实践与教学》，汪家荣等译，北京：旅游教育出版社，1990：266。

② Daniel Gile. *Basic Concepts and Models for Interpreter and Translator Training*. Shanghai Foreign Language Education Press, 2011: 156-157.

务对译员精力的消耗，从而提高译员的多任务处理能力。在同传教学实践过程中，指导学生掌握对精力的合理有效的分配至关重要。学生在初学阶段，往往会出现因精力分配不当造成各种问题。比如在日译汉同传时，在日语原文的听辨过程中过度消耗精力，以至于不能够及时产出汉语译文；或者产出的译文语句不完整，不能够让听众听懂。又如，在汉译日同传中，虽然听懂了原文，但由于碰到比较难译的词语、词组等，花了过多精力在目标语日语的言语表达、推敲润色上，使得随之而来的信息未能听取，导致听辨理解的缺失。再如，在做不熟悉领域的无稿同传时，由于用于听辨或记忆的精力过多，使得目标语的产出时间缩短，造成跟不上发言人节奏、重要信息流失等情况。

  专业译员在精力分配上是稳定的，并可以根据突发情况及时调整分配策略，这使得他能够保持一种不急不缓、张弛有度的均衡的口译节奏。可以说，合理有效的精力分配是学习同声传译最基本的技能，教师应通过反复操练，使学生掌握要领，将有限的精力合理分配到多项任务当中。

  除了精力分配以外，上述（3）—（5）关于如何产出译语也是一个重要的基本技能。勒代雷认为，同声传译的过程就是死译与活译的反复来回。"在一个发言开始时或在一个新的论据出现时，词语只是表面上给译员提供了语言所赋予的含义，因而他很拘谨地进行代码转换。当一个意思变得明朗时，译员的表达就依据这一意思而不再依据原语的语言形式，于是他的翻译就变得清晰易懂了。"[①]所谓死译，指的是语言代码的简单转化，活译则是指抓住意思后形成灵活的话语表达形式。

  释意学派的创立者塞莱斯科维奇（Danica Seleskovitch）对口译任务进行了偏向认知层面的分析，提出了口译过程三角模型，三角形的顶点是意义的建构。[②]

[①] 达尼卡·塞莱斯科维奇、玛丽亚娜·勒代雷，《口译理论实践与教学》，汪家荣等译，北京：旅游教育出版社，1990：182。

[②] 同上书，第238页。

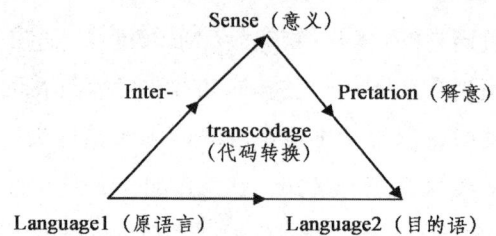

塞莱斯科维奇与勒代雷都是经验丰富的口译译员，释意理论直接来源于口译实践。它认为翻译不是从原语言到目的语的单向解码过程，而是理解思想与重新表达思想的动态过程。如上图所示，从原语言到目的语的翻译可以有两种路径，路径1是通过代码转换直接翻译，路径2则是要经过三角形顶端，即脱离原语言外壳（脱离词语形式）转换为信息，经过头脑认知为意义之后再进行释意，用目的语表达出来。"从三角形的顶端开始传送自发表达的思想，因为变成思想的原语形式已不再有约束力。底部表示未经语境或情景更改的概念从语言到语言的直接翻译，这些概念只是知识的目标而不是理解的目标。"①

根据这一模式，翻译中核心的处理过程并非语言的代码转换，而是译员对意义的理解和表达。代码转换只有在拥有严格对应物的条目上才能实现，如专有名词、数字和专用术语。

上述勒代雷提出的同传教学（3）、（4）、（5）项就是教会学生习惯路径1（代码转换）和路径2（把代码转换的成分纳入意思的自由陈述），同时学会在语境和情景中理解意思并进行表达。释意理论强调口译以意义为中心，而不是字词和语言结构的对应，至今仍然是口译教学中具有指导意义的重要思想。例如，欧盟口译司培训体系的核心思想便是释意理论。②

学生在初学时往往容易陷入"代码转换陷阱"之中，只会将听辨到的词汇和表达通过路径1进行代码转换，加上受精力分配的影响，容易造成输出的目的语支离破碎、只是单个的词或词组的组合，却不懂得抓住发言人的思路和

---

① 达尼卡·塞莱斯科维奇、玛丽亚娜·勒代雷，《口译理论实践与教学》，汪家荣等译，北京：旅游教育出版社，1990：239。

② 秦勤、秦勇，《从释意理论再探大学英语专业口译教学新思路——基于中欧同声传译培训项目》，《外国语文》2014年第6期，第171页。

逻辑，通过路径2展开释意，将意思流畅地表达出来。因此同传教学中另一个很重要的内容就是教导学生学会自如运用代码转换和通过释意的自由表达。

精力分配和译语产出可以说是同声传译中两个最重要的基本技能。Gile的精力分配模型和塞莱斯科维奇、勒代雷的释意理论则成为这两项技能训练时的重要理论指导，在口译、口译教学研究中也得到了广泛的运用。然而笔者注意到，很多研究在使用释意理论或精力分配模型时并没有对同声传译的工作方式进行进一步细分，而实际上带稿、无稿以及带幻灯片稿这三种国际会议同声传译的主要工作模式中，精力分配和译语产出的方法各不相同，不能一概而论。以下就结合这三种主要模式，分析不同模式中精力分配和译语产出技巧的不同，论证将这三种模式导入同传课堂的必要性。

三种模式：带稿、无稿和幻灯片稿

目前，各类国际会议同声传译主要分为以下三种模式：带稿同传、无稿同传、带幻灯片（PPT）同传。这三种模式看似只是形式上的不同，实际上其难点和所运用的技巧各不相同。

1. 带稿同传及技巧

带稿同传指的是发言人读稿，同传译员跟着发言人的口头发言将发言稿译成目的语的模式。这一模式的特点为：（1）译员获取原语信息的方式主要是靠阅读，但同时也要兼顾听取发言人发言，以防止发言人省略、改动原稿或是即兴增加内容等。（2）因为稿件是事先准备好的书面文章，其中的信息自然比无稿时的口头发言要精炼、严谨得多，词汇、句法形式等也更为丰富。（3）因为发言人是"照本宣科"，往往语调单一，没有帮助译员理解意思的口语韵律特点；又因为不需要思考，没有停顿、重复、冗余和无关紧要的话等，语速也会变得很快。

Gile针对带稿同传专门提出了带稿同传下的精力分配模式：SI=R+L+P+

M+C[①]，即在无稿同传的基础上又增加了一项阅读（Reading）。由于文本的存在使译员不得不分配一部分精力到阅读文本上，这就等于又多了一项阅读（R）任务，进一步加重了译员的负担。带稿同传又并非完全的"视译"（"视译"指一边阅读文本一边将其口头译出的一种练习方法，与带稿同传不同的是没有声音信息介入，不需要听辨），因为译员需要边看边听，并将看到的文字信息与听到的语言信息加以对比处理，力争保持译语产出与发言同步。如果发言人不完全照稿或有即兴的部分，还需灵活应对。

带稿的好处是，如果译员能够事先拿到稿件，就能在会议开始前全面了解发言的内容，找出难点所在，做好相应的准备。在同传过程中，事先获得的发言稿能够在一部分程度上减轻译员在听辨理解（L）和短期记忆（M）上的精力分配，尤其是在数字和专有名词上。

不过除了极个别的会议主办方会提供已经翻译好的译稿，绝大多数的带稿同传要求译员跟随发言人口头翻译书面文本，相当于本应花上足够的时间笔译的文章在很短的发言时间之内要口头进行"笔译"，译员的言语表达（P）任务大大加重。也就是说，在带稿同传模式下，听辨理解（L）和短期记忆（M）负荷有所减轻，需要分配精力去阅读（R），同时言语表达（P）任务大大加重。

初学者一旦拥有讲稿就会对讲稿产生过度依赖，将精力过多放在阅读及言语表达上，这样一来分配在听力上的精力会明显减少，容易造成译语产出与发言人的发言不同步，当发言人语速较快时译员就无法跟上。当发言人变更发言内容，插入新的信息时，译员又会不知所云，只能放弃对新增信息的处理，影响口译质量。在中译日带稿同传中，受汉语信息量大、日语总体音节多等语言特点影响，译员必须要不断加快语速以跟上发言人的速度，这也会导致译员过多关注译语产出，分配在听力上的精力则明显减少。

有经验的译员则会在事先准备时对原稿进行处理，例如做一定的语篇分析与断句，勾出重点、解决难点。如果时间允许的话把需要下功夫才能译好的重要语段标出来，把关键的词语（如术语、机构名称、职务头衔等）或一些难

---

① Daniel Gile. *Basic Concepts and Models for Interpreter and Translator Training*. Shanghai Foreign Language Education Press, 2011: 169-170.

译的句子先译出来。在时间来不及的情况下，也可以在稿子上用斜线、箭头、下画线、五角星等各种符号做一些标识，目的是突出发言人的思路及发言重点。现场同传时避免将过多精力放在"阅读"上，尽可能地多分配精力在听辨上，避免阅读带来的干扰，这样可以灵活应变。

关于译语产出方面，带稿同传模式下，由于书面讲稿都是经过精细加工的书面语文章，给脱离语言外壳增加了难度，更容易使译员陷入代码转换陷阱。塞莱斯科维奇所指的脱离原语语言外壳的过程是指当原语的意义得到认知时，其语言形式就会逐渐消失，译员能在原语消失之前摆脱原语表面形式的束缚而只将其意义储存在大脑里。这一理想过程因原稿的介入被打破，因此专业译员往往更愿意做无稿同传，因为只有无稿同传才容易实现脱离原语语言外壳，通过释意进行自由表达。

总结有稿同传的译语产出策略，那就是通过事先的阅读和文本标识，尽可能在有限时间内把握文本的中心、意图、结构和特点。现场同传时，尝试将更多精力放在听辨上，争取对文本只"看"不"读"，通过"看"获取数字、专有名词、关键信息等。

2. 无稿同传及技巧

无稿同传的特点是：（1）译员获取原语信息的方式完全靠听取，这一点与有稿同传完全不同；（2）发言人一旦脱稿进行自由表达，即便他的语速很快，也会有思考时间以及停顿、重复、冗余信息的出现，同时他选择的词语和表达方式也会是口语化的，便于听众理解。

在精力分配方面，无稿同传适用Gile的精力分配模式SI=L+P+M+C，即同声传译=听辨理解+言语表达+短期记忆+协调。与带稿同传相比，译员进行无稿同传时不需要阅读讲稿，少了阅读理解（R）这一项，因此就可以专注于听辨理解（L），可以更加关注说话者的语速、语调，表达速度上力求与发言人一致。

但在无稿同传中，数字、专有名词等短期记忆（M）的任务比带稿同传要重，需要分配更多的精力。在进行原语的听辨理解（L）时，译员还需保证不受自己的言语表达（P）干扰，需要在听取发言人讲话的同时，用耳朵检查自己的表达的正确性，这就迫使他不断地把精力集中在两种不同的陈述上。

相比有稿同传，初学者会对无稿同传感到更为紧张，压力也更大。特别是日译汉时，由于日语是SOV型语言，表达关键意思的成分在句尾，译员要等完全听明白意思之后再进行口译，就会出现口译中断或是大量漏译的情况。在同传教学中，刚开始训练日译汉无稿同传时，时常有学生因为想要仔细听辨信息而出现长时间停顿、空白，或是要等到听取完整的一句话之后才能开始翻译，在翻译时又无法同时听取下一句信息，以至于丢失掉大量信息。

以上这些问题其实都是尚未掌握合理的精力分配技巧造成的。事实上，无稿同传是三种模式中最能集中于听辨的模式，而不像有稿同传那样需要经常穿梭于阅读和听辨之间。一旦学生通过训练掌握了分配精力的技巧，他就会和大多数专业译员一样，发现无讲稿的发言最适合同声传译，效果也最好。关于日译汉时日语语序的问题，也完全不需要等到冗长句子发布完毕之后再开始传译，可以通过"切分法"先立即作短句同传，在对原语信息积累达到一定水平、构建起意义单位后，再迅速组织译语传译——此时可使用重译、更正、补充串联语义等多种手段，以保证"释意"出原语的内在意义，并能让听众听懂。[①]

在译语产出方面，无稿同传模式下，译员能够更加注重说话者说话内容的意义传达，而不是拘泥于原语言语法上的表层意义。译员把所听到的原语解码之后，将意义从原语的语言符号中剥离出来，然后以非语言的形式储存在记忆之中，在原语言与目的语之间会出现一个"非语言地带"（意义），这便是释意翻译。

译员在未能跟上讲话者的思路和逻辑时，容易陷入代码转换的陷阱，只是单纯地跟着原文走，传达的只是语篇中的词汇和表达，却忽视了其中的逻辑关系。这是因为还未能摆脱原语的束缚，造成只见树木不见森林的结果。一旦抓住了原语信息中的逻辑主线，逻辑变得明晰起来，就能够对通过听觉所接收到的信息进行释意，而并非只是寻找原语的对应表达。

---

① 鲍刚，《口译理论概述》，北京：中国对外翻译出版公司，2011：219。

3. 幻灯片同传及技巧

幻灯片同传是如今的国际会议中最为常用的一种模式，即发言人一边播放幻灯片（PPT）一边发言。这一模式介于带稿和无稿之间，其特点为：（1）译员获取原语信息的方式主要是靠听取，同无稿同传一样需要紧跟发言人，听辨其发言内容；另一方面又需要用视觉捕捉幻灯片中的文字、图片和表格等相关信息。（2）幻灯片不仅可作为译前准备的重要参考资料，在同传时也可以起到减轻译员听力负担的作用，对于没有听清的信息，译员可以通过幻灯片上的文字和图表内容进行确认。（3）发言人有时会根据幻灯片内容写好发言大纲，也会时而脱稿发言时而阅读幻灯片上的内容。因此使用幻灯片的发言相当于介于带稿与无稿之间的"半脱稿发言"。

目前口译教学和研究都很少涉及幻灯片同传，但事实上幻灯片同传已经成为国际会议中最主流的发言方式。笔者尝试使用Gile的精力分配模式，提出幻灯片同传的精力分配模式为SI=G+L+P+M+C，即同声传译=看（读取）幻灯片+听辨理解+言语表达+短期记忆+协调。与无稿同传相比，幻灯片同传增加了一项看（Glancing）的视觉输入任务，这就使得幻灯片同传和有稿同传一样也需要译员将自己的精力同时分配在对声音信息的听辨理解（L）和对图像、文字信息的读取（G）上。当发言人说话内容和幻灯片上的内容完全一致时，译员很难完全忽略幻灯片，全神贯注于听取发言内容。对于没有听清的信息，译员也可以通过幻灯片上的文字和图表内容进行确认，减轻译员短期记忆（M）的负担。但如果将过多精力分配在看幻灯片（G）上，幻灯片就会和讲稿一样产生很大的干扰作用，让译员分神，不能分配充分的精力去听辨（L），以至于很难听懂说话人的说话内容。

初学者掌握不好精力分配，容易将过多的精力放在读取（G）幻灯片上。实际上发言人会突然跳过某些幻灯片或者增加一些幻灯片上面没有的内容，此时初学者便会不知所措，在找寻幻灯片的过程中听辨精力受到干扰，以至于漏掉了大量信息。通过训练之后，他们会懂得译员应该将更多的精力分配到听辨（L）发言上。

在译语产出方面，幻灯片模式下释意技巧的运用也介于带稿同传和无稿同传之间。如果出现大篇幅文字的幻灯片，发言者很可能会选择快速地朗读，此时与带稿同传情景相似，译员因为要兼顾阅读任务，消耗大量精力，这会干扰译语产出的言语表达，也很难做到脱离原语外壳。碰到这样的文本性幻灯片，译员如果事前拿到，可以与文稿一样进行标注，标注出重点和要点，梳理发言逻辑，难点也可选择事先译出，减轻现场言语表达的压力。而如果发言人就幻灯片上的图表或是提纲进行讲解时，译员可以通过幻灯片的内容帮助自身进行逻辑梳理，在抓住逻辑的基础上再进行释意。

通过以上对国际会议同声传译三种主要模式的不同特点，以及不同模式下译员精力分配与译语产出这两项基本技能的不同使用方法的分析，我们可以了解到，要让学生掌握在不同模式下使用不同的精力分配与释意技巧，就必须在同传教学中引进这三种模式，并进行大量训练和指导。

基于两个理论、三种模式的"临场教学法"

在课堂教学上，笔者尝试使用不涉及保密规定的会议录音及讲稿、幻灯片资料。使用现场真实的录音材料不仅能够营造"临场感"，在课堂上创造一个最大限度接近真实的口译环境，让学生体会多种口译现场的气氛，还能将带稿、无稿和幻灯片稿这三种模式带到课堂，通过课堂训练让学生掌握不同模式下的精力分配和译语产出等同传基本技能。正式出版的教材由于多有现成的录音和译文，学生可以通过课前预习掌握内容，缺乏临场感、紧张感和新鲜感，因此仅指定了2-3本作为学生课下学习和练习时的参考资料，而不在课堂使用。

教学材料得当，既能够达到训练目的，让学生获得学习的充实感和满足感，又不至于让学生产生畏难情绪。上课时，可以通过课前准备、课堂训练、课后复习的三部曲模拟译员的译前准备、现场翻译、译后总结，将每一堂课都上成一次临场同传实践，提高同传课程的教学质量。

1. 课前准备（译前准备）

同传译员除了日常的学习、积累以外，做好译前的准备工作是非常重要的。所谓"不打无准备之仗，方能立于不败之地"，可以说译前准备是决定口译成败的关键因素之一。同样，同传教学不能从上课才开始，教师应该把课前准备看作是同传课堂的一部分，提前告诉学生上课内容，要求学生以到口译现场从事口译工作的心态做好准备。课前准备也可以模拟真实的会议情况，短至一天长至一周提前告知学生主题，有稿和有幻灯片的则预先将讲稿、幻灯片等资料提前发给学生做准备。

学生在拿到文稿或幻灯片稿之后根据时间进行准备，教师应当提前传授准备方法。例如，文稿标识的一个基本技巧就是断句。合理断句的方法是使用类意群作为单位，类意群是指构成一个较完整的内容信息的基本单位，具备3个特征：（1）相对独立的意义概念；（2）在一目可及的范围之内；（3）能够通过连接语较灵活地与前后单位结合。[①]在阅读文稿的过程中，应该标注出类意群，合理断句。同时还可利用文字、符号和注音等形式做各种标记，以确保译语产出更加顺畅、准确和有条理。教师应当注重培养学生养成良好的文稿标识习惯。

在准备幻灯片稿时，如果是满篇文字的文稿型幻灯片，需要按照准备文稿的要领来准备，通过标识使自己能在最短的时间内抓住满篇文字的精髓；如果是提纲要领式的幻灯片，则需对其要点做必要的逻辑解释，梳理发言逻辑，掌握发言重点和要点；如果是图表型的幻灯片，也需在准备时捕捉重要信息，必要时可以利用图书、字典和网络来查询图表中难以理解的部分和专业词汇，了解其背景和主题。

即便是无稿同传，教师也应事先告诉学生发言人和发言主题，根据情况也可以提供几个关键词让学生调查了解相关领域的专业知识以及最新发展动态等，做好专业术语等方面的准备。

无论是哪一种形式的同传，都可以让学生通过网络等手段补充相关领域的主题知识信息，准备专业术语，制作好现场使用的单词对译表。教师应当敦促学生，让学生充分意识到他们要做大量的准备工作，想尽一切办法熟悉主题。课前准备应当成为同传教学中重点关注的环节，如同充分有效的译前准备是保证会议同传效果的前提条件一样，充分有效的课前准备无疑也是保证课堂教学效果的前提条件。

[①] 秦亚青、何群编著，《英汉视译》，北京：外语教学与研究出版社，2009：25-26。

2. 课堂训练（现场翻译）

在谈到口译教学时，经常会提到"模拟会议""模拟记者招待会""角色扮演"等课堂训练方式，让学生分角色扮演会议演讲人、新闻发言人及翻译等。这种方式对扮演发言人的学生来说，能够提高口头表达能力、语言组织能力、公众讲话能力乃至交际能力等，无疑是一种很好的方法，但是仅就同传训练来讲，笔者却认为有时效果未必很好。比方说如果扮演发言人的学生使用非母语（日语）进行发言，其语音语调不够准确的话便会对扮演译员的学生完成口译任务造成影响和障碍，而这在实际现场是不太可能发生的情况。另外，即使扮演发言人的学生发音准确清晰，但也往往存在词汇量和主题知识有限、表达简单、专业性不强等问题，无法真正模拟出国际会议现场的发言水平，这就会降低口译难度。如果学生之间事先就发言内容进行沟通，也会影响临场感和训练效果。

使用真实的会议现场录音和材料，让学生体验和尝试各种模式下发言的口译是最为合理有效的方法，可以让学生适应多种发言方式，了解并尽力去克服口译现场有可能出现的各种障碍和难点，例如说话人语速过快、说话不清晰、逻辑不清楚、有口音、大量使用外来语等等。

在同传课堂上，无论是带稿、无稿、幻灯片稿的哪种模式都要直接播放发言录音，让学生进同传间进行翻译。如果是幻灯片稿，在播放录音的同时还要在屏幕上放映幻灯片，完全模拟真实的会议情景。

在教学中要以传授技能为主要原则[①]，将精力分配和译语产出这两大基本技能贯穿在三种模式的训练中。在训练精力分配时，教会学生如何使用耳机，建议学生最好能固定一只"主导耳"用来听辨原语，另一只"非主导耳"用来监听自己产出的译语。[②]

在训练时，针对学生传译中出现的各种问题，结合Gile的认知负荷模型，讲解前文中所分析的不同模式下精力分配的不同（参考下表）。通过三种模式的大量训练，让学生体会并逐渐摸索出自己在阅读（读取）、听辨理解、言语表达、记忆等各项任务上精力分配的最佳比例。还可以引导学生使用预测等策

---

① 仲伟合，《口译课程设置与口译教学原则》，《中国翻译》2007年第1期，第52页。
② 鲍刚，《口译理论概述》，北京：中国对外翻译出版公司，2011：218。

略，减少听辨理解的加工需求，增加同传时精力的可用容量。

三种同传模式下的精力分配对比

同传模式	精力分配模式	精力分配增量	所需精力的变化（↑表示负荷加重）	所需精力的变化（↓表示负荷减轻）	常见问题（▲表示过多 ▼表示过低）
带稿	SI=R+L+P+M+C	R（阅读）	P（↑）言语表达负荷加重	L（↓）、M（↓）听辨理解和短期记忆负荷减轻	R（▲）、L（▼）分配给阅读的精力过多，听辨精力过低
无稿	SI=L+P+M+C	无	L（↑）M（↑）听辨理解和短期记忆负荷加重	P（↓）言语表达的负荷比带稿时减轻	L（▲）、P（▼）原语为非母语时，分配给听辨理解的精力过多，影响言语表达
幻灯片稿	SI=G+L+P+M+C	G（读取，看）	P（↑）发言人大段读幻灯片时，言语表达负荷加重	L（↓）、M（↓）有幻灯片提示关键词，听辨理解和短期记忆负荷比无稿减轻	G（▲）、L（▼）分配给读取的精力过多，听辨精力过低

关于译语产出方面，需要在教学中让学生逐渐掌握在意义单位基础上的译语组织和产出，即脱离原语外壳之后的自由表达。由于原语信息越密集，脱离外壳的难度也就越大，因此可以考虑一定程度上控制教学材料的信息量，尽量遵循信息密度由低而高，原语语速由慢至快的原则。在导入三种模式时可以按照无稿→幻灯片稿→带稿的顺序，将信息量最密集、最难以脱离原语外壳的带稿同传放到学期后期进行。

课堂训练时，可以让没有进同传间的学生担当听众，在同传间外面边听边做笔记，记录下译员在同传过程中的种种表现。这也可让担任译员的学生时刻意识到听众的存在，增加临场感和紧张感。教师也需要做好详细的笔记，以便译后进行全面充分的讲评。

学生译完之后，进行点评。点评可分为自我点评、相互点评、教师点评的几个环节进行。相互点评有利于鼓励学生相互学习、相互启发、相互借鉴，并锻炼学生对产出译文的评估能力，以最终提高口译能力。在自我点评、相互点评之后，教师针对重点问题进行整体点评，对该同学的同传表现给予评价。点评可以使用知识指标、技能指标和心理素质指标科学有效地进行①，同时要注意在点评中鼓励学生不断提高口译技能和心理素质。

3. 课后复习（译后总结）

对于一名译员来说，口译结束之后的译后总结非常重要。通过反思自己翻译时卡壳、中断或是未能译出、译得不够到位的地方，记录下自己或搭档译得比较出彩的地方以及出现的生词、术语等，日积月累，便能不断提高自己。

口译课后也可让学生做同样的译后总结。此外，还可以把课堂所用原语录音以及学生所作同传的课堂录音一并交给学生，让学生回去比对原语和自己的译语，参照课堂点评、笔记等进行总结、反思。学生还可以将同传与交传相结合，播放原语，做交传练习，"让交传成为一面反映同传的镜子"。②

结语：让"心脏长毛"

日本著名的俄语同传译员米原万里在一篇随笔中写道："同传译员的心脏上长满了刚毛""同時通訳者の心臓が剛毛に覆われている"。③大意是说同传译员面临巨大的时间压力，翻译时自然不可能做到字斟句酌，因此要学会巧妙应对和处理，适当运用省略、脱离原语外壳等策略。如果对"我不认为她爱他"和"我认为她不爱他"之间的细微差别都要"耿耿于怀"、揪住不放的话，那只能说明你不适合做同传了。

日语中「心臓に毛が生える」（心脏长毛）这个词其实是形容人脸皮厚、胆子大、不怯场、不发憷，往好了说就是有一颗强大的心脏。对同传译员来说，一颗"长了毛的"、强大的心脏正是所需具备的最重要的素质之一。心

---

① 蔡小红，《口译评估》，北京：中国对外翻译出版公司，2006。
② 塞莱斯科维奇、勒代雷，《口译训练指南》，闫素伟、邵炜译，北京：中国对外翻译出版公司，2011：214。
③ 米原万里，『米原万里ベストエッセイ』，東京：角川文庫，2016：159。

理素质在口译现场,几乎决定着口译的质量。

　　本文探讨了将国际会议同声传译各种工作模式引入到同传课堂上来的意义和具体操作方法,引进目的是让学生体验和了解同传现场的各种模式和基本工作流程,掌握基本技巧,培养学生遇事不惊、"兵来将挡水来土掩"、以不变应万变的心理素质。在教学中,教师还可以通过设定会议现场常见的各种"突发情况",例如带稿发言者大幅度改动、增加甚至完全不按稿发言,幻灯片发言者打破原有的幻灯片顺序,无稿发言者口音重、语速快等等,让学生切身体验各种"意外"并在这个过程中不断提高自身的心理素质和抗压能力。同传教学应该能让学生的"心脏长毛",帮助学生完成向一个合格译员蜕变的技巧和心理上的准备过程。

参考文献

鲍刚,《口译理论概述》,北京:中国对外翻译出版公司,2011。
波赫哈克,《口译研究概论》,仲伟合等译,北京:外语教学与研究出版社,2010。
蔡小红,《口译评估》,北京:中国对外翻译出版公司,2006。
达尼卡·塞莱斯科维奇、玛丽亚娜·勒代雷,《口译理论实践与教学》,汪家荣等译,北京:旅游教育出版社,1990。
迪利克,《脱离/再入语境的同声传译》,上海:上海外语教育出版社,2010。
勒代雷,《释意学派口笔译理论》,刘和平译,北京:中国对外翻译出版公司,2001。
刘和平主编,《法国释意理论:译介、批评及应用》,北京:中国对外翻译出版公司,2011。
秦勤、秦勇,《从释意理论再探大学英语专业口译教学新思路——基于中欧同声传译培训项目》,《外国语文》2014年第6期。
秦亚青、何群编著,《英汉视译》,北京:外语教学与研究出版社,2009。
塞莱斯科维奇、勒代雷,《口译训练指南》,阎素伟、邵炜译,北京:中国对外翻译出版公司,2011。
仲伟合,《口译课程设置与口译教学原则》,《中国翻译》2007年第1期。
Daniel Gile, *Basic Concepts and Models for Interpreter and Translator Training*, Shanghai Foreign Language Education Press, 2011.

释意派理论在汉日口译中的应用效果研究
——以北京外国语大学日语MTI在校生为例

作 者 姓 名：宋　刚
单　　　位：北京外国语大学
研 究 方 向：汉日翻译

作 者 姓 名：田碧雪
单　　　位：航天工程大学
研 究 方 向：汉日翻译、日语教育

释意派理论在汉日口译中的应用效果研究
——以北京外国语大学日语MTI在校生为例

提要: "释意派理论"作为较为成熟的口译理论,受到了国内外学者的广泛关注。ESIT的口译课程中,"释意派理论"指导是重要组成部分。尽管"释意派理论"支撑的巴黎学派曾被诟病过于依托主观、缺少科学性,但"释意派理论"已广泛运用于国内外高校英语口译教学中,且取得较好效果。因此,本论文基于日语MTI在校生口译实验,检验了释意理论的实际应用效果,从词汇、句子、逻辑三个维度为日语MTI口译教学水平提升提供了借鉴与参考。

关键词: 释意派理论;日语MTI;口译教学;口译实验

1. 释意派理论及我国学界的受容

"释意派理论"由法国翻译家塞莱斯科维奇（Danica Seleskovitch）在20世纪70年代提出。塞莱斯科维奇曾担任法国巴黎第三大学高等翻译学院院长，课余时间兼职法语、德语、英语、克罗地亚语高级别会议口译工作，释意派理论是在她多语种口译教学与实践过程中摸索出来的实战型口译理论。其后，塞莱斯科维奇从认知语言学的理论角度审视口译行为，并与勒代雷（Marianne Lederer）等学者发表了一系列具有代表性的著作和论文。1994年，勒代雷的《释意学派口笔译理论》标志着释意派理论走向成熟，其研究范围也从最初的会议口译中的交传和同传实务拓展到了笔译实务、口笔译教学和翻译理论。

释意派理论认为翻译首先是人类的交际活动，因此译员在翻译过程中翻译的对象是信息或意义，而不是语言。其核心思想是译员理解、翻译和表达的对象不是源语的语言形式，而是讲话人或者作者需要表达的意义和思想，译员的中心任务就是剥离源语语言外壳，抓住意义实质。释意派理论将语言层次分为语言、话语、篇章。在此基础上，又将翻译层次也一一对应为词义层次翻译、话语层次翻译和篇章层次翻译。词义层次翻译指机械地翻译词的本义，即通常所说的逐字翻译。话语层次翻译指语义翻译，是脱离语境和交际环境的句子翻译。篇章层次翻译指翻译语言含义和认知知识结合产生的意义。释意派理论认为，第三种层次的翻译，即篇章层次翻译才是释意翻译，也可称之为真正意义上的翻译，真正达到在两种语言表达的篇章之间建立交际意义的等同。其核心理论释意翻译的三角模型（图1）和脱离源语语言外壳就是建立在对第三种层次研究的基础上产生的，翻译层次的界定是释意理论进一步展开的前提。

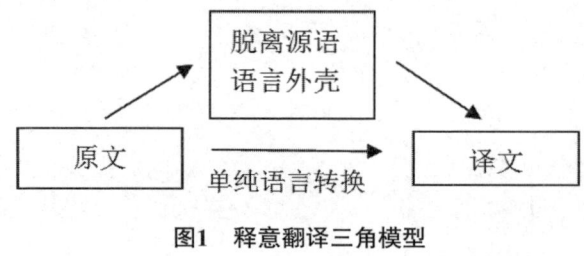

图1 释意翻译三角模型

释意派理论将口译程序分为三个步骤，即理解、脱离源语语言外壳、表达。脱离源语语言外壳是释意派理论的核心。在这一阶段，译员应立即自觉忘记语言符号的结构，以便只记住所表达的思想内容，也就是语言符号所产生的认知和情感意义。如果不经历中间阶段，意义不能产生，真正的翻译行为无法实现，只能算作机械性代码转换。三个步骤之间均需实现"意义对等"。对于如何才能做到"脱离源语语言外壳"，Setton & Motta（2007）在其实证研究中，将同传时"脱离源语语言外壳"的判断标准定为"语言处理的灵活化"，具体包括创新词汇、补足连接词、改变句子顺序和创新语言。孙海琴（2012）的实证研究以此为基础将其分为改变句子顺序、添加解释、改变连接词和创新词汇·句子等四个类型。

《释意学派口笔译理论》于2001年由刘和平翻译出版，自此释意派理论进入了我国学界的视野之中。我国研究释意派理论的代表学者是鲍刚、刘和平和蔡小红。鲍刚以理论研究为主，刘和平将理论与口译教学结合，蔡小红则从跨学科角度开展实证研究。受到三位学者影响，我国释意派理论的研究成果可以分为三类：一是释意派理论的相关评价，二是跨学科研究，三是翻译行为实证研究。其中，翻译行为实证研究又可归纳出三个特点：一是从认知学、心理学角度进行效果评价；二是考察释意派理论在同声传译过程中的效果；三是研究该理论中"脱离源语语言外壳"与其他要素之间的关联。

2. 实验方法、实验素材及口译策略假说模型

本研究采取三段法，第一阶段在释意派理论指导下，依据原文与参考译文建构口译策略假说模型，第二阶段以北京外国语大学日语学院MTI口译方向的10名在校生为实验对象，以口译形式开展实证实验并分析实验结果，第三阶段将口译策略假说与实验结果进行比对，并得出释意派理论在日语MTI在校生中的应用频率及效果等分析结果。

实验素材的选材标准制定如下：第一，素材以段落为主，具有一定规模。收集容易在口译过程中体现"脱离源语语言外壳"特征的句子；第二，

素材文体适合口译。"脱离源语语言外壳"以口译为主要载体，因此避免笔译类文本；第三，挑选实验对象相对较为熟悉其背景知识的段落，避免专业性过强的文本。释意派理论指导下为获得"意思"，译者的语言能力在重要性上低于背景知识及认知能力。但实验本身是对"脱离源语语言外壳"处理效果上的考察，因此希望避免更多变量出现；第四，在相对具有普遍性的知识背景范围内，丰富实验素材涉及的领域，最大限度接近翻译工作现场的场景。因此，从政治、经济、文化、社会、环境五个领域各收集20段；第五，研究素材具备较为权威的参考译文。实验为日语MTI口译专业在校生，整体口译能力尚未成熟与稳定，需要权威译文作为参照，因此从销量最高的五部教材中进行筛选；第六，实验素材包含汉译日与日译汉双向，以考察"脱离源语语言外壳"的方向性，以期建立更为全面的汉日、日汉口译策略。基于以上标准，实验素材确定为邱鸣主编（2005）《日语口译实务（三级）》、陆留弟主编（2005）《日语口译实务（二级）》、陆留弟、蒋蓓编著（2006）《日语中级口译岗位资格证书考试·口译教程》、许慈惠编著（2007）《日语高级口译岗位资格证书考试·口译教程》、刘丽华编著（2009）《中日口译教程（中级）》，涵盖政治、经济、文化、社会和环境五个领域，包括汉译日和日译汉双向，筛选了100段附有参考译文的文本。汉译日原文文本长度为word文档计数50-70字，日译汉原文文本长度为70—90字（见表1）。

表1 实验素材（因篇幅所限，仅列举汉日、日汉双向五大领域各1段）

领域	序号	原文	参考译文
政治	1-1	中国将始终不渝地把发展作为执政兴国的第一要务，把中国自己的事情办好，这本身就是对人类和平与发展的重大贡献。	中国は終始一貫として発展を執政・国家振興における第一の任務と位置づけていきます。中国が自国の問題を適切に処理すること自体が、人類の平和、発展に対する重要な貢献となります。
	1-2	政治の秘訣はより多くの人々が自らの持つ能力を自然に発揮することができ、幸福であると感じることのできる社会を作り上げることにあると考えます。	我认为政治的要诀就在于建立使更多的人能够自由地发挥自己的能力并感到幸福的社会。

（续表）

领域	序号	原文	参考译文
经济	2-1	不是把中国的经济增长当作威胁，而是把它看做是加深中日经济交流的有利因素，这才是符合经济全球化发展的思维。	中国の経済成長を脅威と受け止めるのではなく、中日経済交流を深めるプラスの要素と認識することがグローバリゼーションに当てはまる思考です。
经济	2-2	中国の輸出入貿易は、1978年から、年平均15％前後の伸びを示し、この伸び率は、中国の国民経済の同期における成長率を上回り、世界貿易の年平均成長率を8％以上も上回っています。	中国的进出口贸易自1978年以来保持年均15％的增长，该增幅超过了同期的中国国民经济增长，同时也高出世界贸易年均增长率8％以上。
文化	3-1	为什么日本的卡通片会如此繁花盛开？同时，为什么今天日本的卡通片会如此吸引人？在回答这个问题时，我们不能忽视的是为卡通片提供原作的漫画作品的普及。	なぜ、こうも日本ではアニメが盛んなのでしょう。そして、今に至って、なぜ注目を浴び始めたのでしょう。それを考えるには、アニメに原作を提供している漫画の広がりを無視してはなりません。
文化	3-2	国際映画祭は世界各地で開催される映画業界の祭典で、多様な作品の上映を中心に、優れた作品の選考や、映画売買のマーケットとしての機能も備えています。	国际电影节是在世界各地举办的电影界庆典活动。以播映各种影视作品为主，还具有评选优秀作品和作为电影买卖交易平台的功能。
社会	4-1	时代发展至今，人们无止境地追求多快好省，稍有怠慢就有可能考试不及格、被裁员、被劲敌追赶上，落后于时代，简直就是你死我活。	ここまで時代が進めば、より生産的、より効率的に、より繊細にと、とどまるところを知りません。ちょっと休めばもう試験に落ちたり首にされたりライバルから追い越されたりして、時代に取り残されかねません。まさに食うか食われるかです。
社会	4-2	少子高齢化を背景に働く女性の活用を求める声は高まっていますが、"出産・育児を契機に退職する人が多い"ことなどが管理職への登用の妨げになっています。	在出生率降低和人口老龄化的背景下，要求充分发挥女性才能的呼声日益高涨，但很多人因生育而离职，这使得女性难以被提拔到管理岗位上。

(续表)

领域	序号	原文	参考译文
环境	5-1	希望中国政府能加大力度，加快脚步，早日解决空气污染问题，还中国人民一片美丽的蓝天，给国际社会一个圆满的交代。	中国政府が働きかけを強め、ピッチを上げて、大気汚染問題を早期に解決し、中国の国民に一面に広がる美しい青空を取り戻し、国際社会に十分満足のいく形で受け渡せることを望みます。
	5-2	技術だけでなく、税制や社会制度が整備され、人々のライフスタイルに変化を促すことができるようになれば、エネルギーの利用効率が高く、環境に対する負荷の小さいシステムへと変化してゆくことであろう。	不仅仅是依靠技术进步，如果能够进一步完善税收及其他社会制度，促使人们转变生活方式的话，就会形成一个有效利用能源、对环境负荷较小的能源利用系统。

依据"脱离源语语言外壳"的判断标准，通过"词汇转换""句子转换""逻辑转换"三个维度对100段文本与参考译文进行分析后，建构出"脱离源语语言外壳"的口译策略假说模型（图2）。

首先，从词汇转换层面来看，"脱离源语语言外壳"的口译策略主要有"改变词性"和"更换词汇"两种策略。"改变词性"主要集中在动词和名词间的转换。汉译日多数情况下将动词转换为名词，日译汉中名词则多被转换为动词。通过分析发现，"更换词汇"这一策略在100个短句翻译中频繁出现，共有36个段落的共计40处都使用了这一策略，即没有直接翻译原文的词汇，而是重新使用了其他的词汇。

其次，从句子转换层面来看，"脱离源语语言外壳"口译策略主要包括"改变定语""整合或拆分句子""改变顺序"三种。运用"改变定语"策略的文本在100个文本中共有20处使用了这一策略。"改变定语"的具体方法又可细分为"宾语转换为主语定语""共同独立中心词和定语""分别独立中心词和定语""省略中心词"等四种类型。

再次，从逻辑转换层面来看，主要包括"改变逻辑词"和"转换主动态或被动态"两种口译策略。"改变逻辑词"是指没有直接对应翻译原文文本中的逻辑词，而是翻译为表示其他关系的逻辑词。而"转换主动态或被动态"主要是指将原文的主动态变被动态，或将原文的被动态变主动态的情况。

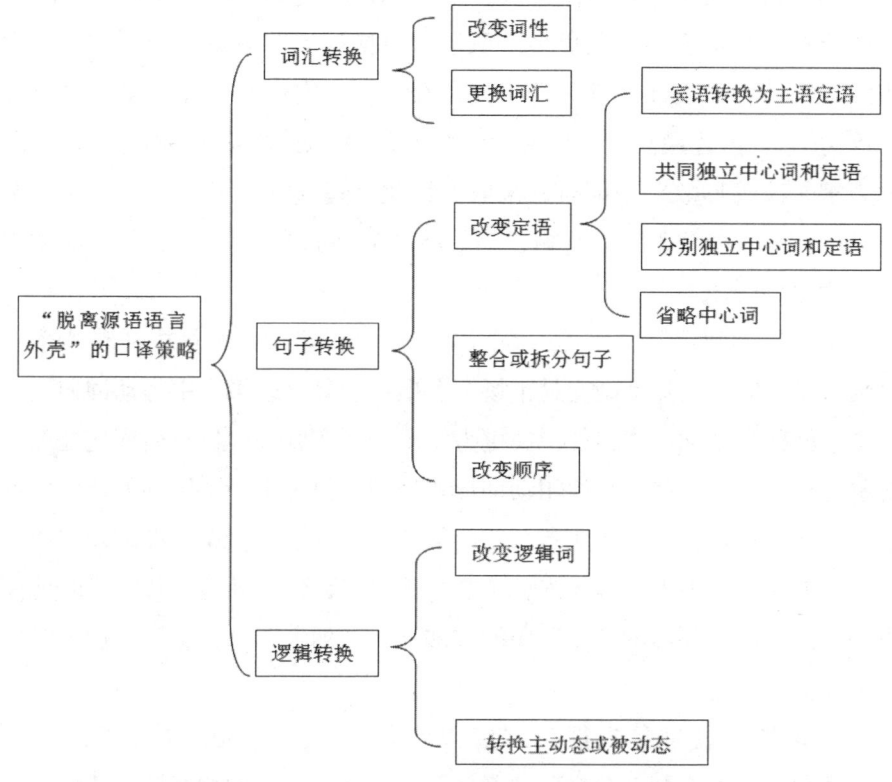

图2 "脱离源语语言外壳"的口译策略假说模型

3. 实证实验、数据分析及口译策略假说模型论证

笔者以北京外国语大学日语学院MTI口译方向的10名在校生为实验对象开展实证实验后，采集录音、文字化处理实验数据并依据释意派理论"脱离源语语言外壳"标准及前文建构的口译策略假说模型对数据进行分类分析，鉴于篇幅所限，以下仅列出主要分析结果：

3.1 词汇转换之改变词性

如表2所示，翻译文本中"加入（安理会常任理事国）"一词时，1名实验对象翻译为「安保理理事国参加」，将动词转变为名词，采取了"改变词性"的策略。其他实验对象更多采取了"更换词汇"策略，如「安保理常任理事国である」「安保理常任理事国になる」「安保理常任理事国に選ばれる」等达6名，占比最高，且更换后的词汇词性与原文相同，仍为动词。翻译"（力求）改善形象"一词时，采取名词化处理，如「イメージの改善を図る」「イメージの改善に取り組む」等翻译策略的对象为4名，保持原文文本动词词性的为5名。

"构建""塑造""培养"在原文"通过提出构建大规模播映体系、塑造动画市场主体、培养动画交易市场等多项产业复兴政策"中为动词词性，参考译文均处理为名词形式，使译文更为紧凑。在实验中，进行名词化处理的实验对象有5名，其余5名依然使用动词形式处理，但由于译文结构复杂，导致出现了「育成しなど」「育成するなどの振興策」等语法错误。在翻译"通过加强环境法制建设，加大环境投入，依靠科技进步，强化环境宣传，不断地探索既发展经济又保护环境的道路"中的"加强""加大""强化"等动词时，也出现了类似的问题。

改变词性、特别是根据动词情状分类的终结动词，如"改正""提高""强化""加大""减轻""降低"等与名词之间的相互转换策略在参考译文中频繁出现。汉译日时，如保持原文动词词性，会使译文句子结构复杂化，容易降低翻译质量。日译汉时如未有效采取改变词性的策略，容易导致译文表达不够自然。因此，口译策略假说模型中的"改变词性"策略是汉日双向口译行为中不可或缺的策略。就实验对象整体状况而言，将原文的汉语动词转变为日文名词的共有41例，保持词性的有19例。可以说实验对象基本掌握了这一口译策略，但尚未形成习惯，因此在口译教学中应着重加以强化。

表2 改变词性——动词和名词的转换（汉译日）

原文	改变词性	更换词汇	省略	直译
加入	1	6	2	1
构建	5	0	0	5

（续表）

原文	改变词性	更换词汇	省略	直译
塑造	5	0	0	5
培养	5	0	0	5
改善形象	4	0	1	5
加强	2	0	0	8
加大	2	0	0	8
强化	2	0	0	8
	26（32.5%）	6（7.5%）	3（3.75%）	45（56.25%）

3.2 句子转换之宾语转换为主语定语

口译策略假说模型中，句子转换策略中的改变定语策略分为四类，即"宾语转换为主语定语""共同独立中心词和定语""分别独立中心词和定语""省略中心词"。经过对原文和参考译文的对比研究，发现汉译日主要采用"宾语转换为主语定语"策略，日译汉则主要运用其他三种策略。

表3　宾语转换为主语定语（汉译日）

原文	参考译文	宾语转换为主语定语	直译
越来越多的国家对安理会寄予更大的希望……	安保理に大きな期待をかけている国々が年を追って増えており…。	2	8
日本把缴纳会费作为其加入安理会常任理事国的理由……	国連の分担金を理由に、常任理事国入りを目指している日本の姿勢は…。	0	10
在全球化背景下，中国的一些问题会对世界产生越来越大的影响……	グローバリゼーションの進む中、中国の抱える問題が世界に与える影響はますます拡大し…。	1	9
3月22日，湖北日报推出了"我是建设者大讨论"专栏，这场大谈论，缘于……	3月22日付「湖北日報」に掲載されたコラム「私は建設者」をめぐって起きた大討論は…。	0	10
		3（7.5%）	37（92.5%）

汉译日中共有四个文本的参考译文将原文的宾语转换为了主语的定语成分。从实验结果来看，如表3所示，转换为定语成分的实例仅有3例，占比为7.5%。而直接按照原文结构翻译的实例高达37例，占比为92.5%。具体在翻译"越来越多的国家对安理会寄予更大的希望"时，直接按照原文结构翻译的实例为8例，如「ますます多くの国が安保理に対してより大きな希望を持つようになりました」。仅有2名对象翻译为「安保理により大きな期待を寄せている国がますます多くなり」「安保理に対するより大きな希望を持っている国が増えています」。翻译"日本把缴纳会费作为其加入安理会常任理事国的理由"时，实验对象大多译为「理由とするのは…」「理由とすることは…」「…理由としています。そういうことは（その点については）」等。没有1名对象如参考译文将"把缴纳会费作为其加入安理会常任理事国的理由"作为主语"日本"的定语，处理为「国連の分担金を理由に、常任理事国入りを目指している日本」。翻译"中国的一些问题会对世界产生越来越大的影响"时，实验对象依然大多采取直译的形式，仅有1名处理为「中国の一部の問題が世界に対する影響がますます大きい」。翻译"湖北日报推出了'我是建设者大讨论'专栏，这场大谈论"时，所有的实验对象都保留了原文结构，翻译为类似「大議論というコラムを打ち出しました。この大議論は」的形式。

通过以上分析可以看出，参考译文将汉译日原文中的宾语转换为主语定语，使译文更加符合原文表达习惯。但是，实验对象在口译过程中使用这一策略的比例极低。经过后期访谈发现，实验对象对这一策略并非一无所知，其中2名对象主观认为在短时间之内改变句子结构容易产生负荷和错误，因此主动放弃。由此看来，该策略可以提升翻译质量，但需要快速高效进行处理，需要在教学过程中强化高速转换。

3.3 逻辑转换之逻辑词转换

口译策略假说模型中，逻辑转换分为"改变逻辑词"及"转换主动态或被动态"。汉译日中，"改变逻辑词"集中在对"使"和"让"的处理上。如表4所示，没有直接翻译为表达使役态的「させる」「てもらう」，而是处理

为「による」或「によって」的实例多达24例，远远高于直译的6例。具体看来，翻译"金融危机使中国面临"时，8名实验对象没有将其直接翻译为动词的使役态，而是将其翻译为「現在東南アジア金融危機により中国も」「金融危機は中国の直面しているチャレンジの一要因にもなってます」「金融危機の下、中国は厳しい挑戦に直面しています」等表示原因或背景的逻辑词。直接翻译为动词使役态，如「金融危機は中国に厳しい挑戦を面させています」的对象有2名，且其中1名动词使役态本身也出现了错误。翻译"冲击将使人们逐渐放弃所有繁琐的东西"时，1名对象翻译为「インターネットがもたらす衝撃は人々に面倒なものをやめさせようとしています」，将"冲击"作为使役态的主语，并不符合日语表达习惯。另有2名对象翻译为「ネットによる影響は人々が徐々に煩雑なものを放棄することになります」「インターネットによる衝撃は人々にますます細々としてのものを諦めています」。由于没有把握好逻辑关系，出现了语法错误。将"使"译为表原因逻辑词的有7名，占比70%。

表4　改变逻辑词（汉译日）

原文	参考译文	逻辑词转换	直译
金融危机使中国面临……	金融危機によって、中国は…に直面しています…	8	2
冲击将使人们逐渐放弃所有繁琐的东西……	衝撃によって、人々はすべての面倒なことを次第に放棄していくでしょう…	7	3
空气污染让北京面临人才流失的尴尬……	北京市は大気汚染による人材流出に頭を抱えることになった…	9	1
		24（80%）	6（20%）

通过以上分析可以看出，参考译文将汉译日原文中的"使"与"让"大多处理为「によって」的形式，使译文在处理上更为简便，同时符合日文表达习惯。实验对象在口译过程中也频繁使用这一策略，说明已经较好掌握并可以主动应用。尽管小部分实验对象还并未熟练使用这一策略，但在教学过程中，可以相应减少相关内容的训练。

4. 实证实验、数据分析及口译策略假说模型论证

笔者通过对释意派翻译理论及对我国的译介进行梳理，依据"脱离源语语言外壳"的判断标准，通过词汇、句子、逻辑三个维度对100段文本与参考译文进行分析并建构"脱离源语语言外壳"的口译策略假说模型，提出汉日口译策略假说，其后对北京外国语大学MTI10名在校生开展实证实验，并对实验结果进行数据分析。

实验结果、数据分析及对比研究表明，词汇维度可以通过改变词性、更换词汇这两种策略实现转换。改变词性主要集中在动词和名词之间的转换，但此策略尚未被实验对象完全掌握，今后在教学中应作为重点。在句子维度，通过改变定语、整合或拆分句子、改变顺序达到"脱离源语语言外壳"。改变定语又可分为宾语转换为主语定语、共同独立中心词和定语、分别独立中心词和定语、省略中心词。"整合或拆分句子"在实证研究中证明其利用频率较高，是一种高频使用翻译策略。在实证研究中，"改变顺序"利用率较低，实验对象对句子的处理尚不灵活。在逻辑维度，主要可以运用改变逻辑词、转换主动态和被动态等实现策略的有效应用。

本文试图将理论、教学与实践进行有机统合，目的是在意派理论指导下找到更为接近实战的口译策略及教学目标。但由于实验对象数量、覆盖面及个人研究能力方面依然有较大欠缺，导致研究结果的普遍性及深度尚显不足，贻笑诸家。

参考文献

鲍刚，《口译理论概述》，北京：中国对外翻译出版有限公司，2011。

达尼卡·赛莱斯科维奇、玛丽娅娜·勒德雷尔，《口笔译概论》，孙慧双译，北京：北京语言学院出版社，1992。

黄一，《句子记忆和脱离原语语言外壳——关于专业译员英中同传中原句表面形式再认记忆的实验研究》，上海外国语大学博士学位论文，2013。

勒代雷，《翻译的释意理论简介》，吕国军主编，《口译与口译教学研究》，北京：外语教学与研究出版社，2004。

勒代雷，《释意学派口笔译理论》，刘和平译，北京：中国对外翻译出版公司，2001。

刘和平编著，《口译理论与教学》，北京：中国对外翻译出版公司，2005。

刘丽华编著，《中日口译教程（中级）》，北京：外语教学与研究出版社，2009。

陆留弟、蒋蓓编著，《日语中级口译岗位资格证书考试·口译教程》，上海：华东师范大学出版社，2006。

陆留弟主编，《日语口译实务（二级）》，北京：外文出版社，2005。

邱鸣主编，《日语口译实务（三级）》，北京：外文出版社，2005。

石径，《"脱离源语语言外壳"理论下高度凝练汉语的同传英译》，《海外英语》2019年第1期。

孙海琴，《源语专业信息密度对同声传译"脱离源语语言外壳"程度的影响——一项基于口译释意理论的实证研究》，上海外国语大学博士学位论文，2012。

谭祎哲，《释意理论指导下的信息整合及其对口译教学的启示》，《未来与发展》2016年第5期。

许慈惠编著，《日语高级口译岗位资格证书考试·口译教程》，上海：华东师范大学出版社，2007。

许钧等编著，《当代法国翻译理论》，武汉：湖北教育出版社，2001。

张宏宇、颜语，《从意义单位转换的角度对英汉同声传译中"脱离源语语言外壳"表现的分析——基于夏季达沃斯论坛同传语料的研究》，《江苏外语教学研究》2016第1期。

张吉良，《当代国际口译研究视域下的巴黎释意学派口译理论》，上海外国语大学博士学位论文，2008。

ベルジュロ、伊藤宏美，「TIT通訳理論と作業記憶」，『通訳研究』2005(5)。

Setton, R & Motta, M, *Syntacrobatics:quality and reformulation in simultaneous-with-text*, Interpreting, 2007,9-2, pp.199—230。

Han,C, *Investigating score dependability in English/Chinese interpreter certification performance testing: A generalizability theory approach*, Language Assessment Quarterly, 2016, 13-3, pp.186–201。

学生译员与职业译员交替传译译出率比较研究
——以日译中为中心

作 者 姓 名：董海涛
单　　　位：北京外国语大学
研 究 方 向：日汉口译

学生译员与职业译员交替传译译出率比较研究
——以日译中为中心

提要：近年来,翻译硕士专业得以快速发展,学生译员的能力评价成为值得研究的课题。本文着眼于在具体的交替传译工作中,学生译员与职业译员译出率的比较,选择三段演讲视频为交替传译的材料,通过文章难度、语速、信息密度将材料难度定义为低、中、高,并收集10位翻译硕士专业的学生译员以及5位职业译员的口译录音,计算并比较译出率。验证随材料难度提高译出率的变化情况,比较学生译员与职业译员对不同难度材料交替传译的译出率。

关键词：学生译员；职业译员；交替传译；译出率

1. 引言

自2007年国务院学位委员会批准设立翻译专业硕士学位MTI（Master of Translation and Interpreting）以来，翻译学科在我国取得了长足的发展。截至2018年5月，具备培养翻译硕士资格的高校增加至249所（穆雷、李雯、蔡耿超，2018：56），其中开设日语翻译硕士的高校超过50多所。翻译硕士专业学位的培养目标为具有专业口笔译能力的高级翻译人才，但是在翻译硕士的培养过程中也存在诸多问题，特别是在人才培养与市场对接、学生实践能力培养方面问题较为突出。总体而言，MTI人才培养某种程度上与翻译市场需求脱节，较少联系语言服务业的实际，MTI教育未能达到职业翻译教育的目标（穆雷、王巍巍，2011：29）。《全国翻译硕士专业学位研究生教育与就业调查报告》显示，在MTI毕业就业去向与翻译的相关性上，41%的毕业生工作与翻译有点相关，30%工作与翻译不相关，与翻译相关的仅占29%（崔启亮，2017：71）。翻译专业硕士教育是否能够满足翻译市场的需求、翻译专业硕士的学生译员是否能够胜任不同难度的翻译任务成为非常值得研究的课题。随着我国在政治、经济、文化等各领域的对外交流与合作日益频繁，翻译专业人才发挥的作用日显重要，需求也会越来越多。那么，与职业译员相比，翻译专业学位的学生译员在具体的交替传译任务当中表现如何呢？本研究将以难易度不同的三段语料，对职业译员与学生译员的译出率进行比较。

2. 先行研究

口译应该如何评估是长期以来不断被讨论的话题，且至今未有定论。不同的学者、不同的高校也提出不同的标准。长期以来，严复提出的"信""达""雅"被人们公认为翻译的质量标准。由于口译需要在有限的时间能完成，李越然（1987）提出口译质量评估的标准为"准""顺""快"。鲍刚（1998）提出的口译质量评估标准为"全面、准确、通畅"。而钱炜（1988）重视口译的灵活度。此外，胡庚申（1991）提出信任评估模式

"CREDIT",杨承淑(2005)指出口译专业考试中"量化"以评鉴方式为主,"质化"以描述方式为主。蔡小红(2001)认为口译评估根据目的不同可以分为职业口译评估、口译教学培训评估、口译研究评估,并提出科研评估的模式应在语言实验室环境下分析口译产品,应该使用测量手段。

专家与新手研究范式(novice-expert paradigm)起源于对国际象棋选手技术差异的研究,后被用于很多专业领域。Moser-Mercer(2000)指出口笔译界普遍认可完成专业口译训练课程、通过专业口译资格认证的学生可以称之为专家,但仍需要积累数年的经验才能成为完全意义上的专家。因此孙序(2010)将口译"专家"定义为完成专业口译训练并通过专业口译资格认证的职业译员,而"新手"包括正在受训的学生译员以及未受过口译训练的双语者。王斌华(2012)中提到Moser-Mercer和Ericsson等研究者使用"新手/专家比较范式",发现专家译员和新手不仅在其掌握知识和知识的组织方式方面存在明显差别,在口译技巧和策略方面也存在明显差别。

仲伟合、王斌华(2010)将口译研究分为理论基础与应用研究两个大的部分。其中在口译应用研究当中,职业译员与学生译员的比较研究受到众多研究人员的关注。蔡小红(2001)曾从交替传译及能力发展的角度比较中国法语译员与学生的交替传译活动。徐海铭、柴明颎(2008)曾以职业受训译员和非职业译员为例,对汉英交替传译中译员笔记困难及其原因进行了实证研究。王巍巍、李德超(2015)基于有声思维法比较了学生译员与职业译员汉英交替传译策略使用的特征。王湘玲、胡珍铭、邹玉屏(2013)基于职业译员与学生译员交替传译的比较,分析了认知心理因素对口译策略的影响。唐芳、李超德(2013)的比较聚焦于汉英交替传译中的显化特征。随着翻译硕士专业的发展,学生译员与职业译员的比较也受到学生译员的关注,对学生译员分析的角度也各不相同。史惠子(2017)对职业译员与学生译员的视译表现进行了对比,戴鹏(2013)研究了职业译员与学生译员汉英交传技巧差异,刘子然(2017)聚集于学生译员与专家译员在同声传译中对数字的处理,贺茜(2017)关注职业译员与学生译员在英汉同声传译中的停顿现象。

Gile(2001)在对交替传译与同声传译精确度比较的研究中指出,不同的语言组合可能出现不同的结果。相对于中英、中法等语言组合口译研究的进展,路邈(2016)指出我国日汉口译研究相关的论文在数量上有较大的增长,但质量仍面临很多问题,指出采用实验或调查等实证性研究方法的研究很少。本研究采用实验方法收集职业译员与学生译员的口译录音,进行文本分析,通过比较难度不同的材料的译出率来评价日语翻译硕士专业的学生译员是否能够胜任交替传译工作。

3. 实验设计与实施

3.1 实验材料

本研究使用的语料截取自公布在日本记者俱乐部官方网站上的三段演讲视频。材料1为原NHK新闻报告节目《聚集现代》主持人国谷裕子女士在2011年5月27日获得日本记者俱乐部奖时的纪念演讲的一部分,时长共计320秒。主要内容为国谷裕子女士自身在卫星播放的起步期,由幕后工作人员转为主持人的契机、因失败而被辞退以及重新成为综合电视主持人的经历等等。材料2为经济分析师武者陵司于2016年1月18日进行的题为《世界经济·日本经济与市场展望》的演讲的一部分,时长共计309秒。主要的内容为2016年世界经济展望、中美两国势力对比、日本以及世界对中美经济前景的看法等。材料3为横滨国立大学教授室井尚于2016年1月28日进行的题为《文科学部将何去何从》的演讲的一部分,时间共计315秒。主要内容为日本文部科学省废除文科学部通知的核心内容、接到该通知后的国立大学的现状、文部省与大学之间的交涉,以及被要求废除的新课程的现状等。

3.2 交替传译时长

塚本庆一(2013)介绍交替传译为发言人发言一段后由译员进行口译,译员口译结束后由发言人再次发言,由发言人与译员交替发言的口译形式。Gile(2012)在认知科学理论的基础上提出了"认知负荷模式",并提出交替传译分为阶段一:$CI=L+N+M+C$(CI:交替传译;L:听力理解;N:笔记;M:短时记忆;C:协调)与阶段二:$CI=Rem+Read+P+C$(Rem:回忆;

Read: 读笔记; P: 产出；C：协调）。根据Gile的"认知负荷模式"，译员的有限精力必须分配到上述各个认知处理过程，可见交替传译的时间长短对译员的认知负荷影响重大。

鸟饲玖美子（2013）指出在欧洲交替传译的时长为5分钟，这被很多翻译人才培养机构作为学生升级的标准，并介绍ESIT认为"交替传译为将5分钟左右的演讲内容全部听完后，一下子进行口译的方式"，如果1年级学生在期末考试时，不能把握内容以及逻辑结构、完整地译出详细的信息，就无法通过考试并不能升至第二学年。小松达也（2005）指出日本交替传译时长通常为20秒到1分钟之间。新崎隆子（2016）以翻译培训学校高级班的学员为对象，进行1分、2分半、5分的交替传译后，发现英日交替传译的时长为1分钟时发生译出语信息缺失、偏差、误译的比率较低，5分钟时错误明显增加，并建议交替传译的时长应该控制在一分钟以内。杨承淑（2005）在介绍台湾辅仁大学翻译研究生入学考试时提到中译外以及外译中的时间均为一分钟以内。

基于以上经验，本研究中以一分钟为目标，在完整的意思表达完成之处对材料进行切分。并将结果汇总如下。

表1 各材料交替传译语段长度

材料1		材料2		材料3	
语段	秒数	语段	秒数	语段	秒数
①	49	①	68	①	66
②	59	②	55	②	57
③	68	③	63	③	60
④	65	④	69	④	64
⑤	57	⑤	52	⑤	66
①-⑤	320	①-⑤	309	①-⑤	315

3.3 实验材料难度

本研究旨在验证日语翻译硕士学生译员对于不同难度语料，在进行交替传译时是否达到与职业译员相近的译出率，因此须对实验材料的难度进行严格的定义。包括源语文章难度、语速、信息密度、背景知识、源语逻辑性等在内,影响口译难度的要素形形色色。由于译员知识系统以及背景知识的不同,对于同一材料的难度感觉也因人而异,无法具体测量,故背景知识不作为考量材料难度的要素。本研究中选取的材料并非专业性非常强的内容,而且均为受到日本记者俱乐部邀请公开进行的演讲,所以材料难度评价时亦排除源语逻辑性要素。基于上述理由,本研究中使用源语文章难度、语速、信息密度将材料1难度定义为易,材料2难度为中,材料3难度为难。

3.3.1 文章难度

本研究使用日语文章难度判定系统来确定源语文章难度。日语文章难度判定系统公开于2013年,是李在镐等在日本学术振兴会科研费用资助下完成的网页系统。具体地,本系统是基于日语教科书语料库,设定文章可读值计算公式 "$X=\{平均句长*-0.056\}+\{汉语率*-0.126\}+\{和语率*-0.042\}+\{动词率*-0.145\}+\{助词率*-0.044\}+11.724（R2=.896）$"。并根据可读值将日语文章判定为初级前半、初级后半、中级前半、中级后半、高级前半、高级后半六个水平。李在镐（2016）使用可读值计算公式,对实际的日语文本进行判定,并验证了其有效性。将材料1、材料2、材料3的演讲转写为文字后,按3.2所示的语段分别导入日语文章难度判定系统,得出难度水平以及可读值如下。

表2 各材料文章难度判定结果

语段	材料1		材料2		材料3	
	可读值	难度水平	可读值	难度水平	可读值	难度水平
①	3.5	中级前半	2.05	高级前半	3.33	中级后半
②	1.72	高级前半	2.29	高级前半	2	高级前半
③	2.81	中级后半	2.39	高级前半	2.17	高级前半
④	3.59	中级前半	1.55	高级前半	1.57	高级前半
⑤	2.72	中级后半	3.28	中级后半	1.51	高级前半
①-⑤	3.09	中级后半	2.4	高级前半	2.2	高级前半

从表2中可以看出,材料1难度判定为中级后半,文章难度最容易。材料2与材料3难度判定结果虽同为高级前半,但材料3的可读值低于材料2,可见材料3的文章难度高于材料2。

3.3.2 语速

语速即发言的速度。杉藤美代子（1999）指出，语速与人说话时唇、齿、舌、软腭的工作速度有关。杉藤曾选择数位语速较快的人的语音材料各数十秒，让十位受试学生听后书写内容，发现无人能够理解语速最快的人的发言内容。关于语速与译出率的关系，川端谷津子（2016）在以职业译员为对象的研究中发现，源语的长度、语速、词汇难度等均为影响译出精度的要素，源语语速越快，译出语的精度越低。张晶（2018）在以学生译员为对象的研究中发现，语速很大程度影响学生译员的译出率，语速快时，学生译员容易丢失重要信息。根据Gile的"认知负荷模式"，如果听力理解的负荷加重，就需要花费更多的处理精力，容易引起口译的失误。那么如何对日语的语速进行定义，最上胜也（1999）介绍有A.原稿页数（汉字假名混合、包括换行）、B.纯文字数（汉字假名混合、不包括换行以及标点符号）、C.拍数（基本等同于音节，包括拨音、促间以及无声化）三种方法，并指出C方法的测量精度最高。本研究中使用方法C来计算各个材料每个语段1秒中所包含的拍数，并将结果汇总如下。

表3 各材料语速

语段	材料1			材料2			材料3		
	拍数	时长	语速	拍数	时长	语速	拍数	时长	语速
①	334	49	6.82	503	68	7.4	551	66	8.35
②	376	59	6.37	410	55	7.45	421	57	7.39
③	422	68	6.21	471	63	7.48	464	60	7.73
④	398	65	6.12	467	69	6.77	509	64	7.95
⑤	304	57	5.33	390	52	7.5	546	66	8.27
①-⑤	1834	320	5.73	2241	309	7.25	2491	315	7.91

从表3中可以发现，材料1的语速为5.73拍/秒，材料2的语速为7.25拍/秒，材料3的语速为7.91拍/秒。可以判断材料1的语速最慢，材料3的语速最快，材料2居中。

3.3.3 信息密度

高信息密度也是增加口译难度的要素之一。虽然语速不快,但如果所包含的信息多,译员面临的产出负荷就会增加,所需要分配的精力就更多。语速越快往往信息密度也会更高,但源语包含的信息量同样是影响信息密度的重要因素。要确定信息量就需要明确信息单位,计算译出率也同样需要明确信息单位。川端谷津子(2014、2016)在中译日当中,使用词为信息单位。稻生衣代、河原清志(2008)在英译日当中,使用命题为信息单位。徐家驹(2014)提出同声传译最有效和最基本的译出方法为顺句驱动,这在口译界已经达成共识,并提出顺句驱动的前提是正确划分意群。他提出的意群划分规律为:1.停顿与标点;2.长句中的隐性停顿;3.语序不同的词组或短语不宜切分;4.熟语不能切分;5.意群越长译出效果越佳。小栗山智(2000)以5W1H(When、Where、Who、What、Why、How)来划分。本研究中确定六项信息单位划分原则如下:1.接续词或接续副词为1个信息;2.单句(单文)为1个信息;3.并列复句(重文)中包括的单句各为1个信息;4.复句(複文)的修饰词以及修饰部分中包含谓语的另计1个信息;5.表示时间与地点的词为1个信息;6.主语或宾语中出现并列时,并列词另计为1个信息。根据以上信息划分各材料信息单位,并计算信息密度,汇总如下表。

表4 各材料信息密度

语段	材料1			材料2			材料3		
	时长(秒)	信息数量(个)	信息密度(个/分)	时长(秒)	信息数量(个)	信息密度(个/分)	时长(秒)	信息数量(个)	信息密度(个/分)
①	49	14	17.1	68	21	18.5	66	24	21.8
②	59	15	15.3	55	17	18.5	57	19	20.0
③	68	18	15.9	63	21	21.0	60	22	22.0
④	65	16	14.8	69	22	19.1	64	23	21.6
⑤	57	14	14.7	52	16	18.5	66	24	21.8
①-⑤	320	77	14.4	309	97	18.8	315	112	21.3

从表4中可以发现，材料1的信息密度为14.4个/分，材料2的信息密度为18.8个/分，材料3的信息密度为21.3个/分。可以判断材料1的信息密度最低，材料3的信息密度最高，材料2信息密度居中。

基于文章难度、语速、信息密度三方面的考量，本研究中定义材料1的难度为易，材料2的难度为中，材料3的难度为难。

3.4 实验对象

本研究为比较翻译硕士专业的学生译员与职业译员对不同难度材料进行交替传译时的译出率表现，选择北京某一高校日语翻译硕士专业二年级学生10名作为学生译员（S1—S10），选择广州某企业内专职译员4名（I1—I4）以及自由职业译员1名（F）作为职业译员进行比较。学生译员年龄分布为22岁至25岁，处于二年制翻译硕士的第三个学期。企业内职业译员年龄分布为29岁至36岁，工作年数为4年到12年，未就读翻译硕士专业，接受过企业内部翻译培训，工作内容以口笔译为主。自由职业译员年龄39岁，企业工作年数10年，自由职业年数3年，年度会议翻译五十场次以上。

3.5 实验实施

实验前首先受试者进行实验目的以及流程说明，之后按材料1、材料2、材料3的顺序依次播放5段交替传译的视频材料，每段视频播放结束后，由受试者进行交替传译。实验设计中未安排准备时间，作为背景知识的补充，播放每个材料之前向受试者说明该演讲的主要内容并提示难度较大的专业词汇。交替传译的录音使用录音笔以及同声传译设备自带的录音功能。学生译员参加的实验实施于2017年12月，专职译员参加的实验实施于2017年10月，自由职业译员参加的实验实施于2018年1月。学生译员以及自由职业译员的实验地点为高校同声传译教室，企业译员的实验地点为企业内同声传译会议室。

4. 实验结果以及译出率的计算

本研究收集学生译员10名，职业译员5名的交替传译录音共计约225分钟。将上述录音转写为文字，组成共计约5.85万字的语料，并进行译出率的计算，进行学生译员与职业译员的比较。

根据3.3.3中信息单位的划分，材料1原文共包括信息数量为77个，材料2原文共包括信息数量为97个，材料3原文共包括信息数量为112个。稻生衣代、河原清志（2008）以译文中的命题数除以原文中的命题数来计算译出率。对此张晶（2018）指出，此计算方法从沟通的效率来看存在风险，也就是说没有考虑到信息的重要度。译文中同样数量的主要信息与同样数量的次要信息在沟通效率中起到的作用不同。主要信息对沟通更加有效，必须译出，次要信息虽然并非不需要译出，但在沟通中所起的作用低于主要信息。为此，本研究中进一步将信息根据以下原则分为主要信息与次要信息，并汇总如表5。其中，1. 接续词或接续副词为次要信息；2. 单句（単文）基本为主要信息，如省略后不影响沟通的为次要信息；3. 并列复句（重文）中包括的单句基本为主要信息，如省略后不影响沟通的为次要信息；4. 复句（複文）中包含谓语的修饰词以及修饰部分基本为次要信息，如在文中起到重要作用或强调时为主要信息；5. 表示时间与地点的词为次要信息；6. 主语或宾语中出现并列时为次要信息。

表5　各材料主要信息与次要信息数量

语段	材料1		材料2		材料3	
	主要信息	次要信息	主要信息	次要信息	主要信息	次要信息
①	8	6	12	9	16	8
②	9	6	11	6	8	11
③	9	9	13	8	13	9
④	10	6	11	11	15	8
⑤	9	5	10	6	11	13
①-⑤	45	32	57	40	63	49

对照原文信息划分，对15位译员的译文进行评价。如原文信息正确译出计1分，如原文信息遗漏计0分，如原文信息译出错误计0分，如原文信息出现偏差计0.5分。并设定主要信息的系数为1，次要信息的系数为0.5，按照公式译出率＝（译文主要信息×1+译文次要信息×0.5）/（原文主要信息×1+原文

次要信息×0.5）来计算译出率，并汇总至表6与表7。

表6　职业译员各材料交替传译译出率

	材料1	材料2	材料3
F	82.4%	76.9%	72.2%
I1	80.3%	64.3%	67.1%
I2	81.1%	61.7%	68.9%
I3	69.3%	53.2%	46.0%
I4	70.9%	55.5%	49.7%

表7　学生译员各材料交替传译译出率

	材料1	材料2	材料3
S1	72.5%	40.3%	41.7%
S2	76.6%	67.5%	56.0%
S3	80.3%	57.1%	47.1%
S4	76.6%	50.0%	56.6%
S5	66.4%	64.3%	54.6%
S6	72.1%	64.3%	61.1%
S7	76.2%	69.2%	60.0%
S8	80.7%	67.2%	62.6%
S9	89.3%	71.1%	66.9%
S10	73.8%	65.6%	61.4%

5. 考察

本章节中针对学生译员以及职业译员对于不同难度材料交替传译的译出率进行比较。首先，为了验证学生译员以及职业译员交替传译译出率是否随着难度提高而降低，进行同一译员对不同材料交替传译译出率的比较，即材料之间进行比较。其次分别针对材料1、材料2、材料3，比较职业译员与学生译员的译出率。

5.1 材料间比较

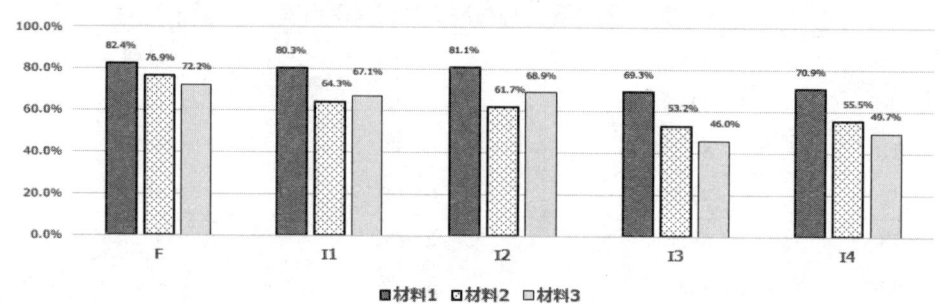

图1 职业译员各材料交传译出率

如图1所示,职业译员材料1交替传译译出率为69.3%到82.4%,材料2交替传译译出率为53.2%到76.9%,材料3交替传译译出率为46%到72.2%。其中5位职业译员中均为材料1译出率最高,材料3译出率最低的有3位。有2位译员材料2的译出率最低,但与材料3相比的差距并不大。整体可见,随着材料难度上升,职业译员交替传译的译出率呈下降趋势。

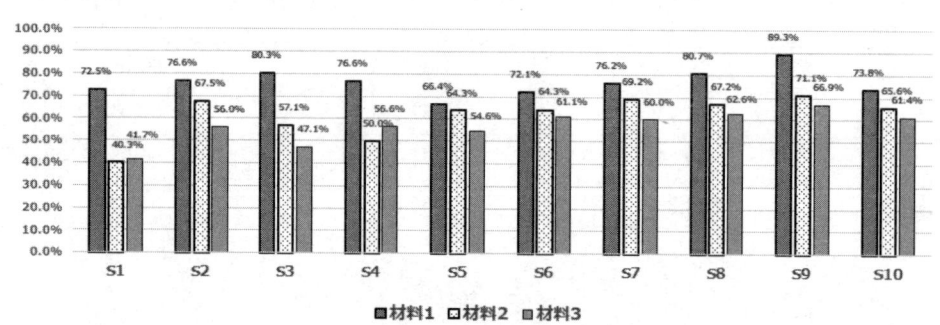

图2 学生译员各材料交传译出率

如图2所示,学生译员材料1交替传译译出率为66.4%到89.3%,材料2交替传译译出率为40.3%到71.1%,材料3交替传译译出率为41.7%到66.9%。其中10位学生译员中均为材料1译出率最高,材料3译出率最低的有8位。有2位译员材料2的译出率最低,但与材料3相比的差距并不大。整体可见,随着材料难度上升,学生译员交替传译的译出率同样呈下降趋势。

5.2 材料1比较

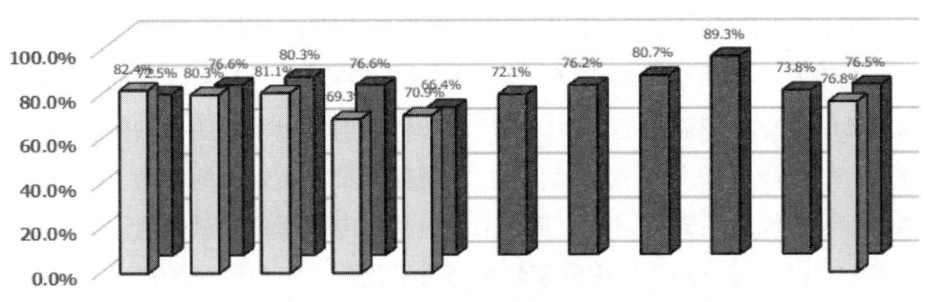

图3 材料1学生译员与职业译员交替传译译出率比较

如图3所示，材料难度较低的材料1当中，职业译员交替传译的译出率为69.3%到82.4%，平均值为76.8%。学生译员交替传译的译出率为66.4%到89.3%，平均值为76.5%。由此可以看出，学生译员交替传译译出率的平均水平虽低于职业译员的平均水平，但差距甚微。在职业译员当中，自由职业译员的译出率以微弱的优势高于专职译员，学生译员译出率平均水平与自由职业译员尚有一定的差距。但学生译员中亦有表现优秀的译员，其译出率89.3%也高出自由职业译员。并且有两位专职译员译出率低于学生译员平均值。

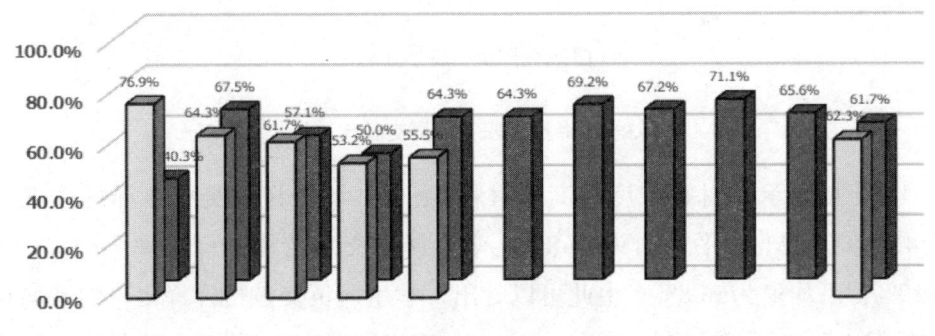

图4 材料2学生译员与职业译员交替传译译出率比较

如图4所示，材料难度居中的材料2当中，职业译员交替传译的译出率为53.2%到76.9%，平均值为62.3%。学生译员交替传译的译出率为40.3%到71.1%，平均值为61.7%。由此可以看出，学生译员交替传译译出率的平均水平虽低于职业译员的平均水平，与材料1相比平均值的差异有所加大，但差距依然不明显。在职业译员当中，自由职业译员的译出率以明显的优势高于专职译员，学生译员译出率平均水平与自由职业译员存在较大的差距。但学生译员中亦有表现优秀的数名译员，其译出率也超过专职译员的最高值。并且专职译员当中有两位译员的译出率低于学生译员平均值，一位译员的译出率与学生译员持平。

5.3 材料3比较

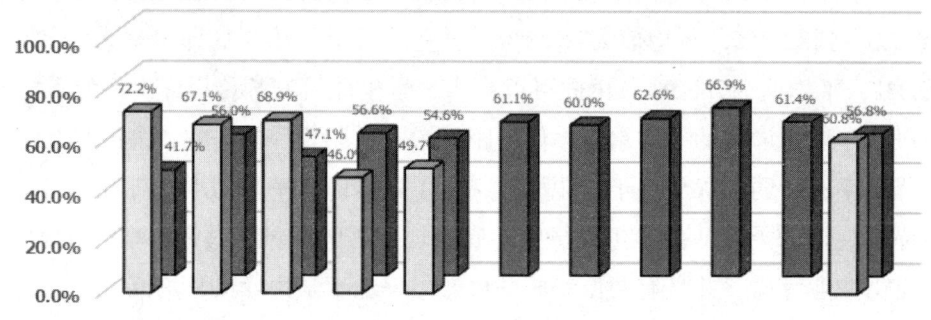

图5　材料3学生译员与职业译员交替传译译出率比较

如图5所示，材料难度较高的材料3当中，职业译员交替传译的译出率为46%到72.2%，平均值为60.8%。学生译员交替传译的译出率为41.7%到66.9%，平均值为56.8%。由此可以看出，学生译员交替传译译出率的平均水平虽低于职业译员的平均水平，与材料2相比平均值的差异进一步加大，但差距依然不大。在职业译员当中，自由职业译员的译出率以明显的优势高于专职译员，学生译员译出率平均水平与自由职业译员存在较大的差距。但学生译员中亦有表现优秀的数名译员，保持与高译出率专职译员相近的译出率，并高于部分专职译员。并且其中有两位专职译员的译出率低于学生译员平均值。

6. 结语

翻译教育高速发展的同时也面临诸多问题，评价翻译硕士毕业生是否能够胜任翻译工作是非常重要的课题。本研究中，选择三段演讲视频，并从文章难度、语速、信息密度三个角度将材料难度定义为低、中、高，并由10位翻译硕士专业的学生译员以及4位专职译员、1位自由职业译员进行交替传译，计算译出率并进行比较。通过比较发现，无论学生译员还是职业译员，随着翻译任务难度提升，交替传译译出率呈下降趋势。在难度低的材料1当中，学生译员的整体译出率以微弱的差距低于职业译员。在难度居中的材料2当中，学生译员的整体译出率低于职业译员，且差距比材料1有所加大。在难度高的材料3当中，学生译员的整体译出率低于职业译员，虽然差距进一步加大，但仍不显著。并且，从个体来看，材料1当中，有学生译员的译出率高于自由职业译员和专职译员。材料2当中，有学生译员的译出率高于专职译员。材料3当中，有学生译员保持与专职译员相近的译出率。由此可见，本次交替传译译出率比较的实证研究中，学生译员能够保持与职业译员相近的译出率，能够胜任交替传译工作。

本研究也存在一定的局限。首先，本研究聚焦日译中的译出率，实际的翻译工作中译员需要完成双向的翻译工作，今后需要进一步对学生译员中译日表现进行评价。其次，本研究样本数量有限，10位学生译员均来自同一所高校的翻译硕士专业，仅能反应该校翻译硕士教学水平，今后需要增加样本数量，对不同高校进行评价。

参考文献
鲍刚，《口译理论概述》，北京：旅游教育出版社，1998。
蔡小红，《交替传译过程及能力发展中国法语译员和学生的交替传译活动实证研究》，《现代外语》2001年第3期。

蔡小红，《口译评估》，北京：中国对外翻译出版社，2007。
崔启亮主编，《全国翻译硕士专业学位研究生教育与就业调查报告》，北京：对外经济贸易大学出版社，2017。
戴鹏，《基于职业译员与学生译员汉英交传技巧差异研究的实验报告》，广东外语外贸大学硕士学位论文，2013。
贺茜，《职业译员与学生译员在英汉同声传译中停顿现象的实验报告》，陕西师范大学硕士学位论文，2017。
胡庚申，《漫谈口译人员的"杂"》，《中国科技翻译》1991年第1期。
李越然，《充分发挥口译的社会功能》，《中国翻译》1987年第2期。
刘子然，《数字同传——基于学生译员与专家译员表现的实证研究》，北京外国语大学硕士学位论文，2017。
路邈，《日汉口译研究的扩展性观察与对比性思考》，《日语学习与研究》2016年第2期。
穆雷、李雯、蔡耿超，《MTI实践能力培养考核制度的改革设想——来自临床医学专业硕士的启示》，《上海翻译》2018年第4期。
穆雷、王巍巍，《翻译硕士专业学位教育的特色培养模式》，《中国翻译》2011年第2期。
钱炜，《口译的灵活性》，《中国翻译》1988年第5期。
史惠子，《职业译员与学生译员视译表现对比研究》，北京外国语大学硕士学位论文，2017。
孙序，《交替传译信息处理过程中语言能力与口译能力的关系研究——基于受训职业译员与未受训学生的对比研究》，上海外国语大学博士学位论文，2010。
唐芳、李超德，《汉英交替传译中的显化特征——职业译员与学生译员对比研究》，《外语教学与研究》2013年第3期。
王斌华，《从口译能力到译员能力：专业口译教学理念的拓展》，《外语与外语教学》2012年第6期。
王巍巍、李德超，《汉英交替传译策略使用特征——基于有声思维法的学生译员与职业译员对比研究》，《中国翻译》2015年第6期。
王湘玲、胡珍铭、邹玉屏，《认知心理因素对口译策略的影响——职业译员与学生译员交替传译之实证研究》，《外国语（上海外国语大学学报）》2013年第1期。
徐海铭、柴明颎，《汉英交替传译活动中译员笔记困难及其原因的实证研究——以国际会议职业受训译员和非职业译员为例》，《外语学刊》2008年第1期。
徐家驹，《汉日同声传译的意群划分》，《北京第二外国语学院学报》2014年第2期。
杨承淑，《口译教学研究：理论与实践》，北京：中国对外翻译出版公司，2005。
仲伟合、王斌华，《口译研究的"名"与"实"——口译研究的学科理论建构之一》，《中国翻译》2010年第5期。

稲生衣代、河原清志,「放送通訳における同時通訳と時差通訳の比較」,『通訳翻訳研究』2008（8）。

小栗山智,「放送通訳の訳出率—同時通訳と時差通訳の訳出率の比較研究」,『通訳研究』2000（創刊号）。

川端谷津子,「同時通訳における起点テクスト特性と訳出パフォーマンス—中国語から日本語への訳出の場合」,『杏林大学大学院国際協力研究科大学院論文集』2014（11）。

川端谷津子,『通訳の訳出精度に影響を及ぼすSL要因—中国語から日本語への訳出の場合』,東京：杏林大学,2016。

小松達也,『通訳の技術』,東京：研究社,2005。

新崎隆子,「英日逐次通訳における記憶の負担と訳出精度」,『通訳翻訳研究』2016（16）。

杉藤美代子,「ことばのスピード感とは何か」,『言語』1999（9）。

塚本慶一,『中国語通訳への道』。東京：大修館書店,2013。

張晶,『リスク回避の視点から見る中日同時通訳における話速と訳出率の相関関係』,東京：杏林大学,2018。

鳥飼玖美子,『よくわかる翻訳通訳学』,京都：ミネルヴァ書房,2013。

最上勝也,「ニュース報道の読みの速さとその計測法」,『言語』1999（9）。

李在鎬,「日本語教育のための文章難易度に関する研究」,『早稲田日本語教育学』2016（21）。

Ericsson.k.A, Expertise in interpreting: An expert-performance perspective, *Interpreting*, 2001 (2)。

Gengshen Hu, A "Credit" model assessing interpretation effects, *Babel* ,1991 (3)。

Gile, Daniel, Consecutive vs. Simultaneous: Which is more accurate?, *InterpretationStudies*, 2001(1)。

Gile, Daniel, *Basic Concepts and Models for Interpreter and Translator Training*, 田辺希久子、中村昌弘、松縄順子,訳.『通訳翻訳訓練—基本的概念とモデル』,東京：みすず書房,2012。

Moser-Mercer, Simultaneous interpreting: Cognitive potential and limitations, *Interpreting*, 2000 (1)。

日本国会答辩中的非语法性口语表达翻译策略研究

作 者 姓 名：欧文东
单 　 　 位：国际关系学院
研 究 方 向：汉日对照语言学、翻译学

作 者 姓 名：张　慧
单 　 　 位：国际关系学院
研 究 方 向：日本思想史、汉日翻译

日本国会答辩中的非语法性口语表达翻译策略研究[①]

提要：本论文以日本国会答辩议事录中出现的非语法化口语表达为例，通过剖析源语语篇关联承接结构以及与源语语篇框架的契合度，根据后出现的同类具体信息相对更加重要的原则，建议译者在日译汉时采取信息合并，只保留修正信息，信息焦点前置，完善源语语篇结构缺陷之后再翻译等翻译实操方案。

关键词：话语重复；话语修正；前置表达；焦点信息；翻译策略

[①] 本论文是中央高校基本科研业务费项目《基于跨文化交际视角的日语高级视听说教材的编写》（3262020T18）的阶段性成果。

1. 前言

日本国会答辩议事录是记录国会议员质询,以及大臣和参考人、证人进行情况说明的真实文本。由于是口语表达,难免会出现重复话语、修正话语、补充说明、插入和前置话语、碎片化表达等现象。

关于重复话语,Tannen(1989)指出,广泛地存在于日常语言活动中的话语重复,在推动谈话的发展过程中具有其自身的作用,主要在话语的产生、理解、衔接和互动四个方面发挥作用。因此重复是一种用于话题协作的话语手段,不同说话人重复彼此的话语以推动他们自己的话题向前。因此在翻译过程中,如何处理重复话语才能使其在会话中的作用得以体现是一个值得思考的问题。

同样,由于国会答辩是现场发言,因此会存在不少根据现场情境做出的话语修正行为。杨石乔(2010)指出,会话中的话语修正现象,是当会话发生阻碍时,由发语者对已有信息进行补充、加工或替换,目的在于修正不恰当的表达或消除误解。这类语言现象在翻译过程中应该如何处理才能准确地把发语者的意图表达出来,且又不使译文冗长,也是需要思考的一个要点。

此外,在国会答辩中,提问者或答辩者的语言中还存在着不少如前置表达、插入语或补充说明之类的语言现象。围绕前置表达,牛晶(2017)在杉户清树(1983)、大塚容子(1999)和陈臻渝(2007)等的基础上,指出日语中的前置表达是发语者为了将自己的发语内容更加明确易懂地向对方传达而使用的,虽然与汉语中的前置话语标记有一定的对应性,但若直接按类似的汉语表达套用,有可能造成误用。因此如何正确地翻译此类表达方式也是需要译者加以注意的。

最后,由于日语的语言特点,存在着大量的焦点信息后置的现象,即句尾重心的现象。

而国内学者对于汉语的信息焦点研究也表明句尾是汉语表达信息焦点的默认位置,同时汉语也通常使用语序手段把信息焦点尽可能地放在句尾位置(张伯江、方梅,2014;刘丹青、徐烈炯,1998;祁峰,2012;张慧丽、潘海华,2019)。然而由于中日文语序排列的明显不同,在译出焦点信息时,语序的调整是必不可少的。对于这种语言现象，在翻译成汉语时应使用怎样的策略才能既达到发语者想要突显焦点的目的，又符合汉语的思维和表达习惯，也是译者必须妥善处理的一个重点。

本文以三篇日本国会答辩议事录中出现的非语法性口语典型表达为例，从重要信息和焦点出现的句位、词语之间的关联承接[①]结构、是否与源语语篇构架契合等方面进行分析，并在分析的基础上提供了三位译者[②]具体的翻译策略和实操方案。

2. 对于重复话语的处理

话语重复是口语当中常见的语言现象，在日本的国会答辩当中也不例外，无论是议员质询还是大臣、参考人和证人的回答，我们都能看到话语重复的现象。在日译中时，我们应该如何翻译，是照字面都翻译出来，还是将重复的话语合二为一？另外，重复话语有相邻重复（A，A型）和不相邻重复（A，XA型）两种呈现方式。话语重复的呈现方式不同，其译法是否也不一样呢？

首先，我们对相邻重复的话语译法进行观察。

（例1）大串（博）委员：総理、極めて今のは真実じゃない答弁をされていると<u>私は思います</u>よ。<u>私は思います</u>。

【分析】大串议员通过重复「私は思います」来突显「思う」的命题内容"極めて今のは真実じゃない答弁をされている"，以引起他人的关注。另外，「私は」的「は」是提示助词，言外之意是：别人怎么认为，我不知道，反正我认为总理没有说实话。

[①] 日语称"係り結び構造"。
[②] 感谢刘睿、张淼和哲显三位研究生对本文的贡献。在采用译文时，笔者本着文责自负的原则对译文进行了部分修改与校正。

【刘睿译文】总理，我认为您刚刚的回答绝非真实情况。

（例2）佐川証人：普通、我々、売払い、国有地は売払いが原則でございますが、貸し付ける場合もございます。その場合、<u>例えば、例えばですが</u>、市町村で、予算が通らないので何年か貸し付けていただいて、その後買うといったようなケースもございます。

【分析】源语中出现了两个「例えば（例如）」，翻译时可以合二为一，而且意思不会改变。另外，后出现的「～ケース」与「その場合」意义相近，「市町村で、予算が通らないので何年か貸し付けていただいて、その後買う」是非常具体的信息，是佐川证人用来置换「その場合」的表达，在这里可以不翻译「その場合」。

【张淼译文】对于国有土地，我们的一般原则是出售，也有往外租赁的。比如，因为项目预算在市町村没有通过，就要求先租赁几年再购买，像这种情况也是有的。

通过以上的观察可知，对于相邻重复的话语，译者采取了省略其一的译法，这样的话，翻译出来的汉语就会比较简练和自然。以下，我们对非相邻重复的话语（A，XA型）进行观察。

（例3）佐川証人：この個別案件、現場における個別の案件でございますので、こういうことに対して資料対応できるのは、これはもう理財局だけでございまして。

【分析】从短语位置关系来看，「この個別案件（这一个案）」和「現場における個別の案件（现场的专业个案）」并列出现，均有成为同一句子名词谓语的可能。再从信息量的角度而言，二者有同有异，但「現場における個別の案件」比「この個別案件」内容更具体、更详细。对于这种情况，译者宜采取合并翻译法，即通过保留不同信息、合并相同的信息进行翻译。

【张淼译文】因为这是现场的专业个案，能处理相关资料的只有理财局。

（例4）川内委員：司法試験法という法律の十二条に、司法試験委員会という委員会の定めが載っておりますが、司法試験に関する重要事項、受験資格というのは司法試験に関する重要事項であろうというふうに思いますが、この司法試験委員会が議論するよということになっているのではないかというふうに思いますが、在学中受験について司法試験委員会での議論というものは行われたのでございましょうか。

【分析】在语篇中，「司法試験に関する重要事項（关于考试的重要事项）」出现了两次，第一次独立出现，后一次作为「受験資格というのは司法試験に関する重要事項であろう」的述题出现。可以说，第一次出现的「司法試験に関する重要事項（关于考试的重要事项）」在句子中是没有身份，到第二次出现时才被说话人赋予身份，成为句中的一个成分。对于这种情况，译者通常会采取合并翻译法。

【哲显译文】司法考试法第十二条对司法考试委员会做出了规定。我认为考试资格就是司法考试相关重要事项，是司法考试委员会应该讨论的内容。请问，司法考试委员会是否对在校生的准考资格进行过讨论呢？

（例5）大串（博）委員：そして、それを<u>総理は決められる立場にあるわけです</u>。<u>総理</u>は、証人喚問を行うということを<u>決められる立場にあるわけです</u>よ。

【分析】语篇由两个小句组成，下画线部分是相同的话语，分别出现在前后句。另外，指示代名词「それ」具有前方照应的功能，指出现在前一句中的「証人喚問を行う（传唤证人）」。比较这两个句子可知，后出现小句的信息包含了先出现小句的所有信息。虽然重复话语不完全是按照A，XA型呈现，但译者翻译时也可以采取信息合并翻译法。

【刘睿译文】而且，总理是有权力决定传唤证人的啊。

3. 对修正①话语的翻译

在国会答辩中，说话者的发言并不完全是照稿子念的，难免会出现说错或说得不是很恰当的地方。当意识到自己有这样的问题时，说话人会马上改口，对自己说错或说得不是很恰当的地方予以更正。

被修正话语与修正话语可以简单地表示为A→B型，二者是共生关系，而且修正话语必定会出现在被修正话语之后，并且语法结构和关联承接关系相同。

对于这样的语言现象，我们是否可以只需翻译修正部分，而对被修正部分置之不理呢？

（例6）竹内委員：そこで、先ほどからの、私どもの横山参議院議員の質問のときに、一般論として、佐川前長官が、証人が、政治家などの名前がこの決裁文書に書かれていることに関して、政治的な問合せに関する記述がどこまで必要だったのか、私としてはよくわからないという答弁をされています。

【分析】语篇中出现了两处A→B型，具体如下划线所示。在第一处，由于「先ほどからの（刚才的）」与「私どもの横山参議院議員の質問の（我们横山参议院议员提问的）」有相同的「～の」结构，所以判定竹内议员是用「私どもの横山参議院議員の質問の（我们横山参议院议员提问的）」信息来替代「先ほどからの（刚才的）」信息，而且前者的信息比后者的信息更具体，所指更明确。而在第二处，「佐川前長官が（佐川前长官）」和「証人（证人）」也具有相同的语法结构「～が」，于是可以判定竹内议员「証人（证人）」是修正项，「佐川前長官が（佐川前长官）」是被修正项，而且对竹内议员而言，前者比后者的信息更恰当。对于这两处的翻译处理，我们认为只需翻译修正项的信息即可。

---

① 为了考察的方便，我们将A、XA型表达归为话语非相邻重复，而不是话语修正，这与杨石乔（2010）的观点不一样。

【张淼译文】于是,就政治家的名字被写入审批文件一事,您作为证人在回答我们横山参议院议员提问时说:对于一般情况下应该如何在文件中适度地表述政治家的询问,您不是十分清楚。

(例7)大串(博)委員:総理、総理にお尋ねしたいと思いますけれども、この問題、ずっとこの五月来、この二つの論点が、両者で発言が食い違っているがゆえに、このコアの部分が解決されていません。

【分析】质询人大串是与安倍晋三政权对立的民主党议员,通过录像确认可知,他对安倍之前的答辩很不满,说话时声音很大,像是非常生气的样子,语句很不连贯,出现了一处重复「総理、総理」和两处修正(「両者で発言が」和「……このコアの部分が解決され」)。

由于「この二つの論点が」和「両者で発言が」均具备成为「食い違っている」主语的资格,可以判定后出现的「両者で発言が」是对「この二つの論点が」的纠正。同样,由于「この問題」和「このコアの部分」均与「解決され」有密切的词汇搭配关系,于是二者形成竞争关系,后出现的「このコアの部分」比先出现的「この問題」更重要。译者翻译时,可以只保留修正信息,删除被修正信息。

【刘睿译文】总理,我想向您提问的是:因为这两位参考人的说法不一致,导致问题的核心部分从5月份到现在都一直没有解决。

(例8)川内委員:在学中受験について、その受験資格について意見を述べていないわけですね、現段階で、議論の上で。これは、司法試験委員会の事務に関して懈怠があるのではないか、怠けているんじゃないか。

【分析】在同一句话「在学中受験について、その受験資格について意見を述べていないわけですね、現段階で、議論の上で」中,「……について」结构出现了两次。而同一短语结构通常无法以并列的方式在同一句中担当相同的句子成分,由此可以判定,后出现「その受験資格(在校生的考试资格)」

的信息是对「在学中受験（在校生考试）」信息的否定。

【哲显译文】但是在现阶段，该委员会却并未在讨论的基础上对在读研究生参加考试的资格一事上拿出处理意见。这是不是说法务大臣对司法考试委员会的事务有所懈怠或懒于处理呢？

另外，有的修正表达还是很难判断的。例如：

（例9）大串（博）委員：国会から要請があればということは、これまでも繰り返し、逃げ口上のようにこの場でおっしゃってこられましたけれども、先般、七月十三日の日、総理は、総裁としての立場として、この予算委員会、それまで自民党の国対委員長さんがこれは受けられないとおっしゃっていたものを、総理御自身が、恐らく自民党総裁としておっしゃったんだと思います。総理御自身がこの予算委員会を開く、出るというふうにおっしゃったから、これは開かれているんですよ。

【分析】从上例中可见，句中出现了很多顿号，日语表达呈现碎片化。「おっしゃる」出现了四次，除了第二次出现的主语是「国対委員長さん」，其他三次「おっしゃる」的主语均为「総理御自身」。从整个语篇的关联承接关系进行分析，「総理は、総裁としての立場として」是语篇中多余的信息，无法融入到整个语篇的关联承接结构之中，可视为被大串博委员否决掉的信息。

【刘睿译文】您曾经在国会答辩中多次表示愿意服从国会的安排，不过听上去却像是搪塞之语。之前，自民党国会对策委员长一直表示不同意召开预算委员会，总理您是自民党总裁，国会对策委员长发言的意思恐怕就是您的意思。后来，您亲口说了要召开预算委员会并出席，于是在7月13日这个会议就召开了。

4. 补充说明、插入和前置话语的翻译

在说话的过程中，发言人想对刚说完的内容进行解释时，经常会使用补

充法。补充是为了帮助受众理解，对于这样的信息，我们通常要将之翻译出来。但是，由于补充部分与原先的语流不完全契合，采用怎样的翻译策略是值得研究的课题。

（例10）大串（博）委员：であれば、今、両者が、参考人招致じゃなくて証人喚問を受ける、つまり、<u>偽証をすれば罪になる</u>という場においてもその旨の発言をきちんとするというふうにおっしゃっています。

【分析】「つまり」是用于表示解释的标识之一，具体到语篇之中，就是用「偽証をすれば罪になる（作伪证有罪）」来对「証人喚問を受ける（作为证人接受问询）」进行解释。但是，由于汉语的补充说明成分一般不出现在句中的位置，而是出现在句末，所以一旦补充说明出现在句中，汉语译文的流畅度就会受到影响，所以翻译时，我们要按照「じゃなくて（不是……而是……）」和「～場においても（在这种情况下也）」的框架进行信息重构。

【刘睿译文】我说的是，如果前川与和泉两位不是被邀请的参考人，而是被传唤的证人，在证人作伪证有罪的情况下，他们也会好好回答问题。

其次，插入话语是与补充说明相类似的表达。例如：

（例11）安倍内阁総理大臣：ただいま和泉補佐官も、この国会、予算委員会の参考人として、重要な、<u>いわば責任を果たさなければならない</u>との思いで、証言、ここで自分の、今までの前川委員との関係においてもるる述べられたもの、こう思う次第でございます。

【分析】根据该语篇的关联承接结构可知，「重要な」无法对「いわば責任を果たさなければならないとの思いで」进行修饰，但却可以修饰「証言」。从这个角度而言，「いわば責任を果たさなければならないとの思いで」是安倍在说到「重要な」时临时插入的信息。再有，「証言」与「今までの前川委員との関係においてもるる述べられたもの」都处于并列同格关系，且后者比前者更具体，信息相对更重要。但是，从语用功能的角度而言，由于「重要な証言」是安倍对「今までの前川委員との関係においてもるる述べられたもの」

的评价，所以二者不是同质的关系，在翻译的时候，我们只能将之作为重要信息保存下来。另外，「重要な証言」和「今までの前川委員との関係においてもるる述べられたもの」均缺乏关联承接的谓语。因此，在翻译的时候，我们首先要理清语篇中的关联承接关系，补足缺省项。

【刘睿译文】和泉辅佐官作为"参考人"也出席了国会预算委员会的答辩，我觉得他认真履行了说明责任，详尽地叙述了自己和前川委员一直以来的接触情况，提供了非常重要的证词。

（例12）大串（博）委員：今、支払いを受けたこともある旨の発言、発言といいますか、それも含めた発言がありましたけれども、国家公務員は、私も公務員をやっていましたけれども、権力関係にある方と食事とかしちゃいけないことになっているんですよ。

【分析】从语篇中的关联承接结构可知，整个语篇由「～発言がありました」和「～は～と食事とかしちゃいけない」两大句架构成，但是却有两个语言表达（下画线部分）游离于这两大句架之外，具体为「発言といいますか」和「私も公務員をやっていましたけれども」。翻译时如何将游离于外的日语表达有机地融入到汉语语篇的主框架之中，对译者而言具有挑战性。另外，根据信息重要度原则，「それも含めた発言」与「支払いを受けたこともある旨の発言」二者有相似性，可以进行信息合并翻译。

【刘睿译文】刚刚总理发言了，姑且称之为发言吧，其中包括有人替您付了钱等内容。我本人以前也做过公务员，而国家公务员是不得与权力相关者一起吃饭的。

最后是前置话语的翻译。日语的前置话语很发达，相比之下，汉语却很难与之有对应，翻译起来比较困难。例如：

（例13）上田委員：総理には、国民の信頼を回復するためにも、本日の委員会、こうして閉会中審査の委員会を開いておりますけれども、ここではもちろんのことでありますけれども、今後とも誠意を持って丁寧に説明責任を果たしていただくことを期待するものであります。

【分析】对于整个语篇而言，「ここではもちろんのことでありますけれども」可有可无，游离于整个框架之外，但是其中却包含了上田委员对即将要说的事项「総理には説明責任を果たしていただくこと」的评价。

【刘睿译文】为了重获国民的信赖，本日召开了国会休会期审查委员会会议。虽然不言自明，但我们还是非常希望总理能够在今后的答辩中真诚、认真地履行说明责任。

5. 对信息焦点的处理

（例14）川内委員：もとの制度に戻すのか。それとも、法科大学院の制度を更に前に進めて、医師国家試験などの制度と同じように、医師養成制度と同様に、法科大学院へ行った人はほとんど全員が、落とす試験じゃなくて、合格する試験によって、ほとんど全員が法曹の世界に入れるよ、さらにそこから更に難しい試験をクリアした人が検察官なり裁判官なりに任官されていくんだよというような制度にしていくのか。私は後者の方向にすべきではないかというふうに思っているのですが。

【分析】日语语篇句架结构为「～のか。それとも、～のか」，汉语也有与之对应的句架结构"是……，……还是……？"，但是我们却不能直译。因为汉语选择句无法像日语那样，可以拓展为选择复句，再加上日语的信息焦点出现在复句之末，而汉语通常要提前。所以，在翻译这样的日语选择复句时，我们要根据汉语语法结构和信息焦点进行转换，把日语的连体复句拆分成汉语的单句，同时把信息焦点提前，以适应汉语的表达习惯。

【哲显译文】是回头用原来的制度，还是推进法律研究生院制度进一步向前发展呢？我认为后者更为合适。因为只有这样，才能建立起如同国家医师考试和医师培养制度那样的制度，即：在新的制度下，读过法律研究生院的绝大部分考生都能通过司法考试，而不是通不过，而且等这些人进到司法界之后，我们会安排更高难度的遴选考试，任命其中的合格者为检察官和法官。

（例15）串田委員：そういう意味では、プロセスを用意してしまうと、そのプロセスにはまらない限りは受験できなくなってしまって、それが受験生を、多彩な人材をはじいてしまっているのではないかというような危惧もあるんですが、今回の改正で多彩な人材というものを法曹界に吸い上げることができるのかどうか、<u>双方からお聞きをしたいと思います</u>。

【分析】日语表示态度和观点的词语是句子的焦点，一般放在句末[①]，而汉语刚好与之相反，通常会放在句子的开头[②]。因此，在进行日译中处理时，我们要按照目标语言的特点，调整信息焦点的摆放位置。

【哲显译文】从这个意义上，一旦设定了考生受教育过程的要求，凡是不符合者就无法参加考试，这恐怕会被剥夺综合型人才参加考试的资格。而<u>我想问两位的问题是</u>：这一次法案的修改到底能否将综合型人才吸纳到司法界呢？

6. 碎片化表达的处理

（例16）小野寺委員：もう一度立て直すためには、<u>しっかりとした</u>、国民がなるほどと納得するための設立認可のためには、この八月末の最終的な認可、大学設置・学校法人審議会、これは第三者の方が入ってやる審議会であります。

【分析】上述语篇由「～ためには」和「これは～であります」两大结构组成，然而这两大结构却存在衔接缺陷，因为语篇之中并没有出现与「ためには」关联的动词，这时候，我们只能通过介入「ためには」和「これは」之间的名词性短语「この八月末の最終的な認可、大学設置・学校法人審議会」，

[①] 日本語では主観を表わす語句が文末に来ることが多い。（金田一春彦，『日本語（下）』，東京：岩波新書，1988：219）

[②] 既有研究表明，汉日两语均存在信息焦点句尾化的现象，但并不表明在翻译时日语和汉语的信息焦点是一致的。

判断与这两个名词性短语同现的动词是什么。初步判断可以插入动词「をやる」，理由是在后续的「これは～であります」结构中出现了「やる審議会」的说法。

其次，「この八月末の最終的な認可」是小野寺委员意识到「設立認可のためには」的信息不完善而临时修正的话语，两个信息相似度很高。

最后，「しっかりとした」作为连体修饰词，它是修饰「設立認可」还是修饰「この八月末の最終的な認可」具有不确定性。但根据后出现信息替换先出现信息的原则[①]，「しっかりとした」修饰关联的对象就只能是「最終的な認可」。

于是，上述的碎片化语篇可以整理为「もう一度立て直すためには、国民がなるほどと納得するためには、しっかりとしたこの八月末の最終的な認可、大学設置・学校法人審議会をやる。これは第三者の方が入ってやる審議会であります。」

【刘睿译文】为了扭转国民对此事的印象，获得全体国民的理解，就要把8月末进行的最后审批做扎实，召开有第三方参加的大学设置学校法人审议会。

7. 结语

本论文对三篇日本国会答辩议事录中出现的非语法性口语表达案例进行了分析，并在分析的基础上提供了具体的翻译策略和实操方案。

（1）重复话语有相邻重复（A，A型）和不相邻重复（A，XA型）两种呈现方式。对于相邻类重复话语，建议译者采取省略其一的译法，使得译文简练和自然。对于非相邻重复话语，建议译者采取信息合并翻译法。

（2）修正话语就是用B表达来修正A表达。修正与被修正的话语判断标准之一是：（1）同一语法结构的两个不同表达处于并列关系；（2）有无法融入

[①] 文中の語順は、古いインフォーメイションを現す要素から、新しいインフォーメイションを現す要素へと進むのを原則としている。（久野暲，『談話の文法』，東京：大修館書店，1978：54）

到语篇关联承接结构之中的多余词语。对于修正，建议译者在翻译时删除被修正信息、保留修正信息。

（3）日语的补充说明、插入和前置话语与语篇结构能够完美融合，但因其游离于汉语语篇框架之外，如何将之与汉语的语篇框架完美融合是一大难题。

（4）当日语语篇是较长且出现信息焦点后置的现象时，翻译成汉语时宜将信息焦点提前并按汉语的句架特点进行翻译。

（5）日语碎片化表达源于日语结构缺陷、话语修正和缺省，尽管这样的现象在日语中是可接受的，但是对汉语读者而言却是难以接受的。作为译者，首先要理清碎片化知识之间的逻辑结构，完善结构缺陷，补足缺省项，然后将之翻译成汉语。

资料出处：

［1］第193回国会　予算委員会　第21号 平成29年7月24日

［2］第196回国会　衆議院　予算委員会　第20号　平成30年3月27日

［3］第198回国会　衆議院　文部科学委員会　第14号　令和元年5月8日

参考文献

李悦娥，《话语中的重复结构探析》，《外语与外语教学》2000年第11期。

刘丹青、徐烈炯，《焦点与背景、话题及汉语"连"字句》，《中国语文》1998年第4期。

祁峰，《现代汉语焦点研究》，复旦大学博士学位论文，2012。

杨石乔，《基于语料库的汉语医患会话修正研究》，上海外国语大学博士学位论文，2010。

张伯江、方梅，《汉语功能语法研究》，北京：商务印书馆，2014。

张慧丽、潘海华，《汉语句尾信息焦点与重音实现》，《当代语言学》2019年第21卷第1期。

大塚容子，「テレビ討論における前置き表現—「ポライトネス」の観点から」，『岐阜聖徳学園大学紀要』1999（37）。

牛晶，「日本語と中国語の前置き表現に関する一考察：話題転換を中心に（第3部　ポライトネスと配慮表現）」，『日本語コミュニケーション研究論集』2017（6）。

陳臻渝，「日本語会話における前置き表現」，『言語文化学研究　言語情報編』2007（2）。

杉戸清樹，「待遇表現としての言語行動：注釈という視点」，『日本語学』1983，2（7）。

陳臻渝，「前置き表現に関する日中対照研究：後続情報の内容による分析」，『言語文化学研究．言語情報編』2011（6）。

松田文子，「日常談話における反復表現の機能に関する一考察」，『言語文化と日本語教育』2018（3）。

加藤芳秀、松原茂樹松等，「話し言葉における文法的不適格文に対する漸進的翻訳手法」，『情報処理学会第55回全国大会』1997（2）。

Tannen, D. *Talking Voices: Repetition, Dialogue, and Imagery in Conversational Discourse*. Cambridge: Cambridge University Press, 1989.

人工智能信息化背景下国内口译研究的现状分析与未来展望
——基于近五年核心期刊数据的文献计量研究

作 者 姓 名：高钰洋

单　　　位：北京大学

研 究 方 向：日汉翻译

人工智能信息化背景下国内口译研究的现状分析与未来展望
——基于近五年核心期刊数据的文献计量研究

提要：21世纪以来，特别是2010年前后口译研究在国内进入高速发展阶段，其后的研究动向变化对未来的口译研究发展动向有一定启示作用。笔者在参考前人研究成果的基础上，以文本计量学的研究方法针对2015—2019年这五年的核心期刊口译研究论文展开统计分析，观察研究的发展趋势。同时，着力关注近五年内人工智能信息化大背景变化下，技术革新对口译研究带来的影响。通过撰写本文尝试解决国内近五年口译发展取得了怎样的成果、还存在怎样的问题、未来发展的方向三个问题。

关键词：口译；文献计量；现状；展望

1. 引言

21世纪以来，口译研究在国内进入了高速发展的阶段，以"口译"为主题词搜索知网文献库可知，大多数口译研究成果集中于2010年之后，笔者认为其间的研究动向变化对未来的口译研究发展动向有一定启示作用。

曾有多位学者针对口译研究进行回顾式综述，其中部分内容涉及2010年之后的研究成果。刘晓庆（2013）对2000—2012年国内核心期刊发表的口译研究论文进行主题梳理，指出国内口译研究发展特点和问题，并提出了一定建议；王茜、刘和平（2015）以文献计量的方式统计分析了2004—2013年间国内核心期刊口译主题论文，以定量的方式展现了国内口译研究的发展走向和趋势；胡庚申（2019）从学科宏观视角分析了国内口译研究1978—2018年四十年间的总体发展走向和问题。或有学者针对口译研究的某一分支领域进行了综述。杨华波（2019）对1987—2016年间的中外口译史研究状况进行了整理。

口译主题研究的综述虽然数量众多，但数据较早或较为单一、片面，需要更新，且论述角度多数比较宏观。笔者在参考前人成果的基础上，以文本计量学的研究方法针对2015—2019年这五年的核心期刊口译研究论文展开统计分析，在阅读每一篇论文的基础上，对论文进行分类整理，观察研究的发展趋势。同时，着力关注近五年内人工智能信息化大背景变化下，技术革新对口译研究带来的影响。通过撰写本文尝试解决国内近五年口译发展取得了怎样的成果、还存在怎样的问题、未来发展的方向三个问题，希望能借此为口译研究贡献一份薄力。

2. 研究方法和数据库的建立

2.1 文献计量法

文献梳理是进行科学研究之前的必经之路，梳理文献的方式有许多。文献计量学是以文献体系和文献计量特征为研究对象，采用数学、统计学等的计量方法，研究文献情报的分布结构、数量关系、变化规律和定量管理，进而探讨科学技术的某些结构、特征和规律的一门学科（邱均平，1988）。

为了保证本文的研究和前人有一定连贯性，更好地体现随时间推移的口译研究的变化，本文参考王茜、刘和平（2015）的文献计量的研究方式和论述方法，同时结合人工智能信息化大背景下的最新研究成果，对2015—2019年国内核心期刊论文展开研究。

2.2 口译主题论文数据库的建立

在期刊论文的实际分布中存在一种普遍现象，即对于某一特定学科或专业来说，少数期刊所含的相关情报量最大，多数期刊的情报量却很小。世界上大量的科学论文集中在少量的科学期刊中，这就是所谓的"核心期刊效应"，其结果就是产生了各个学科或专业的"核心期刊"（邱均平，1988）。核心期刊在学科中具有风向标的作用，研究核心期刊的论文，能够更好地把控学科发展的方向。

本文通过以下三个步骤，建立了自主文献数据库，用于研究。

第一步，利用CNKI中国知网全文期刊数据库进行检索，设定检索时间为"2015—2019"，涉及共5年间的口译主题论文数据，以"口译、手语翻译"为关键词进行检索。为了防止部分关键词设定为"口译"以外的内容，特添加"同声传译、同传、交替传译、交传"几个关键词进行二次检索，获得初步检索结果。

第二步，结合《2018年版北大中文核心期刊目录》[①]筛选专业紧密性较强的核心期刊，共85本。首先针对第一步检索出的论文进行筛选，选出发表在《目录》核心期刊中的论文；同时，对筛选出的期刊进行地毯式检索，对其2015—2019年刊载的论文进行逐条题目与摘要的梳理和筛选，对已有检索结果查漏补缺。

第三步，除《目录》列出的核心期刊外，考虑到部分外语类院校学报及一些专业期刊在翻译口译学科发展方面一直以来的努力，其刊载的论文内容一

---

① http://www.cqvip.com/news/2684.html（中国期刊数据库），下文称作"目录"。

般较为充实,故将它们也纳入此次数据库的统计范围,共涉及7本①。

最终数据库共包含期刊92本,最终筛选论文198篇。②

3. 数据整理

笔者按照发表时间、研究主题、研究方法、作者、期刊来源五个要素对文献进行了整理。

3.1 发表时间

按照时间顺序梳理文献,各年份发表的论文数量如下图表所示:

表1 2015—2019年国内核心期刊发表数量

年份	2015年	2016年	2017年	2018年	2019年
论文篇数	46	37	48	38	29

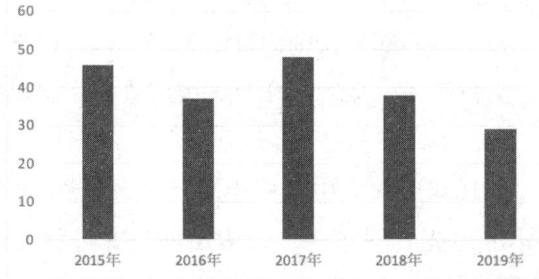

图1 2015—2019年国内核心期刊发表数量柱状图

从表1和图1可见,近五年各年份发表口译主题研究论文的数量变化不大,没有像前几年一样有明显的涨幅,各年间论文数量有涨有跌,涨跌幅度不

---

① 《北京第二外国语学院学报》《广东外语外贸大学学报》《西安外国语大学学报》《天津外国语大学学报》《东方翻译》《民族翻译》《外语教育》。

② 核心期刊中有部分关于口译主题书籍的书评和口译资深学者针对某一问题展开的访谈类文章。由于书评内容相较研究论文略单薄,访谈类文章严格来讲有区别于研究论文,且研究论文的学科代表性更强和学术价值更高,因此在制作本数据库时没有将书评和访谈类文章纳入统计范围。

大,相对比较平均。但每年的总体发文数量相较前几年有较大回落,基本回到了2005年前后的状态[①]。虽然论文数量回落,但从论文研究质量、研究深度、研究角度来讲,都有了进一步发展和深入。可以推测,口译研究在国内的发展已经基本渡过了初期阶段,进入了进一步深入、转向成熟的新阶段。

3.2 研究主题

笔者参见波赫哈克(2010)的分类方式为主要框架,但由于部分期刊论文的分类不能严格按照波赫哈克学者的分类方式进行区分,故笔者结合中国实际的研究发展情况进行了调节和整理,将2015—2019年间研究主题做如下分类:

表2 主题分类表

研究主题	子主题	论文篇数(占比)	论文总篇数(总占比)[①]
口译产品	口译产出	18(75%)	24(12.1%)
	质量评估	3(12.5%)	
	口译语言	1(4.2%)	
	口译质量	2(8.3%)	
口译过程	口译策略	22(55%)	40(20.2%)
	口译记忆	12(30%)	
	口译认知	6(15%)	
口译教学	教学模式方法	18(30.5%)	59(29.8%)
	教学体系内容	11(18.6%)	
	专业课程设置	5(8.5%)	
	口译教材	7(11.9%)	
	译员学员能力	9(15.3%)	
	教学环节	4(6.8%)	
	教学评估	2(3.4%)	
	培养理念	1(1.7%)	
	元教育	2(3.3%)	

---

① 参见王茜、刘和平(2015)的统计。

（续表）

研究主题	子主题	论文篇数（占比）	论文总篇数（总占比）
口译理论	/	8（100%）	8（4.0%）
口译实践与职业	特殊口译场合	10（40%）	25（12.6%）
	口译技术	3（12%）	
	口译能力	5（20%）	
	口译生态学	3（12%）	
	口译制度	1（4%）	
	职业原则	3（12%）	
译员	译员角色	10（100%）	10（5.1%）
学科元研究	研究综述	15（53.6%）	28（14.1%）
	研究趋势	7（25%）	
	研究方法及构建	5（17.9%）	
	研究视角	1（3.6%）	
跨学科研究	心理学	3（75%）	4（2.0%）
	语言学	1（25%）	
			合计：198

3.2.1 口译产品

以"口译产品"为研究对象的论文共24篇，占总数的12.1%。其中有18篇论文关注"口译产出"，李鑫、胡开宝（2015）通过数据观察到记者招待会场景下译语的释意程度较高；孙杨杨（2018）讨论了译语的逻辑显化问题；卢信朝、王立弟（2019）探讨了同传中译语信息损耗的原因等。诸多学者从译语产出的不同角度分析译语的特点，取得了一定成果。可以说，口译作为一种翻译活动，"译语"本体的特点一直是研究关注的重点之一。

除此之外，部分文章关注译文质量以及评估问题，其中刘育红（2015）探讨了口译评估的主体问题，直接回答了谁有资格评估口译质量的问题。另有一篇论文探讨口译语言，王吟颖、张爱玲（2019）探讨了"一带一路"背景下中文作为同传接力语的优势和必要性，直接贴合现阶段口译工作发展需要。

3.2.2 口译过程

此类主题论文共40篇，占论文总比的20.2%，是2015—2019年间口译研究关注的第二大主题。对口译过程的"解密"依旧是学界关注的主要问题之一。

其中，以描述或提出"口译策略"为子主题的文章占了大半，有22篇，占到此类文章的55%。曲强（2016）针对电视同传的特点提出了应对突发性事件的策略；王巍巍、李德超（2015）以实验法观察学生译员在交替传译中的策略使用及其内因等。以"口译记忆"为主题的文章有12篇。例如刘芹、许蒿（2017）观察了交传过程中笔记数量与口译质量的关系；沈明霞、梁君英（2015）以高风险省略现象为抓手，通过实验法对比了专业译员和学生译员的工作记忆的差异等。另有6篇文章关注"口译认知"，值得一提的是，梁洁、柴明颎（2017）对"元认知"进行了跟踪式调查，以数据展现了译员口译过程中认知操控能力的构成和发展变化。

3.2.3 口译教学

以"口译教学"为主题的文章共59篇，为近5年间发表论文数量最多的主题，占论文总数的29.8%。

教学类文章在国内核心期刊的刊载情况，可以反映出在国内高校口译专业数量增多、口译学习志向的学生数量增多的背景下，口译教学逐步专业化，急需快速组成兼具实践功底和专业教学水平的师资团队，以及学者对口译教学该如何应对智能化发展下译员的高效培养问题的深度思考。此主题下子主题分布主要呈现以下特点：

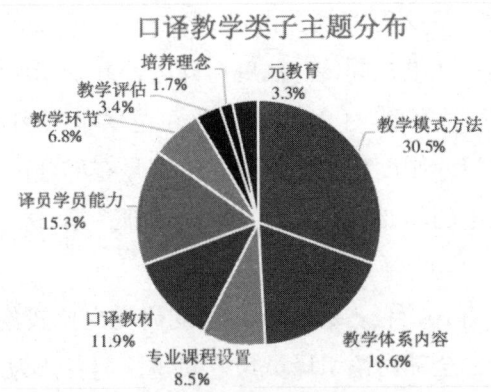

图2 口译教学类子主题分布状况

关于"教学模式方法"的论文有18篇，例如王洪林（2015）展开有关翻转课堂与口译训练的教学研究；徐然（2018）提出利用engine术语自动提取工具进行译前准备的教学，具有事半功倍的效果等。值得关注的是，部分学者开始在教学层面提出教学技术的创新，试图通过先进的技术手段，提升口译教学的效率，笔者认为这是人工智能化、信息化大背景下的新趋势之一，后文将做较为详细的列举。

另有11篇论文对教学体系内容进行探讨，5篇论文对专业课程设置进行研讨，7篇论文分析口译教材的构建，也有对译员学员能力等问题进行的探讨。这些主题的研究，从侧面反映出国内口译专业教学从单纯借鉴外国经验转入并行自省发展的现状，也证明国内口译教学正在逐步趋向更加科学、更加专业的方向。

在口译教学类论文中，有7篇论文关注口译教材。虽然近几年市面不乏多套权威机构出版的口译教材，但论文中提及的教材内容以教师自主收集的教材为主，这反映了口译教学中教材选用的现状，也从侧面提出了如何能够科学、高效地利用教材展开教学的问题。作为解答，笔者认为刘先飞（2016）探讨的日汉口译素材难度问题是一次有效的尝试，值得继续扩展和延伸。此外，还有1篇论文关注的是口译人才的培养理念，但发表于2015年。而近几年市场环境变化、技术革新发展，人才培养理念的更新却没有在核心期刊中得到体现，笔者认为这或许成为下一步学界关注的问题点之一。

3.2.4 口译实践与职业、译员

口译实践与职业类论文有25篇，占12.6%。其中有10篇论文讨论了特殊口译场合下的口译活动，如电视同传、法庭口译等，并开始对特殊场合下口译制度进行探讨，如宋莹、覃江华（2016）对比纽伦堡审判和东京审判的口译制度，提出对国内司法口译制度建立的建议。特别是有部分论文关注智能化大背景下对口译员口译技术的新要求和口译技术的革新，是时代发展下口译研究的新产物。

译员主题类论文有10篇，占5.1%。译员的研究也比较集中，近5年的论文中探讨译员主题的论文全部讨论了译员角色问题，笔者认为这是译员专业化、职业化的时代需求。

3.2.5 口译理论、学科元研究

根据王茜、刘和平（2015）的分类，口译理论为不探讨口译教学或技巧，仅探讨口译理论问题的论文；学科元研究则是为以口译研究本体为研究对象的论文，如口译研究综述、口译研究趋势展望等。

在近五年的论文中，口译理论类论文有8篇，关注的内容不一，有对国外口译理论本土化的探讨，也有关注口译理论在口译过程中的作用等，整体来讲主要关注的依旧是国外的口译理论对口译实践活动或本土口译教学的作用，没有国内对于口译理论的创新性发展，且理论类文章分析深度不一致，确有是否能够划入口译理论类论文的疑问。口译理论一直被认为是口译活动的指导，但其研究的深度和广度尚存在较大的空间。诚然，理论研究不同于实践研究，需要深厚的实践积累和理论积蓄，以及强大的学科支撑，未来的口译理论发展值得学者共同努力。

学科元研究类论文共28篇，占14.1%。除了较多的研究综述类论文外，值得关注的有张威（2015，2017，2019）三篇关于口译语料库建设的论述，展现了口译研究界对口译语料库这一研究方法的关注和重视。笔者认为未来的口译研究中，语料库的构建和利用会成为较为关键的研究技术之一。

3.2.6 跨学科研究

在口译研究中运用跨学科理论或知识进行相关研究的论文，笔者将其归入"跨学科研究"类别中，此类论文共4篇，占总论文的2.0%。其中3篇为心理学基础下的口译研究，1篇为语言学视角下的口译研究。

口译研究的跨学科性从口译研究初期就有显现，20世纪60年代实验心理学家便开始关注口译，第一篇关于同声传译的博士论文便是出自心理学系毕业生之手。因此，心理学研究与口译研究的结合可谓是一种传统的研究模式。而基于口译活动的输入和产出均为语言的事实，语言学与口译研究的结合也是意料之中。跨学科研究不仅可以以全新的视角审视口译，为口译研究带来更为全面、客观的数据和事实支撑，也可以拓宽口译研究的路径，扩展口译研究的主题。但在近五年的核心论文中，跨学科研究的文章仅有4篇，数量较少。其主要原因在于，跨学科研究需要口译外的学科知识，而现有口译研究人员本身的跨学科性不强，大多数口译研究者为单一学科背景，展开跨学科研究有一定困

难，即使和不同学科学者合作展开研究，由于时间、地理等客观条件限制，论文产出效率比较低。

3.2.7 技术革新相关论文

在近五年中，有11篇论文是技术革新下的研究产物，占总数的5.6%。涉及口译教学、口译实践与职业、学科元研究三种主题。

这11篇论文发表年份为：2015年2篇，2017年2篇，2018年6篇，2019年1篇。其中2018年发表的文章最多，可以推测2018年以前的2016—2017年为译者对口译技术的认知、接纳和思考过程，他们从不同角度考察了技术进步对口译研究、口译学科带来的影响和变化。王华树、张静（2015）阐述了信息化大背景下，时代对口译员的要求在不断变化；许文胜（2015）提出以Ibooks先进APP组建口译教材的方法和效果；刘和平、雷中华（2017）分析了技术发展给口译学科、口译研究带来的新挑战；多萝西·肯尼、王育伟（2017）探讨了机器与译者的关系。蒋莉华、彭雪姣（2018）提出了以VR技术进行口译训练的教学模式；徐然（2018）提出以engine自动术语提取工具进行译前准备教学的方法；刘梦莲（2018）介绍了IVY虚拟口译教学系统的应用；赵毅慧（2018）从哲学角度探讨了人工口译和机器口译的关系；王华树、李智、李德凤（2018）调查了口译员对信息技术的认知和态度；李天韵（2018）通过分析人工翻译和机器翻译的不同，试图找出机器口译的瓶颈，为打造计算机辅助口译系统提出建议；戴朝晖（2019）提出了网络自主学习等智慧教育模式。

口译技术的发展不仅是口译技术自身发展，还对译员掌握技术能力提出新的要求，这意味着学校的专业教育不仅需要关注学生的语言能力，还需要关注包括技术设备使用技能在内的非语言能力的培训。同时，也需要关注智能化背景下，技术革新带来的变化对人工口译提出了新的课题，口译人才培养挑战和机遇并存。

3.3 撰文作者

近5年的文献中共涉及作者219位。具体分布情况如下。

3.3.1 作者合作发表论文的情况

核心期刊近五年的数据中，作者单独发文和合作发文的情况如下表：

表3 作者合作情况表

合作情况	论文篇数	占比
独立作者	112 篇	56.6%
二人合作	66 篇	33.3%
三人合作	20 篇	10.1%

两位以上作者合作的论文篇数达86篇，占总篇数的43.4%。相较前几年，合作撰写的作者增多。有一部分合作作者是指导教师和学生的关系，有一部分为研究同伴关系。笔者认为，口译研究不同于其他学科研究，实证研究方法居多，前期准备、数据整理等工作繁琐、工作量庞大，合作完成效率更高。合作完成的作者中，有3组作者发文量在2篇以上，表明作者之间存在一定稳定的合作关系，但也存在同一位作者和不同作者进行合作的情况。

3.3.2 作者发表论文数量排序

近5年核心期刊论文中，按照第一作者为统计标准进行统计，发文数量排序如下表：

表4 按照第一作者统计论文发表篇数排序前十位的作者

序号	作者姓名	论文篇数
1	姚斌	6
2	卢信朝	5
3	康志峰	4
4	李洋	4
5	王洪林	4
6	王建华	4
7	张威	4
8	王斌华	3
9	王巍巍	3
10	詹成	3
		总数40篇

第一作者的最大发文量为6篇，根据文献计量学普赖斯定律 $M=0.749\sqrt{N\max}$（Nmax为统计年限中最高产作者发表的论文篇数）。Nmax为6，故可得出M≈1.83，四舍五入后为2。根据统计可知，发文2篇以上的作者共34位，共发表论文88篇，占总论文数的44.4%。根据普赖斯定律，高产作者应完成该领域论文的50%以上，44.4%距离50%尚有5.6%的差距，说明国内口译研究高产作者群尚未完全形成，研究人员的力量需要继续得到有效的充实。

3.4 研究方法

根据仲伟合等（2012），口译研究的主要方法分为实证主义研究法和人文主义研究法。实证主义研究法中包括观察法、实验法、调查法；人文主义研究法中包括文献研究法、理论思辨法和经验总结法。语料库的研究方法在口译研究中一直存在，笔者认为语料库也是一种实践操作的形式，因此归类为实证主义研究法中进行统计。

在此次统计中，采用实证主义研究法撰写论文篇数为72篇。各年份呈现以下特点。

表5 研究方法分布状况

年份	2015	2016	2017	2018	2019
实证主义方法论文篇数	26	13	13	10	10
人文主义方法论文篇数	20	24	25	28	19

除了2015年的实证主义研究法多于人文主义研究法外，2016—2019四年间的实证主义研究法均少于人文主义研究法。探寻其原因，笔者认为与论文关注的题目有关。2016年的论文主题比较分散，关注译员、职业实践、学科自身发展等内容比较多，此类主题采用实证方法较少。2017年论文中最多的主题为"口译教学"，共有22篇，占当年论文量的57.9%。而其中16篇采用人文主义研究方法，或进行教学经验的总结，或引入教学设置的思考等。2018、2019年对口译产品和口译过程的关注逐渐减少，对口译理论的架构、认知以及学科的思辨有了新的探索。

3.5 刊载期刊

口译主题相关文章刊载数量前10位的期刊如下表所示：

表6　2015—2019口译主题核心论文刊载篇数前十位的期刊

序号	期刊名称	论文篇数
1	中国翻译	40
2	上海翻译	27
3	中国科技翻译	13
4	外国语	12
5	广东外语外贸大学学报	10
6	外语教学与研究	10
7	外国语文	9
8	外语研究	9
9	外语教学	8
10	外语学刊	8
		总计 146 篇

以上10种期刊共刊载口译主题论文146篇，占总论文数量的73.7%，期刊对口译主题的倾斜情况基本可知。

4. 口译研究的现在与未来

笔者尝试用文献计量学方法从不同角度考察核心期刊刊载的口译主题论文的不同层面的特征。从整体来看，2015年至2019年的五年间，口译研究在国内的发展基本处于稳定发展的阶段，研究主题比较丰富，涉及口译产品、口译过程、口译职业与实践、译员以及学科研究自身的探讨。研究问题更加深入，浅层次的经验总结逐步减少，部分论文尝试从深层的内在视角，如译员自身的元认知等对口译问题进行讨论。在人工智能化技术革新的大背景下，更出现了多篇对人工和机器关系的探讨。

同时，也能够看到，国内口译研究的发展依旧存在一定的不足。

第一,"偏科性"比较强。从核心期刊论文来看,国内口译研究的"偏科性"主要表现在两个层面。一是口译研究主题偏科,口译教学和口译过程共有论文99篇,占总篇数的一半。另外一半论文的主题比较分散,其研究深度也参差不齐。丰富学科的研究主题、开阔研究视野是学科发展的必要方向之一。二是口译研究的语种偏科,主要集中于英汉研究,198篇论文中仅有3篇日汉研究,1篇法汉研究,1篇俄汉研究,在口译市场上占据一席之地的小语种口译,其研究却如此稀缺。口译活动是一种多语言间转换的活动,丰富的语际语料对该学科的理论发展有重要的支撑作用,应鼓励研究人员多做多语种间研究,找寻口译中的共通性。

第二,理论建构能力不足。理论作为一个学科的基础支撑,一直以来都是学者们关注的对象。目前的口译理论仍然以西方学界为主,国内口译理论研究基本还处于对西方口译理论进行验证、思辨的层面上。多个西方口译专著中曾指出,其涉及的语言中不包含中文,如果可以将汉语口译纳入其中进行考量,可能会出现不同的成果。这也告诉我们,探寻适合汉语口译的理论是有必要的。现阶段国内口译理论建构尚存在严重不足,如果能够在理论层面有所突破,相信国内的口译研究发展也会有新的变化。

第三,跨学科合作有待加强。口译相关的表层研究已经进行了多年,其成效是有目共睹的。但究其深层运作原理的揭露,还需要更多科学手段的介入。近年来新兴的眼动仪、近红外成像系统都不断地被运用到口译研究中,特别是眼动仪在视译研究中的应用,已经基本得到了学界的认可,更成立了认知翻译学这一分支学科,以先进的仪器观察译员的认知状态。但由于口译研究人员学科背景大多比较单一,在兼顾口译研究的同时,重新学习一门全新的技术或学科知识存在很大的困难,因此合作研究应该是口译研究进一步深化发展的方向之一。

第四,机器口译带来的挑战与机遇。在机器口译逐步发展的大背景下,刘和平、雷中华(2017)曾指出,随着语音识别翻译、读唇技术辅助翻译、面部表情识别辅助翻译等技术的上线,给口译教育和口译职业化,甚至是口译研究都带来了新的变化和挑战。紧跟时代变革,更新研究观念、研究视角、研究方法都是未来努力的方向。

笔者尝试从近五年的核心论文情况做出分析和推论，但收集、统计数据为人工完成，确实难以避免轻微疏漏，如有不足，请多指正。同时，限于精力和篇幅，本文仅探讨了国内核心期刊论文的情况，同期国外口译研究发展状况将作为笔者未来的课题。

参考文献

波赫哈克，《口译研究概论》，仲伟合等译，北京：外语教学与研究出版社，2010。
戴朝晖，《智慧教育视域下的大学英语口译教学探索》，《上海翻译》2019年第3期。
多萝西·肯尼、王育伟，《译者与机器》，《东方翻译》2017年第2期。
胡庚申，《我国口译研究40年（1978—2018）》，《外语教学与研究》2019年第6期。
蒋莉华、彭雪姣，《翻译继续教育领域口译教学新模式探索——来自IVY项目的启示》，《中国翻译》2018年第6期。
李天韵，《口译工作模型下的机器同声传译系统分析》，《东方翻译》2018年第6期。
李鑫、胡开宝，《记者招待会汉英口译释意性的语料库研究——以"应该"的英译为例》，《外语教学理论与实践》2015年第3期。
梁洁、柴明颎，《同声传译中的元认知能力跟踪研究》，《上海翻译》2017年第1期。
刘和平、雷中华，《对口译职业化＋专业化趋势的思考：挑战与对策》，《中国翻译》2017年第4期。
刘梦莲，《IVY虚拟现实口译训练模式研究》，《上海翻译》2018年第5期。
刘芹、许蒿，《英汉交替传译笔记数量与口译质量相关性研究——基于上海某高校MTI学生的实证研究》，《上海翻译》2017年第2期。
刘先飞，《MTI口译课程听辨教学素材难度分级》，《广东外语外贸大学学报》2016年第2期。
刘晓庆，《2000—2012年我国口译研究综述》，《语文学刊（外语教育教学）》2013年第7期。
刘育红，《口译质量评估二元性视角下的口译质量评估主体研究》，《西安外国语大学学报》2015年第2期。
卢信朝、王立弟，《英汉同声传译信息损耗原因：基于会议口译员有提示回溯性访谈的研究》，《外语研究》2019年第2期。
邱均平编著，《文献计量学》，北京：科学技术文献出版社，1988。
曲强，《电视新闻直播报道中同声传译的应用》，《中国翻译》2016年第4期。
沈明霞、梁君英，《专业译员与学生译员在同传中的工作记忆对比研究：以"高风险省略"现象分析为例》，《外国语（上海外国语大学学报）》2015年第2期。
宋莹、覃江华，《纽伦堡审判与东京审判口译制度比较分析》，《中国科技翻译》2016年第4期。

孙扬扬,《中译英逻辑衔接显化现象:以即兴发言的同传为例》,《外国语文》2018年第2期。

王洪林,《基于"翻转课堂"的口译教学行动研究》,《中国翻译》2015年第1期。

王华树、李智、李德凤,《口译员技术应用能力实证研究:问题与对策》,《上海翻译》2018年第5期。

王华树、张静,《信息化时代口译译员的技术能力研究》,《北京第二外国语学院学报》2015年第10期。

王茜,刘和平,《2004—2013中国口译研究的发展与走向》,《上海翻译》2015年第1期。

王巍巍、李德超,《汉英交替传译策略使用特征——基于有声思维法的学生译员与职业译员对比研究》,《中国翻译》2015年第6期。

王吟颖、张爱玲,《"一带一路"框架下的同声传译接力语研究》,《外国语(上海外国语大学学报)》2019年第6期。

徐然,《基于语料库技术的口译译前准备模式建构》,《中国翻译》2018年第3期。

许文胜,《大数据时代iBooks口译教材的研编与应用》,《中国翻译》2015年第3期。

杨华波,《国内外口译史研究综述(1987—2016)——一项基于相关文献的计量分析》,《上海翻译》2019年第4期。

张威,《中国口译学习者语料库的口译策略标注:方法与意义》,《外国语》2015年第5期。

张威,《中国口译学习者语料库的语言信息标注:策略及分析》,《外国语》2019年第1期。

张威,《中国口译学习者语料库建设与研究:理论与实践的若干思考》,《中国翻译》2017年第1期。

赵毅慧,《机器口译与人工口译的价值关系研究》,《上海翻译》2018年第5期。

仲伟合等,《口译研究方法论》,北京:外语教学与研究出版社,2012。